Dirk Riepe

Ganz schön cool, behindert zu sein!

Erlebnisse eines Teilzeitbehinderten

Riepe, Dirk
Ganz schön cool,
behindert zu sein!
Erlebnisse eines Teilzeitbehinderten
Covergrafik von Heiko Schulze
Geest-Verlag 2012

© 2012 Geest, Vechta
Lange Straße 41 a, 49377 Vechta-Langförden
Tel. 04447/856580
Geest-Verlag@t-online.de
www.Geest-Verlag.de

Druck: Geest-Verlag

ISBN 978-3-86685-368-3
Printed in Germany

Da sitze ich nun auf meinem Balkon mit wunderbarem Blick ins Grüne, den Rechner auf dem Schoß und arbeite. Ungeschminkt und in Sportklamotten schreibe ich Texte, führe Telefonate und könnte doch eigentlich denken: Bingo, wer kann schon so komfortabel arbeiten und leben! Das entscheidende Wort ist „eigentlich", denn ich sitze hier zwangsweise nach einer OP, die mich dazu zwingt, den Fuß hochzuhalten und Unterarmgehstützen zu nutzen. Ein Problem, das nach einer gewissen Zeit ausgestanden ist, das mich aber dazu bringt, laut und deutlich zu sagen: Behindert sein ist gar nicht cool, und wenn ich es dauerhaft wäre, müsste ich ganz schön an mir arbeiten, um nicht biestig und ungerecht zu werden. Und dass diese Gefahr bei mir, einer Psychotherapeutin, die seit fast zwanzig Jahren mit MS-Erkrankten daran arbeitet, dass diese selbstbewusst, sozial eingebunden und zufrieden ihr Leben führen, besteht, gebe ich unumwunden zu.

Genau in dieser Situation erreicht mich die Anfrage von Dirk Riepe, ein Vorwort zu seinem neuen Buch „Ganz schön cool, behindert zu sein!" zu schreiben. Und dieses Buch bringt mich mit meinem Luxusproblem wieder auf den Boden zurück. Dirk Riepe berührt mich zutiefst mit seinem neuen Werk, aber das kenne ich ja schon von ihm. Seine Schilderung des aus dem Rollstuhlrutschens in „Ernähren Sie sich salzlos" hat mich über mehrere Tage nicht mehr losgelassen.

Vor mir liegt ein intelligent geschriebenes Buch, dessen Form der Auseinandersetzung mit der chronischen Krankheit MS, aber auch dem sozialen und gesellschaftlichen Umfeld, das so oft behindert, an manchen Stellen für den Leser harter Tobak sein wird. Aber mit harten Fakten sind so manche MS-Kranke nun einmal täglich konfrontiert und das Werfen mit rosa Wattebäuschchen hilft da eben herzlich wenig ... Herr Riepe belässt es nicht dabei, selbst verstörende und traurige Erlebnisse noch amüsant zu schildern, zu kritisieren und auch zu provozieren, sondern er schafft es, immer wieder die Kurve zu kriegen, um auch aus harten Belastungen lebensrelevante Konsequenzen zu ziehen. Dirk Riepe macht Mut – Betroffenen und denen, die sie begleiten.

Dr. Sabine Schipper
Geschäftsführerin der Deutschen
Multiple Sklerose Gesellschaft,
Landesverband Nordrhein-Westfalen

INHALT

GANZ SCHÖN COOL, BEHINDERT ZU SEIN!

Wenn ich auf mein neues Leben als chronisch kranker Mensch schaue, kann ich kaum glauben, dass es jemals anders war. Komisch. Ist das nicht völlig verrückt? Meine Erinnerung an die Zeit vor der Erkrankung ist nebulös. Ich bin heute natürlich auch zwanzig Jahre älter. Und vor allem bin ich besonders. Bei den paar Betroffenen in Deutschland, nur 130.000 Menschen, obwohl MS die häufigste entzündliche Erkrankung des Nervensystems im jungen Erwachsenenalter ist, bin ich ohne Zutun außergewöhnlich geworden. Zumal ich auch noch zu der kleinen Gruppe gehöre, in der Betroffene schwere Behinderungen davontragen. Das ist nicht selbstverständlich. Der größte Teil bleibt davon verschont. Dann kommt noch hinzu, dass MS eher eine Frauenkrankheit ist. Frauen sollen fast dreimal häufiger betroffen sein als Männer. Wie viele gibt es dann noch von meiner Art? Wäre mein Leben in ruhigem Fahrwasser dahingeplätschert, Frau, Kinder, Job, ein bisschen Karriere, Sport, Haus, Rasenmähen, Heimwerken, Garten mit Terrasse und Würstchengrillen, über die Arbeit schwätzen, vorm Fernseher sitzen, wäre es vielleicht lediglich trivial.

Baumärkte haben mich zum Glück noch nie magisch angezogen. Die Zeiten ausgelassener Bohrmaschinenexzesse beim Anbringen einer Holzdecke oder die neueste Spachteltechnik für mediterranes Wohnflair erproben, die mir letztendlich einen Tennisarm beschert, um zum Schluss vor der zwanzig Quadratmeter messenden Wand zu stehen und den Charme einer Weinhöhle auf Korsika zu bewundern, geht mir leicht ab.

Frühjahr! Nach den Monaten der Finsternis beginnt für mich die schönste Zeit des Jahres. Endlich kann ich wieder raus. Man glaubt ja nicht, wie schnell die Hose eines Rollstuhlfahrers im Regen komplett durchnässt ist. Ich besitze natürlich einen gefütterten Schlupfsack und ein Rolli-Regencape, aber bis man sich da reingeschält hat, ist jeder Frischluftspaß im Keim erstickt.

Im Frühjahr geht für jeden Rollifahrer die Sonne auf; im wahrsten Sinn des Wortes. Unser großer Balkon lädt zum Verweilen ein, zum Grillen, zum Chillen. In den schönen Monaten des Jahres arbeite ich häufig auf dem Balkon.

Ganz schön cool, behindert zu sein!

Auf dem Balkon sitzen, den weiten, unverbauten Blick auf die Landschaft genießen; dabei im Hochgefühl wie nebenbei die Arbeit erledigen und die besten Ideen haben. Wem ist das schon vergönnt?

So sitze ich jedes Jahr dort in meinem exklusiven Super-Elektro-Rollstuhl mit Liegefunktion, vorn ein lederbezogenes Laptoptischchen zum Aufstecken und Wegklappen angebracht, und lasse die Seele beim Arbeiten baumeln.

Ganz schön cool, behindert zu sein!

Meine Arme fahre ich mit den elektrisch verstellbaren Armlehnen in die optimale Position und greife zur Kaffeetasse, die sicher in der eigens zu diesem Zweck eingelassenen Öffnung in der ledernen Arbeitsfläche vor mir weilt.

Ich puste noch einmal in den dampfenden Kaffee und dann ... dann wird mein Behinderten-Schlaraffenland blitzartig durch die düstere Welt der Rasenmähermänner zerstört.

Während ich auf dem Balkon die frische Luft atme, dem Gesang der Vögel lausche, geht nebenan die Tür zum Gartenhäuschen auf. Ich genieße die Sonne auf der Haut. Der Kaffee, eine frisch gemahlene Espressobohne, hat nun die optimale Temperatur.

Und dann geht es los. Die Startleine für den Verbrennungsmotor wird mehrmals gerissen, das Klacken des Chokes am Vergaser verspricht nichts Gutes. Der Mann weiß, wie man nach langem Winter den Mäher zum Brüllen bringt. Das ohrenbetäubende Geräusch des Mähers gibt mir einen akustischen Vorgeschmack auf die Jahreszeit, die mir so gut tut. Spätestens eine halbe Stunde später lassen sich die anderen Nachbarn nicht lumpen.

Der Weckruf des Einfamilienhausbesitzers. Er hat sie alle erreicht. Die Schläfer sind erwacht. Ich sehe zwei, die sich mit dem Mäher mühen und an ihrem technischen Unvermögen scheitern. Der wahre Horror spielt sich in den spießigen Vororten ab. Steven King hat dieses Szenario wohl zu seiner erfolgreichen Horrorstory »Der Rasenmähermann« inspiriert.

Meine Siedlung beherbergt Lehrer, Rechtsanwälte, Lehrer ... und vor allem Rasenmäher-Terroristen. Sie halten sich im Verborgenen auf. Sobald die Grasnarbe von der für diese Jahreszeit vorgeschriebenen Höhe nach oben abweicht, kommen sie aus ihren Verstecken. Sie zerren die Maschinen aus Kellern oder Gartenhäuschen. Der Geruch der anstehenden Folter breitet sich in einer Wolke ausgasenden Rasenmäher-Sprits bis auf meinen exponierten Platz auf dem Balkon aus.

Wenige Sekunden vergehen, dann ist die Saison mit ohrenbetäubendem Lärm und ekelhaften Auspuffgasen eröffnet. Das Leben der Vorortsiedlungen pulsiert im Takt der Rasenmäher-Motoren, unterlagert von der langen Welle des Rasenwachstums; vergleichbar mit den Mondphasen.

Ich würde normalerweis auch dort unten in das Gebrüll der Motoren, allerdings mit einem Elektromäher, einstimmen. Jetzt trinke ich eine leckere Tasse Kaffee und beobachte von hier oben das emsige Treiben.

Ganz schön cool, behindert zu sein!

Im Schnitt sind die Rasenmähermänner etwa zehn Jahre älter als ich, gemessen am Alter eines Lehrers beim Eintritt in die wohlverdiente Pension.

17:15 Uhr: Die ersten Pensionäre haben schon lange das Terrain geräumt. Die arbeitende Bevölkerung legt nahtlos nach. Die Ersten holen Elektrovertikutierer und Kantenschneider aus den Schuppen. Die Saison des Terrors ist eröffnet. Der Rasen wird in die Form eines Kunstrasens gezwungen. Gleiche Höhe wie ein Teppich mit exakt getrimmten Kanten, jeder Halm die gleiche Länge, gute deutsche Wertarbeit. Es lebe der konforme Kleingarten. Der Grashalm, das Synonym für Ungehorsam, hat wie jedes Jahr keine Chance. Es ist 18:30 Uhr. Die Mäher sind gereinigt, die Rollläden schließen sich. Ruhe. Endlich.

Was für ein Verlust in meinem Leben. Auch ich würde jetzt mit durchgeschwitztem Shirt den Mäher verstauen und zum Abendbrot ins Haus verschwinden.

Ganz schön cool, behindert zu sein!

Der Geruch des frisch gemähten Rasens schmeichelt meiner Nase. Die Vögel sind wieder zu hören. Ich bin der Einzige, der draußen sitzt. Auf meinem Balkon. Gerade zu Beginn der Rasenmähermänner-Saison braucht der deutsche Rasen viel Zuwendung, damit er künstlich wird, ein disziplinierter Rasen in gleichmäßig sattem Grün ohne große Farbschwankungen. Betreten sollte man ihn freilich nicht.

Da muss wohl jemand länger arbeiten, jedenfalls übertönt das Summen eines Elektromähers den Gesang der Vögel. Ich gehe jetzt auch rein.

Waren das meine Ziele mit dreißig? Damals hatte ich noch keinen so schönen Balkon mit Blick auf die Rasenmäher-Männer. Ich war selbst Rasenmähermann. Heute bleibe ich auf meinem Balkon unentdeckt.

Wenige Tage später folgt das rituelle Angrillen. Auch wenn das Wetter nicht mitspielt, wird das Ritual knallhart durchgezogen. Selbst Regen und Wind müssen sich den Traditionen beugen. Sie werden mit monströsen Überdachungen oder vorn offenen Wintergärten ausgesperrt.

Ich hasse Grillen. Bei uns hieß es: »Wollen wir nicht am Wochenende grillen?« Übersetzt: Du musst am Wochenende vor dem gemauerten Grill mit Kupferhaube stehen, der dir auf einen Meter Entfernung die Haare auf den Handaußenflächen abflämmt. Die Würstchenzange ist kochend heiß, das Fett der leckeren Nackensteaks fliegt dir um die Ohren. Am Tisch wird geschwatzt und man genehmigt sich gemütlich ein erstes Bier. Das ist »Wir grillen!«. Auch heute noch, wo ich nicht mehr die Würstchenzange halten kann, fangen meine Haare auf den Händen an zu brennen, wenn jemand »grillen« sagt. Ich nenne es heute »Gegrilltes essen«. Was alle, die von grillen sprechen, schon immer meinten. Sie aßen, ich grillte.

Ganz schön cool, behindert zu sein!

Manchmal sitze ich auf meinem Balkon in meinem Super E-Rollstuhl und schaue über die Wiesen. Dann fahre ich mich auf maximale Höhe hoch. Damit erreiche ich etwa die Augenhöhe eines durchschnittlich großen Mannes. Ich kann dann hinunterschauen.

Mache ich das in der Öffentlichkeit, ziehe ich die Blicke Vorbeilaufender auf mich.

Als wir wieder einmal Besuch aus Hamburg hatten, machten wir unseren obligatorischen City-Spaziergang. Das Wetter war grandios. Es war einer dieser tollen Frühlingstage. Während die anderen von einem Nippes-Geschäft zum nächsten gingen, blieb ich draußen und genoss die Sonne. Mein Rolli und ich standen am Rande der Einkaufsgasse, heruntergefahren auf normales Rolli-Niveau.

Das bedeutete, permanent den Kopf nach oben zu recken, um die Passanten beobachten zu können. Ich unten, alle anderen über acht Jahre oben. Es war ein Versuch, eine Art Sozialstudie über das Oben und das Unten. Ich war Mitwirkender, Initiator und Auswertender in einer Person. Testperson war die Masse.

Ich breitete die Arme aus, als wollte ich die ganze Welt umarmen, und fuhr demonstrativ den Stuhl hoch. Vorbeigehende liefen sich fast gegenseitig über den Haufen. Ich wollte weiter hoch hinaus, so weit es ging. Mein Kopf lag im Nacken und ich schwebte über den Passanten. Jetzt waren sie unten, jedenfalls die meisten.

Ganz schön cool, behindert zu sein!

Irritierte Blicke beantwortete ich mit einem angenehmen Lächeln. Je länger ich dort stand und schon von Ferne wahrgenommen wurde, umso normaler fügte ich mich ins Stadtbild. In dem Hin und Her begegneten mir einige Passanten mehrmals. Ich wurde auf den Stuhl angesprochen. »Wunderwerk der Technik«, sagte man. Es gibt eben einen großen Unterschied zwischen unten und oben. Hier draußen war ich oben. In der Enge der Geschäfte ein Hindernis. Aber das muss ich mir ja auch nicht mehr antun.

Ganz schön cool, behindert zu sein!

Ganz oben kam mir der Gedanke, das Herunter mimisch zu unterfüttern. Mein Lächeln erstarb mit jedem Zentimeter, den ich wieder herunterkam, mehr. Der Kopf neigte sich langsam nach vorn und zur Seite. Zusammengesackt wie ein Sack Sülze kehrte ich zurück in die Form, die meinem E-Rollstuhl angemessen war. Auf das zarte Rinnsal aus den Mundwinkeln verzichtete ich.

»Was machst du denn da?«, riefen die mit Tüten bewehrten Kinder zu mir herüber. Als ich wieder normal im Rolli saß, schüttelten einige Passanten verärgert den Kopf. Meine kleine pantomimische Sozialkritik war offensichtlich zu gut gespielt. Man verstand sie nicht.

Trotzdem.

Ganz schön cool, behindert zu sein!

Manchmal sitze ich auf meinem Balkon und sinniere über meine Freiheiten. Die Krankheit hat mir die Bewegungsfreiheit auf zwei Beinen genommen und mir die absolute Freiheit von Zwängen gegeben. Ich darf das, ich bin behindert. Vielleicht macht der Entzug vom Streben nach dem Leben im Leistungskontext wirklich frei. Zweifellos lege ich mir immer noch ein hohes Maß an Leistungsdenken auf. Aber es ist meins. Ganz allein meins.

Ganz schön cool, behindert zu sein!

Ein brütend heißer Tag im Juli 2003. Dieser Sommer hatte es in sich. Angeblich hatte es schon viele Jahre keine so hohen Temperaturen mehr gegeben wie in diesen Wochen. Jeden Tag wurden in den Nachrichten neue Rekordwerte gemeldet. Mittlerweile war es egal, wo ich mich aufhielt, überall machte mir die Hitze zu schaffen. Es verging kein Tag ohne Nachrichten über an Hitze verstorbene alte Menschen und chronisch Kranke. Im Juli 2003 bekam ich einen Vorgeschmack, wie sich ein gebrechlicher Körper anfühlt, der die besten Tage hinter sich hat.

Die Erstattung der Anschaffungskosten einer Klimaanlage für mein Arbeitszimmer zu Hause war durch den Rententräger gerade abgelehnt worden. Daran hatte auch das Gutachten meines Neurologen über Auswirkungen von übermäßiger Hitze auf die Entzündungsherde im Kopf nichts geändert. Wo kämen wir auch hin, wenn jeder, dem ein bisschen zu heiß ist, eine Klimaanlage auf Staatskosten bekäme? Doch selbst wenn ich die Anschaffung selbst übernommen hätte, es gab seit Tagen keine Klimaanlagen mehr im Handel. Also setzte ich mich ins Auto, ließ ohne ein schlechtes Gewissen der Umwelt gegenüber den Motor ein paar Minuten im Stand laufen und schaltete die Klimaanlage auf die höchste Stufe. Überlebenskampf. Scheiß auf die Umwelt. Dann fuhr ich auf ein Eis in die Stadt. So konnte ich zwei Fliegen mit einer Klappe schlagen.

Nur, im Auto sitzen bei laufendem Motor, Musik und angenehmen 20° C erweckte mehr Aufsehen als der Besuch einer Eisdiele im Stadtzentrum. Auch wenn die Umweltbelastung höher war. Gefühlt war der Einsatz fossiler Brennstoffe zum Eisessen unverfänglich. Der kalte Luftstrom wehte mir um die Nase, während ich das Hupen der aufgebrachten Verkehrsteilnehmer hinter mir hörte. Man fühlte sich zweifellos behindert. Ich fuhr höchstens 30 Stundenkilometer und genoss das kühle Fahrvergnügen ohne Reue. Zum sicheren Halt an Ampeln verriegelte ich die Türen. Wer weiß, was die Hitze mit Menschen im Straßenverkehr anstellt. Es soll ja noch Autos ohne Klimaanlage geben.

In der Stadt angekommen, hatten die schlimmsten Hitzeauswirkungen bei mir etwas nachgelassen. Mein linkes Auge sah wieder mehr als nur Hell und Dunkel. Mein Kopf ließ sich wieder ohne Murren in der Mitte einrasten, wo er hingehörte. Den ersten Teil der Fahrt hatte er schlapp nach rechts gehangen, nur von der Schulter gehalten. Jeder Versuch, ihn zur Mitte zu bewegen und vor allem dort zu halten, war kläglich gescheitert. *Kann einem der Kopf eigentlich seitlich abfallen?*

Die Stadt war wie leer gefegt. Kaum Menschen zu sehen. Die paar, die sich auf den heißen Asphalt trauten, sprangen von einem Hausschatten zum nächsten, wie Wassertropfen auf der heißen Herdplatte hüpften sie umher. Selbst die Vögel schienen den Flugverkehr eingestellt zu haben. Trotz Rollstuhlnabenantriebs – oder gerade wegen des Antriebs, immerhin musste ich das Gerät aus dem Kofferraum wuchten – war ich durch die paar Meter vom Parkplatz bis zum Brunnen total erschöpft. Klitschnass saß ich im Rolli und hoffte auf eine feuchte, kühle Brise vom Brunnen. Außer dem Hauch der Bewegung durch das Plätschern, das die Vorstellung von Erfrischung zumindest vorgaukelte, stand die Luft still. Keinerlei Bewegung, nur sengende Hitze. Unerbittlich brannte die Sonne vom Himmel.

Gleich gegenüber dem Brunnen befand sich ein Lebensmittelladen mit Außenverkauf. Ich kaufte mir eine Dose Cola. Die Vorfreude, diese eiskalte Flüssigkeit die Kehle hinunterzuschütten, war überwältigend. Nur schlucken darf man vorher nicht. Die Zunge bleibt am Gaumen kleben und vorbei ist es mit dem Glücksgefühl. Normalerweise trinke ich diese Zuckerbomben nicht, aber ein kühles Blondes kam nicht infrage, da ich noch fahren musste, zudem hätte mich wahrscheinlich die noch so kleine Menge Alkohols in die ewigen Jagdgründe geschickt. So rollte ich die eiskalte Coladose über dem Gesicht hin und her. Die Augen fest geschlossen. Das linke Auge zeigte mir ein stark vereinfachtes Bild meiner Umgebung. Es verlangte von mir Erinnerungsvermögen und Fantasie. Wie in einem schlecht beleuchteten Schwarz-Weiß-Film der Fünfzigerjahre, zu dem die Hitze nicht passte, saß ich da. Der Kopf hing wieder rechts. Aber das war mir egal. Hitze ist irgendwie was für Farbfilme.

Ich erinnerte mich an einen Urlaub auf Korsika, in dem wir, Manu und Freunde von uns, unser Zelt für vier Tage mitten in der Sonne aufschlagen mussten, da unser Lieblingscampingplatz picke packe voll war. Damals konnte uns nichts erschüttern. An einem sehr heißen Tag – die Löschflugzeuge flogen über dem Golf von Propriano ihre Runden, um immer wieder beim seichten Anflug auf das Wasser die Bäuche zu öffnen und Meerwasser zu tanken. In einer großen Schleife flogen die Flugzeuge dann in Richtung Inselinneres, wo, wie jedes Jahr, Waldbrände tobten. Die überwiegende Zahl ausgelöst durch Brandrod(stift)ung.

Was war das für ein Tag! Wir schmiedeten einen irren Plan. Mein Freund und ich wollten unbedingt das Plastikkajak aus dem Ramschmarkt ausprobieren. Die Hitze ließ die Luft flirren. Wir setzten uns einen Hut auf und los ging es. Ich weiß noch genau, dass der Text auf der Verpackung dieses Boots hohe Stabilität, echtes Kajakfeeling und Langlebigkeit bei hohem Spaßfaktor versprach. Zwei junge Frauen lachten mir vom Verpackungskarton mit dem Stechpaddel in der Hand entgegen.

Als wir das Boot bestiegen, verlor es schlagartig jede Ähnlichkeit mit dem Verpackungsfoto. Wir waren schwerer als die Fotograzien und sanken sofort etwas im Wasser des Golfs ein. Das Kajak glich einer überreifen Banane ohne Spannkraft. Das Paddeln war beschwerlich. Eine maßlose Untertreibung. Schnell stellten wir fest, dass der Wellengang vom Boot aus, im Meer treibend, nichts mit dem vom Strand aus beobachteten Geplätscher zu tun hatte. Die Wirklichkeit machte nicht gerade Mut – egal! Auf ging es durch den Golf. Ja, richtig! Wir paddelten durch den gesamten Golf auf die andere Seite in Richtung Felsen. Die sah man sonst nur mit dem Fernglas. Wir wollten eine der

Felsnadeln besteigen und mussten anschließend quer durch den Golf wieder zurück. Es lagen ein paar Kilometer vor uns, und die sollten dadurch, dass wir den Kurs nicht halten konnten, noch mehr werden. Am Strand standen mittlerweile alle aufgereiht und beobachteten unser Unterfangen neugierig. Schon bald hatten wir den Flugzeugen in punkto Aufmerksamkeit den Rang abgelaufen beziehungsweise abgepaddelt. Nach einer halben Stunde ging uns zunehmend die Kraft aus. Die Arme schmerzten, der blanke Rücken spannte sich vom Sonnenbrand und die Felsen schienen noch genauso weit entfernt zu sein wie zu Beginn der Überquerung. Aus weiter Ferne sah ich die Zurückgebliebenen am Strand wild gestikulieren. Wir fassten das als Ansporn auf, mobilisierten letzte Kräfte und winkten mit verbissener Miene zurück. Ich sah nur noch das Auf und Ab des Bootes und hatte Mühe, meinen Rücken in der Banane gerade zu halten. Plötzlich hörten wir das Horn der Fähre. Sie steuerte von rechts, aus der Richtung des offenen Meers, bedrohlich auf uns zu. Deshalb hatten also die am Strand so wild gewunken. Wir schauten uns kurz an und legten unter Zuführung körpereigenen Zusatzkraftstoffs alles, was wir hatten, in die Paddel. Eins und eins und eins ... gaben wir uns gemeinsam den Rhythmus. Mein Freund hatte viel mehr drauf als ich. Trotzdem wusste ich nicht, ob es reichen würde. Es gab nur einen Gedanken: *Befinden wir uns in der Fahrrinne?* Die Blasen an den Händen platzten auf und gaben dem Meerwasser schieres Fleisch preis. Es brannte wie Hölle. Wir paddelten um unser Leben. Irgendwann stellten wir fest, dass wir es gerade noch vor der Fähre aus der Fahrrinne schaffen würden.

Die Felsen auf der anderen Seite der Bucht türmten sich majestätisch vor uns auf. Nach einer kurzen Verschnaufpause begannen wir mit der Besteigung. Es war ein überwältigender Blick, den man nur genießen konnte, wenn man vom Meer her anlandete. Vom Festland war es nicht möglich. Der Himmel war blauer als je ein Himmel zuvor.

Die Vorfreude auf die eiskalte Cola ließ meinen trockenen Mund sich mit Speichel füllen. Jetzt musste ich die Dose nur noch aufkriegen. Schwitzend und schnaufend versuchte ich, den Zeigefinger unter die Metalllasche zu bekommen. Es sind Kleinigkeiten, die das Leben mit Einschränkungen nervig machen. Ich hätte ja auch jemanden bitten können, mir die Dose zu öffnen. Ich hätte … So wurde die Gier auf das kühle Getränk immer größer und die Chance, die verdammte Dose aufzubekommen, immer geringer. Mein unerträglicher Durst verhinderte gleichsam den Zugang zum erlösenden Getränk. Ich schnaufte durch, konzentrierte mich auf meine meditativen Fähigkeiten. Entspannung und Gleichmut waren der Schlüssel zur Erfrischung. Die Augen geschlossen, umfuhr mein gefühlstoter linker Finger die Lasche an der Coladose. Mit jeder Umrundung wurde das Bild der Lasche in meinem Kopf konkreter. Die Erinnerung an das Öffnen einer Dose war verschüttet, irgendwo in den Milliarden Gehirnzellen, aber sie war zweifellos da. Mit der nächsten Brise vom

Brunnen, der Wind hatte nun etwas Fahrt aufgenommen, bekam ich den Zeigefinger wie von selbst unter die Lasche. Er verweilte dort ein Weilchen, bevor ich ganz langsam das vorderste Fingerglied des Zeigefingers krümmte, um die Lasche nach oben zu ziehen. Meine Ergotherapeutin hätte ob der vollbrachten Leistung Beifall geklatscht. Die Dose öffnete sich mit einem Zischsch!

Als wir damals mit dem Boot zurückkamen, standen nur noch unsere Frauen am Strand. Der Abend dämmerte schon, als wir uns eine Standpauke abholten, die sich gewaschen hatte. Für mich war tagelang an keine sportliche Aktivität mehr zu denken. Ohne die Steroide in meinem Körper wäre ich damals nie wieder zurückgekommen. Ob's gegen die MS half ... beim Rudern hat's gewirkt.

›Geht doch!‹

›Es sind die kleinen Dinge im Leben, die es lebenswert machen‹, dachte ich. Die Augen geschlossen, hielt ich die Dose in der rechten Hand auf meinem Oberschenkel fest, als wollte ich sie nie wieder loslassen. Links saß die Lasche auf dem Zeigefinger fest. Abstreifen mit Cola in der Hand war mir mit keiner Meditation dieser Welt möglich. Also beugte ich mich seitlich vornüber und stellte die Coladose vor mir auf dem Boden ab. Mir war die Gefahr, die ich einging, durchaus bewusst.

Es hätte jemand dagegentreten können. Ein Erdbeben! Plötzlich aufkommender Sturm! So viele denkbare Katastrophen, die einem den Genuss einer eiskalten Cola verhageln können. Die Augen wachsam auf die Dose gerichtet, saß ich da und versuchte, die Lasche vom Finger zu ziehen. Ich wurde langsam ungeduldig. Das Getränk hatte sich bestimmt schon um mindestens zwei Grad erhitzt. Trotzdem wollte ich die verdammte Lasche loswerden. Bei Hitze werden die Finger dick. Die Gefäße denen sich aus.

Wie sieht das denn aus, mit der Lasche einer Coladose am Zeigefinger neben dem Brunnen zu hocken! Endlich war es geschafft. Ich war den Ring los. Ich hörte noch das Klimpern von Kleingeld. Mein Blick ging hoch zu der jungen Frau, die vor mir stand. Gegen die gleißende Sonne konnte ich ihr Gesicht kaum sehen. Ihrem mitleidigen Lächeln setzte ich, in Erwartung meiner Cola, einen warmherzigen Blick entgegen. Meine Gesichtsmuskeln reagierten reflexiv.

Dann aber beugte sich die Person vor mir herunter, und mein Blick folgte dem Ein-Euro-Stück auf dem Weg durch die enge Öffnung der Dose in mein Kaltgetränk. Ein wenig Schaum trat aus der Öffnung. Die Begegnung der Cola mit dem Euro trieb das kühle Nass aus der Dose. Mein Blick blieb wie erstarrt auf der Dose und dem chemischen Kabinettstückchen, das immer mehr des Inhalts auf den heißen Asphalt fließen ließ. Meine Gönnerin war schon verschwunden, als ich aufsah. Gerade kam ein weiterer Passant vorbei, der aus den Augenwinkeln meine Dose sah, den Blick verschämt abwandte und schnell an mir vorüberging. Nicht jeder gibt Almosen.

PS: Von dem Euro kaufte ich mir eine neue Cola, die ich am Kiosk öffnen ließ und sofort trank.

Ausgewogenheit

Nach langen Jahren des Strebens nach Erfolg im Schlaraffenland frage ich mich, was die Protagonisten – die Neurologen und Psychologen, die Therapeuten und jeder Nichtbetroffene, der schon einmal etwas über chronische Krankheiten gehört hat – mit Ausgewogenheit meinen. Haben diese Wissenden überhaupt die gleiche Vorstellung der verwendeten Begriffe wie ich? Was bedeutet denn Ausgewogenheit wirklich?

Bei genauerer Betrachtung des Begriffs aus einem anderen Blickwinkel, zum Beispiel dem des Naturwissenschaftlers, verbirgt sich hinter dem Wort Ausgewogenheit möglicherweise etwas, das der wohlmeinende Psychologe nicht bedacht hat. Stellen wir uns einmal die gute alte Krämerwaage aus Großmutters Zeiten vor. Ich hoffe, du kannst dich überhaupt noch daran erinnern! Der jüngere Leser muss nun auf das Googeln zurückgreifen. Es geht nicht um diese digitalen Dinger, die anfangs des Computerzeitalters wenigstens noch den Anschein hatten, eine Waage zu sein, heute aber nicht mehr als solche erkennbar sind. Steht man einer echten mechanischen Waage gegenüber, sieht man, was einen beim Wiegeverfahren erwartet. Es ist ein Hin und Her, ein Auf und Nieder, ein Stückchen mehr hier, ein bisschen wegnehmen da. Ich habe noch die alte Krämerwaage aus dem Tante Emma-Laden in der Straße, wo ich aufgewachsen bin, in Erinnerung.

Zwei an Ketten aufgehängte Schalen befinden sich an einer Querachse, die in der Mitte mittels Dorn an einer Längssäule möglichst reibungsfrei gelagert ist. An diesem Dorn befindet sich ein kunstvoll gearbeiteter Zeiger, der die Mitte anvisieren soll. Eine halbrunde Messingskala, auf der in Gramm und Pfund die Gewichtseinheiten eingraviert sind, thront an der Spitze der Längsachse. Diese Säule trägt die Last des zu wiegenden Guts. Allein bei der Vorstellung, mit solch einem Gebilde 100 Gramm Mehl oder ein Pfund Zucker abzuwiegen, überkommt mich höchste Ehrfurcht vor der Handwerkskunst, die dieses hochpräzise mechanische Gerät hervorgebracht hat. Das Bearbeiten der Lagerung, das exakte Austreiben der Schalen sowie die Herstellung der genau gleichen Messingketten gibt uns eine Vorstellung vom Anspruch, den Ausgewogenheit an uns stellt, wollen wir dem Mechanischen nacheifern. Wie viele Stunden mögen Meister und Gesellen ihres Fachs an solch einem Hochpräzisionsinstrument gebaut haben? Erst dann, am Ende des Prozesses, der die Waage kunstvoll erstrahlen lässt, steht es vor einem mit seinem tellerartigen, schweren Fuß, unverrückbar, für die Ewigkeit gemacht. Die größeren schwarzen Bleigewichte und die kleinen aus Messing gefertigten Gewichte mit der eingeprägten Gewichtszahl befinden sich daneben in dem Mahagoniholzkasten, der für jedes einzelne Gewicht ein kleines Fach bereithält, in das es nach Gebrauch zurückgesteckt wird. Wer würde zweifeln, dass man damit Ausgewogenheit erreichen kann? Der Wiegevorgang ist sichtbar. In jedem kleinen Detail kann der Kunde nachvollziehen, was Wiegen und Ausgewogenheit bedeuten. Wenn der Zeiger beim Auswiegen der Ware gemächlich schwankend die Mitte anvisiert, kann man die Gewichte zusammenzählen und weiß, was man bekommt. Wer würde der Waage an sich einen Betrug unterstellen? Jeder sieht, wie es funktioniert, wie sich nach langem Ringen ein Zustand einstellt, der für Käufer und Verkäufer akzeptabel ist.

Das digitale schnelle, saubere Zeitalter setzt ganz andere Maßstäbe. Es suggeriert die absolute Genauigkeit. Die Meister der Bits und Bytes ergötzen sich an Anzeigen mit 12 Stellen hinter dem Komma. Man bestellt nicht mehr ein Pfund Zucker, sondern 500 Gramm. Der Blick auf die Leuchtanzeige des modernen Götzen gerichtet in der Erwartung, das Ergebnis auf mehrere Stellen hinter dem Komma ablesen zu können ...

Moment. Nein, man bestellt gar keinen Zucker mehr beim Krämer. Der befindet sich stattdessen abgepackt auf riesigen Paletten in Supermärkten. Ganz klein steht auf der weißen, sauberen Verpackung, wie es sich gehört »500 Gramm«. Das glauben wir ohne den Hauch eines Zweifels. Wir schauen auf die Ware und haben die moderne Wahrheit vor Augen. Wie viele der Menschen, die sich hinter den Blicken verbergen, haben eine Ahnung, wie ein Messgötze funktioniert? Wieso glaubt man einem Ding, das nicht einmal mehr äußerlich einer Waage entspricht, aber schöne leuchtende Ziffern zeigt? Diese Frage stellt sich bei einer Kaufmannswaage aus dem beginnenden letzten Jahrhundert nicht.

Ach ja. Da gibt es ja Kalibrierbehörden, Eichämter; Menschen, die mit noch unverständlicheren Maschinen unverständliche Maschinen kontrollieren. Es wird damit geworben, dass Waagen jetzt nicht nur das Körpergewicht auf hundert Gramm genau anzeigen, sondern gleich den Körperfettanteil mit anzeigen. Und vielleicht demnächst auch die Lebenserwartung. Die Waagen in den Fabriken, die in Abfüllanlagen eingebaut sind, entziehen sich gänzlich unseren Blicken.

Irgendwie glaube ich eher einer nicht so genau funktionierenden Waage, in der mit jeder Arbeitsstunde des Handwerkers die Absicht steckt, etwas zu fertigen, was seinem Zweck dient. Etwas ausweigen, das können nicht einmal die modernsten Waagen unserer Welt. Das Ausgewogene ist und bleibt ein nicht zu erreichendes Ziel, eine Utopie. Es ist die *Quadratur des Kreises*. Man kann darüber sprechen wie über ein gutes Abendessen, aber man kann es nicht erreichen. Warum auch! Vielleicht zum Selbstzweck. Wie der arme Mathematiker, der sein Leben der Berechnung der Zahl Pi gewidmet hat und mittlerweile bei Tausenden von Stellen hinter dem Komma angekommen ist oder in der Psychiatrie.

Ausgewogenheit!

»Herr Riepe, Sie müssen Ausgewogenheit anstreben«, höre ich noch die Stimme des Therapeuten. Es ist schon ein wenig paradox, oder? Ob der weiß, was mir zu Ausgewogenheit durch den Kopf schießt?

VENEDIG SEHEN UND STERBEN

Es ist angerichtet. Sesselliegedreirad auf dem Heck-
träger, Gepäck für fünf Personen im Kofferraum des
Bullis, ein Aktivrollstuhl, ein E-Rolli, ein Rollator und
zwei Krücken, alle sitzen da, wo sie sitzen sollen, meine Frau hinterm Steuer, ich daneben im E-Rolli fest
elektronisch im Boden verriegelt, TÜV-geprüft. Auf der
Fahrerseite befindet sich das gleiche Haltesystem wie
auf der Beifahrerseite. Mit dem Segen des Deutschen
Straßenverkehrsamtes, Spezialgutachter eingeschlos-
sen, darf ich das Fahrzeug aus dem Rollstuhl heraus
fahren. Es ist 2:00 Uhr nachts. Manu startet den Motor
und meine Augen fallen wieder zu.

Meine Frau ist die Göttin der Nacht auf Deutschlands Autobahnen. Ihr Durchhaltevermögen ist bei-
spiellos. Dem Navi habe ich vor der Abfahrt noch eine
sexy Männerstimme aufgespielt. Man sehnt sich direkt
nach Abfahrten. A2, A33, A7, A7, … Eigentlich können
wir die Strecke im Schlaf fahren. Italien ist eines unserer Lieblingsreiseländer, wenn nicht das Lieblingsreise-
land. Begonnen hatte unsere Liaison im Süden Kalabriens, in Catanzaro. Italien ist das Land der Sinne für
uns. Selbst Kirchen locken mich als waschechten
Atheisten an. Es ist eben Italien, und es sind diese Italiener und ihre Sprache, die noch im schlimmsten Streit
melodiös klingt. Die Italienische Riviera wird für mich
erst wieder ein Thema, wenn die moderne Antriebs-
technik für Fahrräder, speziell für mein Dreirad, das

29

Erstürmen der Seealpen möglich macht. Mit Rolli müsste ich wohl 50 Kilo Ersatz-Akkus mitschleppen und dann auch noch eine Begleitperson finden, die nach der ersten Bergkette den Akkuwechsel vornimmt. Berge sind also erst mal passé.

Ich riskiere einen Blick auf die Beschilderung und sehe uns gen Bayern rollen. Wie immer, wenn wir in den Urlaub fahren, also ich Beifahrer bin, wünsche ich mir ein wenig mehr Pep, vielleicht ab und zu einen Spurwechsel mehr, als meine Frau gutheißt. Eigentlich bin ich, das kann ich mit Fug und Recht behaupten, ein wunderbarer Beifahrer. Es könnte daran liegen, dass ich mich nicht wehren könnte, würde man mich am nächsten Parkplatz abstellen. Das ist natürlich nur so ein Gedanke. Jedenfalls habe ich mir meine berechtigte Kritik am Fahrstil meiner Frau mühsam abtrainiert. Sicher ist sicher. Bevor es losgeht, stelle ich meiner Frau noch die technischen Geräte ein. Bei einer Fahrt über eine Entfernung von mehr als tausend Kilometern ist eine Reisegeschwindigkeit von 110 Stundenkilometern schon etwas ermüdend. Das ewige Hängen hinter Lkws. Früher bin ich selbstverständlich den Großteil der An- und Abreise gefahren. Jetzt bin ich froh, wenn ich chauffiert werde. Diesmal haben wir noch den Freund unserer älteren Tochter im Auto. Mit dem habe ich vorab schon ein Probefahren durchgeführt. Junge Leute sind für die schlimmste Zeit zwischen fünf und acht Uhr nach einer anstrengenden Nacht im Auto geradezu prädestiniert zum Fahren.

Natürlich haben wir das vor der Fahrt nicht gesondert erörtert.

Auf der A 8 angekommen, kündet das Österreichische Radio drei Stunden Wartezeit vor dem Felberntauerntunnel und Blockabfertigung an. Bei den Durchsagen erfahren wir auch, dass Bayern heute Ferienbeginn hat. Da hat meine Frau alles geplant, was es nur zu planen gibt, hat aber das unwichtige Detail »Urlaubsbeginn in Bayern« übersehen. Also muss ich doch noch fahren, da wir über die »Hohen Tauern« ausweichen. Dabei fährt sich so ein Bulli wie ein Pkw! Mittlerweile sollen auch die Landstraßen durch die Tauern verstopft sein und man rät uns, via Verkehrsfunk großräumig zu umfahren. Was in den Alpen wohl bedeutet, dass wir über Brenner, Mailand, Venedig nach Bibione fahren sollen, das genau zwischen Venedig und Triest liegt und normalerweise aus Deutschland über Udine angefahren wird. Ich gehe den Österreichern nicht auf den Leim. Verständlich, dass die den Verkehr nicht in den Alpenurlaubsstädtchen haben wollen, da haben die sich ausgedacht, mit gezielter Falschinformation die Blechlawine auf der Autobahn zu halten; wo sie hingehört. Natürlich ist die ganze Landstraße nicht einmal stark befahren.

Hinter den Hohen Tauern, vor dem Katschbergtunnel, machen wir Fahrerwechsel, meine Frau fährt den Rest. Der Freund meiner Tochter hat sich, das erste Mal Bulli gefahren, zwischen fünf und acht Uhr voll verausgabt und sitzt mit starrem Blick auf der Rücksitzbank.

Fahrerwechsel geht mit mir nicht so einfach. Schiebetür rechts auffahren, Schiebetür links auffahren und Töchter samt Mutter herauslassen, Schwenkliftplattform rückwärts befahren – ganz hohe Schule der Rollstuhlfahrkunst –, wobei der hintere Teil der Plattform frei außerhalb des Fahrzeugs schwebt und lediglich eine kleine Kante den Rolli am Absturz nach hinten hindert, Liftplattform herausschwenken, dann den Beifahrersitz aus der Verriegelung lösen und auf die Fahrerseite bugsieren und wieder arretieren und schlussendlich mich wieder hineinschwenken, Liftplattform innen verlassen, Lift herausschwenken, Rollstuhl auf der Stelle drehen und auf die Beifahrerseite fahren – zwei Zentimeter an der offenen Tür vorbei (damit kann ich im Zirkus auftreten), zum Schluss nur noch den Lift wieder hineinschwenken – und schon ist der Fahrerwechsel komplett. Wahrscheinlich sind 110 Stundenkilometer auf der Autobahn doch nicht so ein großes Zeitproblem.

Fest verankert im Boden, kann es weitergehen. Alle waren während des Rangiervorgangs zur Toilette. Mist. Ich werde meinen neuen Reiseurinbeutel im voll besetzten Bulli ausprobieren. Die Dichtigkeit des Beutels habe ich zu Hause vor Reiseantritt mit einem Liter Wasser sorgfältig geprüft. Ein Gummibeutel ist an einer kleinen, nach unten offenen Dose der Größe eines Deostifts befestigt. Oben ist ein Deckel drauf, der sicher schließt. Wie gesagt, ich habe alles ausprobiert, zu Hause. Unbenutzt verschwindet der Gummibeutel in der kleinen Dose. Damit nicht alle anderen auf dem

Rastplatz den Gebrauch teurer Spezialhilfsmittel begutachten können, reicht mir meine Frau ein Handtuch. Was man nicht im Kopf hat, muss man im Handschuhfach haben.

Endlich angekommen. Das Appartement hält all unseren Erwartungen stand. Großer schöner Balkon, 50 Meter bis zum Strand, genügend Platz für den geübten Rollifahrer und eine Nasszelle mit niedriger Einstiegskante. Zelle trifft es gut. Es passt lediglich einer der winzigen Küchenstühle in die Nasszelle – und ich muss rückwärts durch den Einstieg, der für das zweitdickste Volk der Erde nicht geeignet ist, mit Hilfe von vier starken Armen werde ich auf dem Sitz abgesenkt. Ruckzuck sind alle aus dem Bad verschwunden, und ich stelle fest, dass sich der Duschkopf und die Bedienelemente hinter mir befinden. Handy habe ich nicht dabei. Die anderen sind bereits auf dem Balkon und trinken ein Schlückchen Wein. Bei den Rotweinen mit »B« kann auch der Laie nichts falsch machen. Man sollte allerdings schauen, dass man den »Barollo« oder den »Bardolino« nicht mit einem »Barbera« verwechselt. Geschmacklich wie finanziell wird es eine Überraschung. Nach intensivem Rufen werde ich lachend aus der Dusche befreit. Das Problem mit den Bedienelementen haben wir später auch gelöst.

Bibione besticht durch seine riesigen Menschenmengen, die Blechlawinen, die jeden Samstag den Verkehr schon zwanzig Kilometer vor dem Städtchen zum Erliegen bringen, und sehr breite saubere Sandstrände, die von Deutschen mit Sonnenschirmen und

Liegen besetzt sind. Das Meer ist – besonders auf Rollstuhlhöhe – zwischen den perfekt ausgerichteten unzähligen Reihen nur zu erahnen. Unser Strandabschnitt befindet sich im weniger dicht besiedelten Bereich an einem Pinienwäldchen. Der Strand ist hier immer noch sehr breit, aber deutlich schmaler als am Teilstück *Spiaggia*; für mich trotzdem eine Herausforderung, der ich allerhöchstens einmal am Tag gewachsen bin. Ich habe es zuerst mit Krücken probiert. Meine Handballen sind, da ich im tiefen Sand das komplette Körpergewicht auf die Krücken verlagern muss, durch heftige Muskelschmerzen unbrauchbar geworden. Rollator beschert das gleiche Problem. Also muss wieder der Freund meiner Tochter ran. Er soll mich auf einer eigens zu diesem Zweck gekauften Luftmatratze über den Strand ins Meer ziehen. Ist sehr angenehm für mich und ähnelt ein wenig dem Erstürmen der Strände durch die Seekühe des Indischen Ozeans. Für die staunende Menge der Zuschauer auch. Der Freund meiner Tochter muss unter der Last nach wenigen Metern mit Sternchen vor den Augen am helllichten Tag aufgeben. Zwei Italiener kommen sofort herangestürmt und rasen mit mir über den Strand, so wie einst Luke Skywalker im ersten Starwarsteil 1977 auf einem Luftkissenirgendetwas über den Sand des Wüstenplaneten rauschte.

Der zweite Anlauf am nächsten Tag. Der Freund meiner Tochter hat sich wieder erholt. Wir versuchen es mit dem Aktivrollstuhl, angekippt auf zwei Rädern durch den Sand. Der Freund meiner Tochter befindet: »Kein Problem!« Als der Rollstuhl mit den sehr sportlichen dünnen Rädern von mir, technisch versiert, in den Sand manövriert wird, versinkt er unter der hohen Last sofort ein paar Zentimeter. Ich habe so meine Zweifel. Nach fünf Metern zerrt der Freund meiner Tochter links an den Haltegriffen des Rollstuhls und meine Tochter rechts. Ich werde wieder die Krücken nehmen. Die Luftkissenitaliener sind abgereist.

Ich verlege meine sportlichen Aktivitäten auf die Straße. Jeden Morgen fahre ich mit meinem Sesselliegedreirad vom nördlichen Ende Bibiones, *Dei Pinini*, bis zum südlichen Teil, *Pineda*, und zurück. Damit ich auf der Strandpromenade für Fußgänger fahren darf, hänge ich eine Krücke hinten ans Dreirad. Während ich jeden Morgen italienische Kinder und ihre Väter am Strand mit meinem High Tech-Fahrrad in Verzückung bringe, fährt ein offener Porsche flanierend zwanzig Meter weiter auf der Strandstraße; bei etwa gleichem Tempo wie ich. Wichtig ist, immer treten, immer den Druck auf die Pedale behalten. Sonst haben selbst die fahrradbegeisterten Italiener keinen Spaß mehr an mir. Bevorzugt das linke Bein bleibt dann unentschlossen in einer Position zwischen An- und Entspannung zappelnd hängen. Es zuckt mit 100 Aufs und Abs in der Minute. Tremor. Sieht uncool aus und passt so gar nicht zum Outfit des Sportgeräts. Nur mit der Kraft beider Arme mit Druck auf die Knie beruhigt sich das Bein irgendwann.

Die erste Ausflugstour geht nach Padua, eine sehr schöne italienische Stadt südlich von Venedig. Der junge Teil der Familie kommt nicht mit. Sie haben am Strand ein paar italienische junge Leute kennengelernt. Vor

12:30 Uhr ist an frühstücken nicht mehr zu denken. Padua ist mit dem Rolli super. Wir waren schon einige Male hier und sind trotzdem immer wieder vom Piazza Orale, der Basilica di Sant'Antonio und den vielen anderen historischen Bauten begeistert.

Heute ist das Wetter mehr als durchschnittlich, »*p. nuvoloso*«. Ist das *p.* nun die Abkürzung für *poco* oder für *partiamenti*? Ein bisschen oder teilweise. Auf RAI2's *Meteo* im Teletext steht *partiamenti*, auf RAI1 *poco*. Ist doch alles Berlusconi! Ich entscheide mich für teilweise. Auf dem Weg nach Triest wird der Himmel immer heller und der Wind immer stärker. Es ist unser dritter Triest-Versuch. Bislang ist uns entweder auf dem Weg dahin der Sprit ausgegangen oder es hat so geschüttet, dass wir nur aus dem Auto einen flüchtigen Blick riskieren konnten. Jetzt ist es so weit. Wir stehen mitten in Triest, haben unseren Reiseführer vergessen und der Wind hatte die Wolken hinter uns her über die Stadt geblasen. Als ich endlich mit dem Rolli raus bin, öffnen sich die Himmelsschleusen und es schüttet wie aus Kübeln. Wir sitzen unter einem großen Sonnenschirm, der zu einem Café gehört, in das ich mit Rolli nicht hineinkomme, und sind guter Dinge, dass es sich um einen kurzen Schauer handelt. Vermehrt bieten uns afrikanische Einwanderer Regenschirme an. Das Plätschern des Regenwassers um uns herum begeistert lediglich meine Blase. So ein Reiseurinbeutel ist Gold wert. Wir brechen auch diesen Versuch ab, Triest anzuschauen, aber erst nachdem meine Frau drei Regenschirme zu Wucherpreisen gekauft hat.

Venedig, das Highlight des Urlaubs. Akribisch geplant. Von mir. Das letzte Mal hatte ich mich auf die Infos im Internet verlassen. Die Brücken sollten angeblich im Sommer mit Brettern seitlich abgedeckt sein, sodass man mich hochschieben und herunterlassen kann. Alles Quatsch. Mein Plan sieht vor, über die SS11 die Brücke zum *Piazzale le. Roma* zu nehmen und dort zu parken. Behindertenparkplätze sind in Italien im Gegensatz zu Deutschland sehr zahlreich. Es soll kein Problem darstellen, auf *Piazzale le. Roma* außerhalb des zehnstöckigen Riesenparkhauses einen Parkplatz zu finden. Dann soll es mit dem Schiff durch den *Canale Grande* zum *Piazetta san Marco* gehen. Die Linienschiffe sind rollstuhltauglich für meinen Aktivstuhl.

Am *Piazzale le. Roma* angekommen, suche ich vergeblich nach Schildern, die Behindertenparkplätze ausweisen. Nach zweimaligem Kreiseln um den Platz fahre ich ins Parkhaus. Wir bekommen vom Pförtner das Parkdeck 10 ganz hinten rechts zugewiesen. Ein gigantisches Parkhaus. Oben angekommen, ist mir ganz schummrig vom »im-Kreis-fahren«. Die Parklücken sind italienisch, was die deutschen Urlauber mit Fahrzeugen über vierzigtausend Euro veranlasst, schräg in drei Parklücken zu parken. Das weiß der Pförtner unten nicht, beziehungsweise er kann nur schätzen, wie viele Plätze frei sind. Es ist lediglich einer frei. Meine Frau behauptet steif und fest, dass es unmöglich sei, mit unserem Bulli in die Parklücke hineinzufahren. Frauen. Mit meiner Spezialservolenkung für Menschen mit eingeschränkter Armkraft fahre ich souverän wie ein Italiener in die Lücke. Meine Frau gestikuliert wild vor dem Auto herum, die Besatzung auf der Rückbank befindet sich, die Münder weit aufgerissen, die Köpfe nach hinten gestreckt, im Tiefschlaf. Ein Blick erklärt das wilde Gefuchtel meiner Frau. Wir können das Fahrzeug nicht mehr verlassen. Meine Frau geht kopfschüttelnd die Parkreihen ab. Ich lasse mich nicht beirren und rangiere fachmännisch hin und her, bis der Bulli so steht, dass die Kinder, wenn sie sich zwischen Beifahrersitz und Rolli zur Beifahrertür pressen, genau den Spalt aufbekommen, um nach außen zu gelangen. Ich kann auf meiner Seite nur hoffen, dass keine Spastik beim Verlassen des Bullis in die Beine schießt. Man würde mich eingepresst zwischen zwei Autos nicht mehr herausbekommen. Die Klimaanlage hat den Schweiß getrocknet, als meine Frau wieder auftaucht und erklärt, sie habe eine größere Lücke gefunden.

Für Rollifahrer sind die Linienschiffe umsonst und die Begleitperson bezahlt lediglich 1,10 Euro. Wir schippern staunend durch den *Canale Grande* an teilweise tausend Jahre alten Fassaden entlang auf die Rialtobrücke zu. Der Angestellte, der das Schiff beim Anlegen vertäut, hat mich zu Beginn der Fahrt fachmännisch über die Höhendistanz zwischen Schiff und Anleger abgelassen. Es gibt zwar einen extra Rollstuhlplatz, von dem man auch aus dem Fenster schauen kann, ich bevorzuge aber den luftigen Platz direkt am Eingang. Jetzt spricht mich von hinten ein älterer Mann an. Mitten in mein Bild von der Rialtobrücke, das ich in seiner ganzen Pracht im Sucher meiner Kamera habe. Er redet italienisch auf mich ein. Ich drehe mich um – und die Rialtobrücke ist verschwunden. Der italienische Opa redet unaufhörlich weiter und hält die Schiebegriffe meines Rollis fest. »Uscita«, das habe ich aus dem zahnlosen Gebrabbel herausgehört. Als Tourist in einem fremden Land mache ich vor dem Ausgang fein Platz und frage meine Frau, ob der Mann wohl zum Personal gehöre. »Nö«, meint sie. Beim nächsten Halt bleibt der Mann seelenruhig vor dem Ausgang stehen und verteidigt ihn mit Händen und Füßen. Ich sehe derweil aus dem Rolli nichts mehr vom Canale Grande. Zwei Haltestellen später steigt der Opa als Einziger aus.

Am Guggenheim-Museum vorbei schaukeln wir auf das Becken von San Marco zu. Links muss das Correr-Museum sein. Ich sehe nur behaarte Männerbeine. An der Piazetta San Marco werde ich vom netten Angestellten, der mich auf das Schiff abgelassen hat, wieder auf festen Boden gehievt. Trotz Arbeitshandschuhen und der Erfahrung mit unzähligen Rollifahrern, hat er mein Gewicht unterschätzt. Meine Mutter sagt immer: »Junge, du hast schwere Knochen!« Die Anstrengung hinter mir ist spürbar, und der erste Versuch scheitert. Ich höre das Gackern meiner Frauen – der Freund meiner Tochter schweigt angemessen – und das Stöhnen derer, die das Schiff verlassen wollen, im Hintergrund. Mit letzter Kraft meistert mein Helfer hinter mir die schwere Aufgabe. »Brava!«, rufen die Passagiere begeistert und klatschen Beifall. Diese Begeisterungsfähigkeit der Italiener ist wunderbar.

Vor der *Basilika San Marco* frage ich mich: »Wo ist die riesige Schlange vorm Eingang?« Ein Blick auf die Uhr erklärt alles. Strafend schaue ich zu meinen Töchtern rüber, die nachmittags um halb sechs noch immer mit der Müdigkeit kämpfen. Körperhaltung und Gesichtsausdruck lassen die gebotene Begeisterung vermissen. In dem Menschengewimmel vor der Basilika sehe ich zwischen den Beinen der Touris orangene Gewänder Ringelreih tanzen. Es sind Hare Krishna Anhänger, die lautstark ihr »Hare, Hare, Hare, Hare Krishna« singen und mit verzückten Gesichtern in Hippilatschen einen großen Kreis tanzen. Die jungen Frauen haben bunte Kleider an und halten sich an den Händen. Zwei versunkene Kulturen. Im Hintergrund das Sinnbild politischen und religiösen Lebens der Veneter, erbaut im neunten Jahrhundert nach Christus, davor Krishna Anhänger, die in der Zeit der Aschram-Besuche der Beatles verlorengegangen scheinen. Ein tolles Bild. Venedig ist eine Reise wert. Vor dem Dogenpalast geht es skurril weiter. Wir bestaunen ein japanisches und ein chinesisches Brautpaar, alle vier Beteiligten in strahlendem Weiß vom Scheitel bis zur Sohle. Drumherum hüpfen mehrere Fotografen, deren Kameraobjektive die Größe einer Panzerfaust haben. Meine Töchter sind vom »Hare, Hare, Hare« aus der Traumwelt in die Wirklichkeit zurückgekehrt und finden die asiatischen Brautpaare mehr als »*uncool*«. Was die wohl für eine Hochzeit in Venedig auf den Tisch blättern? Ich kann mich kaum sattsehen und bin, obwohl mir die fantastischen Mosaike in der Basilika vorenthalten bleiben, guter Dinge.

Meine jüngere Tochter hat Hunger. Ihre Miene lässt keinen Zweifel daran, dass wir in die nächste Pizzeria müssen. Bei einer durchschnittlichen Pizza diskutieren meine Töchter und der Freund meiner Tochter über die fortgeschrittene Uhrzeit, und man habe sich doch um zehn mit den Italienern zum Partymachen verabredet. Mein Plan sieht vor, die paar Meter zur Rialtobrücke zu gehen, und von da aus habe ich eine Route ausgeklügelt, die möglichst wenige Brücken umfasst. Wer weiß, ob der Freund meiner Tochter die Standfestigkeit eines Schiffsangestellten hat. Auf dem Weg zur Rialtobrücke hat meine jüngere Tochter den Rolli übernommen und schiebt mich in einer Geschwindigkeit durch die engen Gassen, dass die Kirche samt Platz von *San Zulian* ohne Chance auf ein Foto an mir vorbeirauscht. Nachdem wir uns mehrmals in den engen Gassen verlaufen haben, stehen wir endlich vor der begehrten Sehenswürdigkeit.

Das ist mein Ziel. »Wir können von hier aus mit dem Schiff zurück zum Parkhaus fahren«, stellt meine große Tochter fest, »wir sind sogar auf der richtigen Seite.« Noch!

Jetzt ist es an der Zeit, mein wahres Ziel für diesen Venedig-Besuch zu offenbaren. Der Freund meiner Tochter lehnt gestresst vor den Stufen der Brücke an einer Hauswand und würdigt das historische Bauwerk keines Blicks. Alle sind sehr geschlaucht. Jetzt muss es raus.

»Bitte zieh mich auf die Brücke hoch!«, sage ich ganz ruhig und blicke ihm direkt in die Augen. Als habe er einen Eimer kaltes Wasser ins Gesicht bekommen, reißt der Freund meiner Tochter die Augen weit auf und schaut panisch ehrfurchtsvoll die gewaltige Treppe an. Gestikulierend tritt er einen Schritt vor mir zurück und erklärt mir ausschweifend, dass er das auf gar keinen Fall tun wird. Er wisse ja gar nicht ... und könne nicht ... und es wäre ja wohl viel zu gefährlich, wenn ...

Meine Frau steht kopfschüttelnd da, und meine Töchter erstarrend vor Schreck. Natürlich habe ich mit dieser Situation gerechnet und vorsichtshalber die Krücken im Stockhalter dabei. Mit leuchtenden Augen quäle ich mich aus dem Rolli hoch auf die Krücken. Das ultimative Event dieses Urlaubs steht bevor. Wer weiß, ob ich jemals wieder auf diese Brücke komme. Jetzt ist der Moment gekommen, den ich mir immer wieder in meiner Urlaubsvorbereitung ausgemalt habe. In meinen Fantasien hat sich die Brücke majestätisch vor mir erhoben. Eine endlose Treppe in die Glückseligkeit; nur für mich. Die Fantasie erfüllt sich nur unzureichend, denn es sieht aus, als türme sich eine Menschentraube in den Himmel auf. Wie in einem riesigen Ameisenhaufen wuseln handybewerte Touris vor mir und zwingen mich ganz links an die Grenzmauer der Brücke, an der ich mich mit einer Hand festklammere und rechts Halt mit einer Krücke suche. Die aufgeregten Rufe meiner Frau hinter mir nehme ich nur undeutlich wahr. Meine Konzentration liegt auf den entgegenkommenden Handy-Menschen, die mich nicht im Blick haben, sodass ich alle paar Stufen umgerannt werde. Ich kann ja nicht ausweichen. Der Freund meiner Tochter zieht den Rolli die Treppe rauf, meine Frau geht panisch hinter mir, und meine Jüngste läuft gelangweilt mit meiner überflüssigen Krücke ganz weit hinter mir her. Auf die Idee, vor mir den Weg frei zu machen, kommt niemand. Viel zu groß ist die Angst, ich würde jeden Moment rückwärts die Treppe hinunterfallen. Es ist heiß, sehr heiß. Der Schweiß tropft nur so vom Rand meiner Kappe, an dem sich die Schweißtropfen im Rhythmus der Schritte auf einer Flüssigkeitsbahn von links nach rechts bewegen, bis sie irgendwann abfallen. Auf der Hälfte nach oben will ich schon aufgeben. Meine Beine zittern wie Espenlaub. Ich bitte meine Jüngste, mit der Krücke vor mir den Weg frei zu machen. Nun muss ich mich nur noch auf meine Beine konzentrieren. Die Stufen sind so tief, dass ich immer einen Zwischenschritt machen muss. Auch dieses nicht unwesentliche Detail hatte ich in meiner Planung nicht auf dem Schirm. Für mich verdoppelt sich der Weg. Der Blick auf den *Canale Grande* bleibt mir verwehrt. Ich muss auf meine Beine schauen.

Endlich komme ich oben an. Der Rolli steht schon da, und ich lasse mich mit letzter Kraft in den Stuhl sinken. Zwischen den gemauerten Säulen der Brüstung sehe ich endlich auf das Wasser hinunter. Ich bin angekommen. Zum Salz des Schweißes mischt sich ein wenig Tränenflüssigkeit aus meinen Augen. Meinem Lächeln kann das alles nichts anhaben.

Wer weiß, ob ich hier jemals ... Venedig sehen und ...

HÜBSCH HÄSSLICH

Es heißt immer, über Geschmack lässt sich streiten. Ich denke, das gilt nur bedingt. Unumstritten ist, dass es Menschen gibt, denen sich nicht einmal der Grund für einen Geschmacksstreit erschließt. Das heißt, das Ästhetische einer Sache wird nicht wahrgenommen.

Ich erinnere mich noch an den Besuch einer jungen Frau und ihres Lebensgefährten zum Kaffee. Ich kannte sie über eine MS-Connection. Er war Jungingenieur, Maschinenbau und gerade ins Berufsleben eingestiegen, während sie gerade vom Ausstieg bedroht war. Wie das so ist bei Ersttreffen, begann es mit allgemeinem Blabla. Irgendwie kamen wir auf meinen brandneuen Aktivrolli zu sprechen, in dem ich am Esstisch saß.

Mächtig stolz rollte ich vor dem Tisch auf und ab. Meine leuchtenden Scaterrollen vorn, das sind diese kleinen Lenkräder eines Aktivrollstuhls, funkelten wie eine Discobeleuchtung. Der Rahmen ist dunkel-blau-metallic. Der Sitzrücken nicht schnöde schwarz, nein, blau ist er, so wie ich ihn bestellt habe. Die Speichenabdeckung der Antriebsräder zeigt die Erde und ihre Atmosphäre, in der sich Wolkenberge auftürmen. Drehen sich die Räder, ergeben sich geniale optische Effekte.

»Die Bremskonstruktion ist schlecht ausgeführt!«, sagte er, der Maschinenbauer.

»Hä?«

Ich rollte mir mit meinem genial aussehenden Rolli einen Wolf, fuhr auf zwei Rädern Pirouetten und der faselte etwas über die Bremskonstruktion. »Was für ein Ignorant«, dachte ich. Jeder Versuch, auf das Styling des Rollis einzugehen, scheiterte. Man kann Pragmatismus auch übertreiben. Da kam der Mann mit neuestem italienischem Schuhwerk herein und verstand nicht, dass ich Wert auf das Outfit meines Rollstuhls lege. Wer läuft schon mit Kartoffelsäcken an den Füßen herum? Im Sommer tut's das garantiert auch.

»Schau dir mal das Verhältnis von Hebelarm zu Haltefeder an! Und die verwendeten Materialien ...«

Im ersten Augenblick fiel mir auf die Bremsendiskussion nichts ein. Der gehörte bestimmt zu der Fraktion Autoliebhaber für Luxuskarossen, die sich bezüglich ihres teuren Hobbys mit den technischen Fahreigenschaften seines Autos herausreden wollen. Sie preisen Notwendigkeiten an, die sie mit ihrem beschränkten Fahrvermögen niemals ausprobieren werden.

»Bremsen!«, sagte ich verächtlich und merkte erst dann, dass ich meine Gedanken ausgesprochen hatte.

Unser Gast bemerkte das aber nicht und vertiefte sich weiter in die mechanische Belastbarkeit von Rollstuhlfeststellbremsen.

»Das Teil hat eine beachtliche Wendigkeit für einen faltbaren Rolli«, sagte ich und drehte auf der Stelle den Stuhl mehrmals um 360°. Aus der Drehung ging ich wieder mit den Lenkrädern vorn hoch und balancierte auf zwei Rädern.

Meine Frau drehte mittlerweile auch am Rad und warf mir ein paar äußerst böse Blicke zu. Meine junge Bekannte, die auch MS hatte, versuchte verzweifelt, ein zweites Thema aufs Tapet zu bringen.

»Habt ihr eigentlich bewusst ein zweites Kind bekommen? Du warst da doch schon erkrankt, oder? Frauen, die Mütter werden, haben es doch deutlich schwerer als Väter, oder? Und wie habt ihr es mit dem hohen Risiko, die Krankheit an eure Kinder weiterzugeben, geschafft, diese Entscheidung zu treffen?«

Ich war viel zu sehr mit dem unsensiblen Jungingenieur und meinem Rolli beschäftigt, als dass ich richtig zugehört hätte. Gerade als ich wieder auf die Optik meines Rollis …

»Dirk! Hörst du überhaupt zu?«, fragte meine Frau mahnend.

Der Jungingenieur sprach leise mit sich selbst, als er die Brisanz der Situation langsam erfasste. Er bemerkte, dass er einen nicht unbeträchtlichen Anteil an dem Thema tragen sollte, das seine Freundin ansprach. Ich lauschte still der Diskussion. Leider hatte ich nicht wirklich mitbekommen, um was es ging.

Als der Jungingenieur begann, die Betreuungszeiten eines virtuellen ungeborenen Lebens auf die Verwandtschaft aufzuteilen, wurde ich hellhörig. Genauso sensibel, wie er die Schönheit eines Rollis betrachtete, begann er, seine Eltern als völlig ungeeignet aus dem Kreis der zukünftigen Betreuer herauszuargumentieren. Ich dachte: »*Kein Wunder, wenn man sieht, was aus deren eigenen Nachkommen geworden ist. Und wieso redet der überhaupt über Kinderbetreuung? Der kommt selbst gar nicht vor in seinen Planungen.*«

Seine Freundin saß geknickt da, während die nächsten 6 Jahre bis zur Einschulung akribisch verplant wurden.

Sie wurde nur durch ein »Nicht Schatz?« alle paar Sätze erwähnt.

Offensichtlich sah der Jungingenieur seine Partnerin unfähig, sich um ein Kind zu kümmern, er sah sie dahindarbend im Rolli sitzen. Der Vortrag endete mit dem Resultat, dass ein Kind unter der Abwägung von Kosten, Nutzen und zu verbrauchender Lebenszeit nicht in Betracht kam.

Manu, meine Frau, wollte gerade auf die eigentliche Frage, warum wir uns für ein zweites Kind entschieden haben, eingehen, als ich ihr wild blinzelnd signalisierte, es besser zu lassen.

Ich dachte noch, jetzt weiß ich nach so vielen Jahren endlich, warum man mich in der Fachoberschule mit »*Homo Faber*« von Max Frisch gequält hat.

UNBELIEBTESTER MITARBEITER
oder
Wie schaffte ich es, innerhalb kürzester Zeit zum un-
beliebtesten Mitarbeiter in meiner Firma zu werden!

Ich hatte schon viel über die persönlichkeitsverändern-
den Eigenschaften diverser psychedelischer Drogen im
Fernsehen gesehen. Außer ein bisschen Haschisch –
und das war schon genug, um von psychedelischer
Erfahrung sprechen zu können – hatte ich keine Drogen konsumiert. Egal wie abhängig man nun von
Crack, Heroin, Speed oder Koks wird, es dient dem
Konsumenten einzig als Glücklichmacher. »Raus aus
dem bedrückenden Alltag, rein in die Welt des Glücks«,
heißt es. Andere suchen Erleuchtung, indem sie der
Mär bewusstseinserweiternder Drogen aufsitzen. Wie
romantisch die Erleuchtung ist, stellt man spätestens
fest, wenn man mit Entzugserscheinungen und Qua-
dratschädel, ungewaschen und stinkend in der Gosse
aufwacht.

Was das mit mir zu tun hat?

In der Anfangszeit meiner Karriere – sowohl der beruflichen als auch der neurologischen – kannte ich nur
einen Weg: den des Kampfes. Kampf im Job und
Kampf gegen die Krankheit. Schon früh erkannte ich
für mich die Notwendigkeit, kein Auto zu fahren. Ich
fuhr Fahrrad. Bei Wind und Wetter stieg ich aufs Rad
und fuhr zur Arbeit. Keine Erkältung konnte mir etwas
anhaben trotz meines schwachen, durch Medikamente

angeschlagenen Immunsystems, und im Winter fror mir höchstens mal der Bart ein. Geschützt durch moderne Funktionskleidung – wie das so schön heißt –, hatte ich das Gefühl, ich könnte auch zum Nordpol fahren. Meine Idee war, mir die Krankheit einfach aus den Knochen zu trainieren. Je höher der Trainingsgrad, desto besser der Gesundheitszustand. Sobald im Frühling die Temperaturen stiegen, nahm ich meine Rennkluft mit in die Firma und startete nach Feierabend zu einer 60-Kilometer-Radrunde. Was für Krebspatienten galt, sollte auch für mich gelten.

»Ich habe meinen Krebs besiegt!«

Das war das Motto. Sieg oder Niederlage. Leben oder Sterben.

Ein Körper, der sich selbst neu erfindet, der seine Gefäße durch Training zu Höchstleistungen veranlasst, dessen Herzkreislaufsystem im Ruhezustand einer Dampfmaschine mit nahezu unbegrenzter Lebensdauer gleicht, zeigt dem tödlichen Krebs die lange Nase. Man muss einfach nur stärker sein.

Soweit die Weisheiten der Außergewöhnlichen bei Kerner und Beckmann.

Wille!

Der Wille ist der Motor des trainierenden Menschen. Der Wille zur Gesundheit. Der Wille, Schmerzen zu überwinden. Der Wille zur beruflichen Karriere.

1999 fuhr ich 1.300 Kilometer in den italienischen Seealpen. Um sechs Uhr morgens startete ich in den Sonnenaufgang, war nach vier Stunden mit Brötchen für die Langschläferfamilie zurück, telefonierte anschließend am Strand mit der Firma und spielte dann mit meinen Kindern im Meer. So sah eine erfolgreiche Krankheits- und Lebensbewältigung aus.

Man muss es nur wollen!

Nach jahrelangem Training hatte ich den Körper eines Ausdauersportlers, den ich nur mit fettfreiem, fleischlosem, Omega3-fettsäurehaltigem Essen befeuerte. Jede Faser meines Körpers und meines Geistes war auf ein erfolgreiches Leben ausgerichtet. Was kann eine Krankheit daran ändern? Das ist etwas für Weicheier, die sich in ihrem Mitleid suhlen, aber nicht für mich. Man muss sein Leben in die eigenen Hände nehmen.

Zurückgekehrt aus dem Urlaub, wechselte ich auf das zweite Schlachtfeld – die Firma. Familie sollte drankommen, wenn die Basis stimmte. Ich musste erkennen, dass die Überwindung der Krankheit durch Sport noch nicht reibungslos funktioniert hatte. Jedenfalls machte mir meine MS mit ständigen Ausflügen in die inakzeptable Welt des Leidens ganz schön zu schaffen. Grenzen sind dazu da, überwunden zu werden. Außerdem gab es auch noch die Medizin. Für akute Entzündungen im Gehirn, die sich mit Ausfällen aller Art bemerkbar machten, gibt es das Wundermittel schlechthin: *Cortison*. In minimalen Mengen, produziert von der Nebennierenrinde, ist es ein hochwirksames Hormon.

Künstlich zugeführt in monströs überhöhter Dosis ist es der Hammer gegen den klassischen MS-Schub. Der einzige Hammer. Die Liste der Wirkungen ist genauso groß wie die der Nebenwirkungen. Die Waffe ist stumpf, aber durchschlagend. Jeder reagiert etwas anders auf die Behandlung mit Kortikosteroiden, wie *Cortison* in der Fachsprache heißt. Was für Profiradfahrer schon seit den Sechzigerjahren gut war, muss für MS-Kranke erst recht erfolgreich sein. Was den Radfahrer zu Höchstleistungen befördert, war mir allerdings höchst hinderlich. Einen Ruhepuls von 120 unter *Cortison* erreichte ich gewöhnlich auf dem Rad beim Anstieg eines Bergs unter Anstrengung. Schlafen ging nur noch mit Knock-out-Pillen. Der Kopf war rot wie ein Feuermelder, was den Profi bei der Tour der Leiden wenig stört, für mich aber unannehmbar war. Meine Psyche glich einer zum Zerreißen gespannten Geigensaite, auf der nur noch der Virtuose spielen konnte, ohne dem Hörgenuss vorzeitig ein Ende zu bereiten.

So ging ich also mit Anzug und Krawatte, hochrotem Kopf, bebenden Nasenflügeln und einem aufgedunsenen Gesicht, das vorgab, zu einem langjährigen Alkoholkranken zu gehören, bläulich, mit hervortretenden Äderchen und dem Blick »Sag nichts Falsches, sonst töte ich dich!« direkt nach der Infusion zur Arbeit. Es war schon die dritte in dieser Woche. Jede Infusion enthielt den *Cortisonbedarf* für ein halbes Menschenleben, ein Gramm. Was ist schon ein Gramm, könnte der Leser denken. Ein Gramm ist das Hunderttausendfache der menschlichen Tagesproduktion. Wenn man davon ausgeht, dass Mutter Natur in Millionen Jahren andauernder Evolution nicht total ins Klo gegriffen hat mit der Konstruktion der Nebennierenrinde, dann ist ein Gramm sehr viel.

Der dritte Tag, meistens der letzte der Infusionsserie, war geprägt durch zwei vorausgegangene schlaflose Nächte. Ich war ein Tier, eingesperrt und schwitzend im Kragen meines neuen weißen Hemdes. Sollten nur alle kommen, ich werde der gesamten Bagage schon heimleuchten, jedem; alle Hemmschwellen waren gefallen! Wenn jemand weiß, was es heißt, vom Jekyll zum Hyde zu werden, dann bin ich es. Cortison ist meine bewusstseinsverändernde Droge, die mich so verändert, dass ich mich selbst nicht mehr kenne.

Am heutigen Tage ging ich auf Krücken zur Arbeit. Eine medizinische Ursache für meine bläuliche Säufernase inmitten eines aufgequollenen Gesichts sah niemand. Sonst hätte man mich postwendend wieder nach Hause geschickt.

So kam ich dann etwas zu spät in die Runde der Firmenlenker, an dessen Kopfende der Firmenboss persönlich Platz genommen hatte. Es war nur noch ein Sitz frei. Direkt neben dem Besitzer, demjenigen, der die Macht hatte, dem man Wohl und Wehe im Firmenbiotop verdankte.

Alle schauten auf den Tisch vor sich. Blickkontakt wurde vermieden. Die Ärmel der Führungsriege leicht hochgeschoben, kam die Uhrengalerie, Stellung und Verdienst anzeigend, zum Vorschein. Während mir das Cortison aus den Poren quoll, kämpfte ich mich zwischen Stühlen und Wand zum Sitzplatz durch.

Im Sitzen verschwand mein jämmerlicher Zustand, alle sahen gleich aus, mir fehlte noch die 5.000 Euro-

Rolex, ansonsten verschwand ich im Kreis der Anzug-
träger.

Anfangs ging es um langweilige Verkaufszahlen und
deren Legitimation durch unvollständige Produktpalet-
ten und zu langer Entwicklungszeiten, um dann in An-
schuldigungen fehlerhafter Entwicklungen zu münden.
So wie jedes Mal.

Nur, diesmal war ich als Verursacher schlechter Verkaufszahlen dabei. Was die Schlangenmenschen, die
sich jeder Situation problemlos – weil ohne Rückgrat –
anpassen konnten, nicht davon abhielt, ihr ganzes
Programm abzuspulen.

Als der Blick des Bosses auf mich traf, hatte die
Wahrheitsdroge *Cortison* ganze Arbeit geleistet. Mein
Auftreten muss Kampfhundcharakter gehabt haben.
Mit wirrem Blick bekundete ich hasserfüllt, was ich von
den Verteidigungsstrategien inkompetenter Verkäufer
hielt. Der Firmenpatriarch schwieg. In einer zwanzig-
minütigen Wutrede, die mit unwiderlegbaren Fakten
gespickt war, zwang ich die Gegner in den Dreck. Damit hatte ich alle Regeln der Managerkunst missach-
tet. Jeglichen Erfolg einer vermeintlichen Wahrheit
verspielt. Mein direkter Chef, der Vorstand Technik
und Entwicklung, verdrehte kopfschüttelnd die Augen.
Nie Fakten nennen, immer im Konjunktiv bleiben, so
tun, als könne man die Unwissenheit gut gekleideter
Topverdiener in komplizierte Vorgänge einbeziehen.
So funktionierte das Firmenbiotop. Ich hingegen führte Grafiken vor, deren Zahlen aus genau beschriebenen statistisch belastbaren Versuchsaufbauten her-

rührten, die keinen Zweifel offen ließen, keinen Spielraum für Konjunktive.

»Also ich glaube, das könnte man auch anders sehen! Wir sollten die Messreihe vielleicht wiederholen, wenn der Kollege …«

Der Leser kann sich bestimmt nicht vorstellen, was in meinem Kopf vorging. Ich explodierte innerlich. Meine Nasenflügel bebten – und dann brach es aus mir heraus. Nur ein Würgehalsband hätte mich noch abhalten können.

»Sie!«, wobei auf dem *Sie* besondere Betonung lag, »wollen etwas irgendwie sehen? Es gibt hier nichts zu denken oder zu sehen. Wenn Sie meine Messung für fehlerhaft halten, dann benennen Sie wo! Zum Glauben sollten wir uns in der Kirche treffen.«

Es handelte sich immerhin um einen Betriebsleiter. Völlig enthemmt hatte ich die wichtigste Regel beim Auftritt in Managersitzungen verletzt. Nie konkret werden und die mit den ganz teuren Uhren haben immer recht. Und vor allem nicht glauben, dass Fakten in einem Kreis von Entscheidungsträgern Sinn machen. Zu selten nahm ich an diesen Veranstaltungen teil. Wer gerade mit wem welches Spielchen spielt, wer auf meiner Seite sein könnte, wenigstens theoretisch, und wem ich nicht auf die Füße treten durfte, war mir nicht bekannt.

Was hatte mich an diesem Morgen geritten, vollgepumpt mit einer Droge, die zur Überempfindlichkeit und noch viel schlimmer, zur Wahrheit, meiner Wahrheit, reizt, im Kreis der Karrieristen aufzutauchen, mit einem Fachvortrag zu glänzen und zu guter Letzt einen Rolex-Träger, dessen derzeitige Befindlichkeit ich nicht kannte, herauszufordern?

Mein direkter Vorgesetzter, der Vorstand Forschung und Entwicklung, verdrehte noch einmal frustriert die Augen. Seine Gedanken standen ihm ins Gesicht geschrieben:»Was für ein Idiot! Der wird es nie lernen! Jetzt muss ich das wieder ausbügeln.«

Bevor ich den Raum schwankend auf Krücken verließ, legte ich noch einmal nach:»Wenn Sie an meinen Messungen, Messmethoden, an meiner Verfahrensbeschreibung und Durchführung etwas zu mäkeln haben, bitte ich Sie, mir schriftlich Ihre Recherche zu schicken!«

Damit hatte ich den Vogel abgeschossen. Jemanden, von dem jeder weiß, dass er die Macht der Entscheidung hat, aber nicht die der Erleuchtung, kann man nicht so herausfordern. In der Schule musste man für ungebührliches Verhalten zum Rektor, man holte sich einen Verweis ab und gut war es. Schon in der Schule stieß mir die einfache Regel »Der Lehrer hat recht und der Rektor noch viel mehr!« übel auf, was sich dummerweise nie änderte.

Die Konsequenzen interessierten mich nicht im Geringsten, als ich die Tür hinter mir schloss. Sofort machte ich mich auf den Weg in mein Büro, hörte den AB ab, rief ein paar Kollegen zurück, denen ich deutlich zu verstehen gab, dass ich Idiotenfragen nicht beantworte, gefolgt von einigen Beleidigungen. Wie ich mich fühlte? Befreit! Endlich den Schwachköpfen die Meinung gesagt. Die Flut der immer gleichen Fragen aus den immer gleichen Mündern endgültig unterbunden. Zwei Stunden am Telefon reichten für den Start meiner neuen Karriere: Unbeliebtester Mitarbeiter, gewählt abteilungsübergreifend in geheimer Wahl, mit unschlagbarem Vorsprung vor dem zweiten – und der war wirklich ein übler Kollege, auch ohne Drogen.

Als mein Chef in mein Büro trat, war mein Werk vollendet und ich glücklich, das Richtige getan zu haben. Ich saß da, die Hände hinter dem Kopf verschränkt, die Hemdsärmel hochgekrempelt. Die mäßig gelungenen Einstiche in die Vene waren deutlich sichtbar. Vom Geschwätz des Vormittags gebeugt saß mein Chef da und schaute mich mitleidsvoll an.

»Mussten Sie so auf den Putz hauen?«

Ich strahlte ihn nur triumphierend an.

»Sie hatten ja recht, mit jedem Punkt, mit jeder Ausarbeitung, mit jeder Folie!« Seufzend fuhr er fort: »Wie kann man so dumm sein, in so einer Runde wirklich jeden vor den Kopf zu stoßen. Wie meinen Sie denn, sollte die Runde reagieren, wenn Sie keinen Raum für Diskussionen lassen? Das ist Firmenpolitik! Sie glauben doch nicht allen Ernstes, dass uns das weiterbringt? Wollen Sie sich zum Märtyrer der Wissenschaft machen? Ich hatte Sie für klüger gehalten.«

»Aha, die Wahrheit sagen ist also ein Ausdruck von Dummheit in Ihren Augen«, gab ich trotzig zurück und erntete ein schlichtes: »Genau! Jedenfalls in dieser Runde. Außerdem handelt es sich um Ihre Wahrheit.«

»Wahrheit ist Wahrheit«, antwortete ich.

»Sie haben doch gar keine Ahnung. Ihnen fehlen doch jede Menge Informationen.« So ging das noch ein bisschen hin und her.

Für diesen Tag war eine weitere Aussprache sinnlos. Ich war glücklich mit dem Vollbrachten, mein Chef hoffte auf bessere Zeiten. Und dann passierte das Unfassbare, das Grauen. Meine Schwiegermutter rief an.

Nachdem die Emotionen gerade etwas abgeklungen waren, begann das Inferno in meinem Schädel erneut. Meine Schwiegermutter! Es war etwas Überlebenswichtiges, das sie mich fragen musste. Ausgerechnet heute. »Lieber Junge, wie geht's dir denn?«

Das hätte ausgereicht, meiner im Stammhirn befindlichen Uremotionen »töten, um zu überleben«, »flüchten«, »vermehren« freien Lauf zu lassen.

»Ist die Manu in der Nähe? Nein?«

»Ich bin in der Firma!«

»Ach so! Ich will da ja nicht stören, mein Junge!«

»Ah ja!«, antwortete ich mit bebender Stimme.

»Ich habe noch eure Tortenplatte hier, mein Junge.«

»*Wenn Sie noch einmal mein Junge sagt und das Wort Tortenplatte, dann ...*«

»Vielleicht kannst du Manuchen ja ...«

Das war zu viel. Meine Hormone versammelten sich zum Überkochen, es gab nur ein Ziel: »Vernichte!«

Schlagartig fiel mir alles ein, was mich je an meiner Schwiegermutter gestört hatte, und in einer lange anhaltenden Wutrede ging ich auf jeden Punkt ausführlich ein. Sie muss meine Situation erfasst haben, sonst hätte sie nach dieser Wutrede nie wieder mit mir gesprochen.

Ich hatte noch vier Wochen Zeit bis zur Beliebtheitswahl unter Kollegen. Die Zeit der Entwöhnung vom hormonellen Overkill durch *Cortison* war noch schlimmer als die Drogenzeit selbst. Es dauert immer etwa zwei Wochen. Zwei Wochen, um meinen Vorsprung als ätzendster Mitarbeiter auszubauen.

Nach meinem unangefochtenen Sieg bei der Wahl entschied ich mich, unter *Cortison* der Firma und Telefonen den Rücken zu kehren. Ich bin noch verheiratet, habe meinen Job noch und Schwiegerma sagt immer noch »Junge« zu mir. Sie hatte mich verstanden mit ihrem großen Herz.

Der Tag, an dem ich das erste Mal einen psycho-
logischen Psychotherapeuten aufsuchte, war gekommen. Nach den endlos wiederholten Ausreden – ich
habe doch viel zu wenig Zeit neben Krankengymnastik
und Ergotherapie, nicht zu vergessen vollschichtiger
Arbeit – stand nun der innerlich lange ersehnte Kontakt unmittelbar bevor. Mit meiner jahrelangen Vorbereitung auf diesen Augenblick, also dem Studium der
Schriften von Freud und Jung, der Beschäftigung mit
moderner Philosophie sowie der Anwendung des viel
gepriesenen Zeitmanagements, konnte doch wohl
nichts mehr schiefgehen. Ich hatte die Kontrolle. Dachte ich. Gibt es eigentlich auch Psychotherapeuten, die
nicht psychologisch sind? Egal!

Je länger ich darüber nachdachte, wie ich das Erst-
gespräch gestalten sollte, desto mehr schien mir eine
»Schauen wir mal«-Einstellung am sinnvollsten zu sein.
Also nahm ich mir vor, mir gar nichts vorzunehmen.
Gar nicht so einfach, sich nichts vorzunehmen. Zumal
ich immer noch glaubte, Herr meiner seelischen Be-
findlichkeiten zu sein. Da half auch die kleine Fachbib-
liothek in meinem Bücherregal zu Hause nichts. Geh-
technisch war bei mir im Moment wieder nicht viel zu
holen, also begleitete mich Manu und setzte mich in
der Fußgängerzone in Herford ab, wo sich die Praxis
des Psychotherapeuten befand. Von hier konnte ich
den Fahrstuhl nach oben zur Praxis nach ein paar

Schritten am Rollator erreichen. Den Rollstuhl wollte ich nicht benutzen. »*Was macht das für einen Eindruck?*«

Als der Fahrstuhl oben ankam, eröffnete sich uns ein schmaler dunkler Gang. Wir gingen an einer Reihe von Türen auf der linken Gangseite entlang. An jeder Tür befand sich ein unscheinbares Schildchen mit einer Firmenaufschrift, die mir nichts darüber sagte, was sich dahinter verbarg. Am Ende des Ganges befand sich die einzige Tür ohne Schild. »*Typisch Psycho*«, dachte ich. Bestand die erste Aufgabe darin, den Eingang zur Praxis zu finden? Oder vielleicht nicht umzukehren, nachdem kein Schild auf einen Therapeuten hinwies? Die Tür zum Psychotherapeuten erinnerte mich an die Tür aus George Orwells »1984«. Gräulich schimmerte sie, bedrohlich. Neben der Tür stand ein kleiner gediegener Stuhl mit halbrunder Rückenlehne. Es war nicht so ein Stuhl aus Krankenhäusern oder Wartezimmern. Dieser Stuhl verströmte durch sein dunkles Holz, das schon viele Jahre auf dem Buckel hatte, Gediegenheit. Nicht ein einfaches Sitzmöbel, dessen profaner Auftrag es ist, den Nutzer in eine angenehme Körperposition zu bringen, nein, dieser Stuhl hatte eine Geschichte. Er hatte durch sein Äußeres eine Berechtigung an sich. Der Konstrukteur des Stuhls hatte ihn sicher nicht für das Warten vor Türen gemacht. Niemand nahm gern dort Platz. Ich setzte mich auf meinen Rollator und Manu sich auf den Stuhl.

Während wir so dasaßen, stieg meine Nervosität langsam an. Mit der in vielen Jahren antrainierten Technik des autogenen Trainings arbeitete ich mehr oder minder erfolgreich dem Erregungszustand entgegen. Ich und ein Psychologe! Ein Seelenklempner! Eine Tür ohne Schild, ohne Klingel, hässlich.

Plötzlich öffnete sich die Tür in eine mir unbekannte Welt und ein gedrungener Mann mittleren Alters mit schütterem Haar trat heraus und fragte uns:»Wollen Sie zu mir?« Wer er war, verriet er uns nicht. In der Vermutung, er sei der Richtige, entgegnete ich:»Mein Name ist Riepe. Ich habe heute einen Termin! Sind Sie ...«»Dann einen Moment noch«, entgegnete er kurz, drehte sich um und ließ uns sehr unbefriedigt auf dem Gang sitzen. Die Tür schloss sich vor unseren Augen wieder. Wir schauten uns skeptisch an und Manu bemängelte die fehlenden Hinweise auf gute Erziehung und Höflichkeit beim Psychotherapeuten, der es nicht für nötig hielt, sich uns vorzustellen. *»Aber man soll nicht gleich immer alles schlecht machen«*, dachte ich und versuchte, den misslungenen Erstkontakt mit der auf Anhieb unsympathisch wirkenden Person zu verdrängen. Der Psychotherapeut hatte sich augenscheinlich auch körperlich seiner depressiven Kundschaft angepasst. Die schlaff herunterhängenden Arme mit nach vorn rotierter Schulterpartie, die graue Haut spiegelten die geschundene Psyche der Patienten im Körper des Therapeuten wieder. Vielleicht sog er die Gram der Patienten körperlich in sich auf.

Nach weiteren zähen Minuten des Wartens öffnete sich die Tür ein zweites Mal und er bat mich hinein. Das Behandlungszimmer, in dem ich Platz nahm, war spartanisch, aber geschmackvoll eingerichtet, und neben einem großen dunklen Schreibtisch thronte auf einer niedrigen Anrichte eine imposante »high end Röhren-endstufe«. Indes verschwand der Mann, der sich mir immer noch nicht vorgestellt hatte, mit meiner Versi-chertenkarte in den Nebenraum. Ich begutachtete derweil das Wunderwerk einer vergangenen Technik, das bei High-end-Hi-Fi-Freaks auch heute noch die klang-liche Offenbarung ist. Was sind dagegen die neuen Plastikkisten mit bunten Leuchtdioden und einer Mul-tifunktionalität, die an Sinnlosigkeit nicht mehr zu überbieten ist? Dagegen standen hier Souveränität, Handwerkskunst, der Ausdruck puren Hörvergnügens ohne Schnickschnack. Jetzt hatte ich auch den Schlüs-sel zu einem lockeren Gespräch mit Sympathiefindung ausgemacht. Dachte ich.

Als der Psychotherapeut zurückkehrte, startete ich in die geplante Offensive und sprach ihn auf sein of-fensichtliches Hobby an. Die Reaktion blieb aus. Statt-dessen setzte er sich mir schräg gegenüber, nahm sei-ne Brille gelangweilt ab, stützte den übergroßen Kopf mit Doppelkinn auf seinen linken Arm und fragte nach einer nicht enden wollenden Pause: »Was wollen Sie?«, wobei er sich die vor Übermüdung gereizten Augen rieb. Der Arzt, der mir die Empfehlung für diesen Psy-chotherapeuten gegeben hatte, hatte mich schon vor seinen unvorbereitet auftretenden Müdigkeitsattacken gewarnt. Wenn man Böses unterstellt, könnten diese auch als ein Zeichen von Desinteresse interpretiert werden. Nun gut. Auch diese Zeichen der Missachtung verdrängte ich und legte los, wie ich es geplant hatte, einfach so eben. Ich schilderte, dass ich bereits viele Jahre an Multiple Sklerose erkrankt sei, und sprach die Problematik der Krankheitsbewältigung an. Mein ungebremster Enthusiasmus, im Beruf erfolgreich zu sein, gehörte mit zur Schilderung. Die erste Reaktion des Psychotherapeuten war – nach einer weiteren kurzen Schlummerminute mit geneigtem Kopf: »Und wo ist das Problem? Eine degenerative, unheilbare Erkrankung des zentralen Nervensystems führt zum Verlust gewisser Körperfunktionen, und wenn Sie nicht mehr arbeiten können, werden Sie es schon rechtzeitig merken.«

Ich war nach Jahren der Auseinandersetzung mit meinem Krankheitsproblem sehr viel ruhiger geworden. Mein teilweise aufbrausender Charakter schlummerte aber noch in Lauerstellung. Er hatte sich in ein Schneckenhaus zurückgezogen und war einem ruhigen, besonnenen, streitvermeidenden Gemüt gewichen. Selbst jetzt wurde am Schneckenhaus allerhöchstens geklopft, aber nicht gerüttelt. Mir war für einen kurzen Augenblick nicht klar, wie ich das einseitige Gespräch nun fortsetzen sollte, als aus heiterem Himmel eine Frage an mich gerichtet wurde, die mir die Qual der Wahl abnahm. Ich hatte so keine Möglichkeit, über den Schwachsinn des Psychotherapeuten näher nachzudenken.

»Erzählen Sie doch mal was von Ihrer Familie«, kam es müde von meinem Gegenüber, ohne mich überhaupt anzusehen. Ich hatte keine Ahnung, was er von mir hören wollte, also schilderte ich spontan Dinge aus meiner Kindheit. Verschmitzt lächelnd erzählte ich von der Rolle meiner Mutter. Sie drohte mit Strafe für den Unsinn, den ich tagsüber verzapft hatte, die mein Vater nach der Arbeit vollstrecken musste. Bei dem Nachsatz »Wie in jeder guten deutschen Familie!« wurde ich barsch unterbrochen. Der Mann mir gegenüber erwachte schlagartig aus seinem komatösen Zustand. Er richtete sich in seinem Cocktailsessel imposant zur vollen Größe auf und erhob die Stimme. Seine Augen fixierten mich, als er sagte: »Finden Sie das etwa lustig? Was bitte schön ist daran lustig? Was für einen kranken Humor haben Sie eigentlich?« Ich war so überrascht, dass ich zu keiner Reaktion fähig war, und redete sinnloses Zeug, während ich versuchte, mich zu sammeln. »Finden Sie das immer noch lustig?«, legte er nach.

Ich wurde langsam ungehalten und antwortete unmissverständlich: »Es reicht jetzt!« Meine Gesichtszüge hatten drohenden Charakter angenommen. Er hatte heftig an meinem Schneckenhaus gerüttelt. Der Psychotherapeut schien den Ernst der Lage erkannt zu haben. Kurz und knapp gab ich meinem aufbrausenden Gemüt eine exakte Beschreibung des Gegners. Größe, Gewicht und vermutliche Fähigkeiten im Handgemenge. Eins war klar, diesen mürben Körper würde ich trotz fortgeschrittener Multipler Sklerose im Handstreich niederstrecken. Was sollte noch passieren? Schlimmer konnte es nicht werden! Der Rest des Gesprächs war angespannt und näherte sich unaufhaltsam dem Höhepunkt. Nach fünfundvierzig Minuten stand für den Psychotherapeuten die vollständige Diagnose mit genauer Analyse meiner Psyche, meines Lebens und meiner Probleme fest.

»Sie sind vollständig emotional verschüttet. Sie sind ein zutiefst rationaler Mensch. Sie haben einundzwanzig Mal ›ich denke‹ gesagt.« Er hatte genau mitgezählt. Daraus schloss er zielsicher, dass ich mein zutiefst depressives Gemüt damit bewusst überdecke. Flucht in Rationalität. »Das Leben ist nicht ausrechenbar, berechenbar. Sie sind unfähig zu jeglicher emotionaler Regung! Sie sind in Ihrem technikgläubigen Ingenieurdasein eingemauert.« Am meisten verblüffte mich, dass mir dieser Mensch weismachen wollte, er habe mir im Zustand tiefsten Schlummers tatsächlich zugehört. Ich war verdutzt. Vor den Kopf gestoßen.

»Ich werde Sie nicht behandeln. Sie können ja in einem halben Jahr mal wieder anfragen.« Diese Person wollte mich also nicht einmal behandeln. Sicher besser so. Aber, hatte er vielleicht recht? War ich etwa der typische Faber geworden? Hatte er recht? Hatte er wirklich recht? Es zog mir den Boden unter den Füßen weg. Ich schien auf Erbsengröße zusammenzuschrumpfen, während er mich zur Tür brachte.

»Was meinen Sie, sollte sich in dem nächsten halben Jahr ändern?«, fragte ich, die Türklinke schon in der Hand. »Woher soll ich das denn wissen?«, antwortete er mir, als habe ich einen Bäcker nach der Zusammensetzung einer Kalbsleberwurst gefragt. Das waren seine letzten Worte. Indes fiel sein Köper wieder in die gekrümmte Haltung zurück.

Das war es also. Ich war nicht in der Lage, einen klaren Gedanken zu fassen. War ich nun zu bekloppt für eine Therapie oder bildete ich mir meine Probleme nur ein? War ich wirklich dieser Mensch, den der Unsympath nach 40 Minuten Gespräch – einschließlich von der Länge nicht genau zu schätzenden Tiefschlafphasen seinerseits – in mir erkannte? War Psychologie so einfach? Wieso brauchten andere so lange, um ihre tief verwurzelten Probleme aufzudecken? Ich schien ein simples Gemüt zu sein. Und vor allem, hatte der Typ vielleicht nur einfach einen totalen Knall? Wie viele sind hier wohl schon aus dem Fenster gesprungen? Woher wusste der, dass ich mir nicht gleich das Leben nehmen würde? Die Tür schloss sich hinter mir am Ende des dunklen Ganges.

Erleichterungen im alltäglichen Leben weiß sicherlich jeder zu schätzen. Wenn ich mit meinem Sesselliegedreirad so durchs Dorf fahre und in die Einfahrten der wie Pilze aus dem Boden schießenden Neubausiedlungen schaue, sind zwei Autos pro Einfamilieneinheit ein Zeichen von Armut. Wer setzt sich schon in den Bus, um in die Stadt zu fahren, die unglaubliche vier Kilometer entfernt ist?

An schönen Frühlingstagen wird überall im Neubaugebiet – widerrechtlich natürlich – mit allerlei Autowaschzubehör die Umwelt vergiftet. Da alle der gleichen Meinung sind, dass das mit der Umweltverschmutzung halb so schlimm und so ein bisschen Schaum nur ein Tropfen auf den heißen Stein sei, wird das Allerheiligste der Deutschen gewaschen, bis man eine Sonnenbrille aufsetzen muss, um nicht eine Netzhautablösung durch reflektierende Sonnenstrahlen zu erleiden.

Da solle man sich doch erst einmal die Bauern vorknöpfen, die mit ihren Güllewagen die Luft verpesten, während man sein Auto wäscht oder mit dem Hochdruckreiniger alles hygienisch rein spritzt am Haus. Das ist hier die vorherrschende Meinung. Die durch das Auto gepflegte Bequemlichkeit hat auch seine Grenzen im Vorstadtidyll. Der Besuch einer Autowaschstraße, die nur zwei Minuten entfernt ist und rückenschädigende, langwierige Waschaktionen vor dem Haus überflüssig macht, kommt selbstverständlich nicht infrage. Ich habe mir von einem Nachbarn in einem ermüdenden Vortrag über Autolacke und deren Behandlung anhören müssen, welch zerstörerische Macht eine Autowaschstraße hat – man würde schließlich seine Kleinkinder auch nicht in Rohrreiniger baden.

Ach ja, wir waren bei den Erleichterungen des alltäglichen Lebens. Als sich meine MS mit Nachdruck bemerkbar machte, nahm ich mir fest vor, an den wunderbaren Hilfsmitteln der Gesundheitsindustrie zu partizipieren. Da ich damals wie heute voll in Lohn und Brot stand, schienen meine Chancen nicht schlecht zu sein. Wenn ich es im normalen Leben schon nicht in die Schickeria geschafft hatte, dann vielleicht in der Welt der Gehandicapten. Auf dem Weg ins mittlere Management wurde ich trotz perfekter Krankheitsverweigerungstaktik und einer 60-Stunden-Woche von meinem damaligen Chef, dem Besitzer der Firma, ausgebremst. Damit blieb mir die Gier nach den stärksten Aphrodisiaka, Macht und Geld, im Halse stecken. Ich musste damals nicht einmal finanzielle Einbußen hinnehmen, aber allein die Tatsache, am Intrigenspiel der Seilschaften nicht mehr teilzunehmen, stürzte mich in eine tiefe Seinskrise.

Eine Heilung von der Krankheit, auf der Überholspur des Lebens zu sein, befand sich in weiter Ferne. Meine Fähigkeiten, die nun in der Arbeitswelt nicht mehr gefragt waren, richteten sich deshalb gegen die Hilfsmittelbranche. Nach 18 Monaten Schlagabtausch mit der Bundesversicherungsanstalt für Angestellte hatte ich alle erdenklichen Erleichterungen, die unser

Gesundheitssystem möglich macht, bewilligt bekommen. Unter anderem auch einen Elektrorollstuhl mit Liftfunktion und Rekarositz. Die Liftfunktion benötige ich, um bei meiner Laborarbeit an die einzelnen Messgeräte zu kommen. Damit ich auch im Liegen arbeiten konnte, war der Rollstuhl mit elektrischen Beinstützen und einer Liegefunktion ausgestattet. Nach eingehender Prüfung durch den Berater des Arbeitsamtes hatte sich diese Anschaffung als günstigste Alternative herausgestellt. Das Labor komplett mit höhenverstellbaren Tischen zu versehen, wäre viel zu teuer gewesen. Alle Tische auf mein Rolliniveau abzusenken, hätte wiederum hohe Kosten durch Rückenerkrankungen meiner Arbeitskollegen zur Folge gehabt. So wählte ich ein Modell, das im Außen- wie im Innenbereich gleichsam gute Dienste leisten sollte. Quasi, um zwei Fliegen mit einer Klappe zu schlagen.

Als der Rollstuhl von meinem Sanitätshaus geliefert wurde, leuchteten meine Augen ob des makellosen Wunderwerks der Technik. Ob man diesen Olymp der Gehandicapten auch jeden Samstag waschen durfte? Als ich das erste Mal die Liftfunktion ausprobierte, kam ich mir vor wie Kapitän Kirk vom Raumschiff Enterprise. »Kapitän Kirk« nannte ich dann auch liebevoll den Stuhl. Mein Rollstuhl hatte mindestens so viele Knöpfe wie der Kommandostand der Enterprise, nur moderner. Viele erschlossen sich mir erst Jahre später. Selbstverständlich benutzte ich den Stuhl nicht. Hej, der war doch viel zu schade zum Fahren! Wer fährt schon bei schlechtem Wetter mit seinem Ferrari durch die Gegend? Zeigen – ja, waschen – auch, fahren – nein. Wenn ich mich recht erinnere, bestand noch ein anderes Problem, weshalb ich nicht mit »Kapitän Kirk« fuhr: Es hatte mich im Dorf noch niemand im Rollstuhl auf der Straße gesehen.

Eines Tages war es dann so weit. Das Wetter war günstig. Es war Sonntagmorgen 6.30 Uhr. Die Gefahr, gesehen zu werden, bestand nicht. So donnerte ich mit sechs Stundenkilometern durch Eickum und war vom Sitzkomfort schlichtweg begeistert. Ich fuhr bei strahlend blauem Himmel gut gelaunt auf einem mehr oder weniger gut befestigten Weg in Richtung Enger. Nach einer kurzen Fahrt von vielleicht zwei Kilometern stellte ich erstaunt das rapide Absinken der Akkuleistung fest. 30 Kilometer Wegstrecke versprach der Hersteller. Das konnte unmöglich auf »Kapitän Kirk« zutreffen. So brach ich den Ausflug nach ein paar Kilometern ab und fuhr verärgert zurück. Unter stillen Flüchen war ich unserem Haus schon sehr nahe, als ich eine folgenschwere Entscheidung traf.

Ich war fest entschlossen, mit der Restakkuleistung die Steigfähigkeit von »Kapitän Kirk« zu testen. Wer weiß, wann sich wieder so eine wunderbare Gelegenheit zum Rollifahren bieten würde. Die Straße, die ich hinunter zum Bachlauf der Asbeeke wählte, fiel schon zu Beginn stark ab, um dann in einem extremen Gefälle mit zusätzlich seitlich abfallender Fahrbahn zu münden. Mit voller Geschwindigkeit fuhr ich im höchsten Gang auf die Kreuzung zu. Etwa 20 Meter vor der Querstraße begann das Debakel. Ich verlor bei Höchstgeschwindigkeit die Kontrolle über »Kapitän Kirk«.

In Panik zog ich den Joystick zu mir, mit dem die Geschwindigkeit reguliert wird, um den Rückwärtsschub zum Bremsen zu nutzen. Das machte es aber noch schlimmer. Die Räder drehten durch und »Kapitän Kirk« zeigte, was für einen Vorwärtsschub 150 Kilogramm auf einem Abhang entwickeln konnten. Führerlos rutschten wir dem Debakel entgegen. Die Straßenkreuzung war nur noch wenige Meter entfernt, als mir klar wurde, dass wir drüberrutschen würden. Vielleicht hätte sich »Kapitän Kirk« noch gefangen, doch meine Entscheidung, rechts einzulenken und die Böschung anzupeilen statt über die Kreuzung zu rollen, war definitiv falsch. Mit Lenken war nichts mehr zu wollen. Mit eingeschlagenen Vorderrädern fuhr ich mit »Kapitän Kirk«, ohne jede Chance, eingreifen zu können, über die Kreuzung. Mein Blick richtete sich erst nach links und dann nach rechts, wie es sich im Straßenverkehr gehört, wenn man ohne Schaden eine Fahrbahn kreuzen möchte. In meiner Situation entsprach es eher, dem Schicksal ins Auge zu schauen, dem ich vollends ausgeliefert war. Kein Auto in Sicht. Schwein gehabt! Wie ich so führungslos über den Asphalt glitt, sah ich die gegenüberliegende Böschung zum Bachlauf hinunter näher kommen. Das Blut, das langsam wieder in den Kopf zurückgekehrt war, trat schlagartig den Rückzug in die Füße an. Wild an meinem Joystick fuchtelnd, bewegte ich mich mit »Kapitän Kirk« unaufhaltsam auf den Abgrund zu.

Ich besaß einmal einen Motorradführerschein! Ich habe während meiner Studentenzeit Lkws gelenkt und für eine Import/Export-Firma teure, sehr schnelle Autos zum Verschiffen nach Hamburg und Bremen gefahren! Ich war schnelles Fahren und brenzlige Situationen gewöhnt. Dass ich jemals in einem sechs Stundenkilometer schnellen Rollstuhl im Straßenverkehr wegen überhöhter Geschwindigkeit die Kontrolle über das Fahrzeug verlieren, von der Fahrbahn abkommen und fast eine Böschung hinabstürzen würde, hätte ich mir in meinen übelsten Albträumen nicht vorstellen können. Vielleicht denkt der Leser jetzt: »Was für ein Depp! Erzählt was von Erfahrung im Straßenverkehr und kann nicht einmal Rollstuhl fahren.« Aber weiß jemand, wie schwer es ist, mit einem Elektrorollstuhl sicher umzugehen? Ich wusste es damals jedenfalls nicht.

»Kapitän Kirk« entschied sich in letzter Sekunde dazu, vor dem Abgrund stehen zu bleiben. Mit den Vorderrädern schon im Grünen, ließ ich den Joystick langsam aus meiner verkrampften Hand gleiten. Einen Augenblick saß ich einfach nur da und hörte dem Plätschern des Baches zu, in dem wir als Kinder immer Staudämme aus gesammelten Steinen und Holz gebaut hatten. Mit nackten Füßen auf glitschigen Steinen balancierend fluteten wir die Wiese am Bachlauf. Wenn der Bauer, dem der Fischteich wegen unserer Wasserbaukunst langsam leer lief, wutentbrannt hinter uns her war, stürmten wir mit Volldampf die Böschung bis zur Straße hoch. Er erwischte uns nie.

Jetzt saß ich an genau der Stelle in meinem Rolli und sah beim Runterblicken, dass vorne links der Reifen von der Felge gesprungen war. Egal, was ich mit dem Joystick veranstaltete, »Kapitän Kirk« hatte seinen Dienst quittiert. Die kleinen grünen und gelben Kontrolllämpchen an der Kommandokonsole waren erloschen. Der Saft ging zur Neige. Wenn nicht gerade ein Auto an mir vorbeigefahren wäre, hätte ich sicherlich so laut »Scheiße« geschrien, dass für die Anwohner der Sonntagmorgenschlaf definitiv vorbei gewesen wäre. So aber brüllte ich die Wut über meine eigene Unzulänglichkeit tief in mich hinein. Und statt das Unterfangen Rollstuhlausflug abzubrechen und per Handy Hilfe zu holen, hantierte ich so lange an dem Joystick, bis ich mich in Schräglage auch mit dem linken Hinterrad von der Fahrbahn manövriert hatte. Die letzte noch verbliebene rote Leuchtdiode am Kommandostand hauchte ihr Leben aus. Tot! »Kapitän Kirk« war tot.

Als wenn es irgendetwas an der Situation geändert hätte, schaute ich mir den vorderen linken Moosgummireifen andächtig an.

»Schrott! Was bauen die heute für einen Schrott? Die ganze verdammte Gesundheitsindustrie ist ein einziges Neppgeschäft! Zigtausend Euro für einen Haufen Schrott! Was sind das für Verbrecher, die arme Behinderte mit so einem Schrott übers Ohr hauen? So etwas sollte mal bei der Marke mit dem Stern passieren, das stünde am nächsten Tag in der *Bild*. Der treue *Bild*-Leser wäre in seinen Grundfesten erschüttert. Die Aktienmärkte würden nervös reagieren. Schrooottt!«

Nachdem ich innerlich mit der gesamten kapitalistischen Welt abgerechnet hatte, beschloss ich, das zu machen, was mich dahin gebracht hatte, wo ich stand. Was ich immer gemacht hatte, im Leben, im Beruf, mit den Insignien des Erfolgs: Die Sache selbst in die Hand nehmen! Es konnte doch nicht so schwer sein, den Rollstuhl den Berg hinunter bis zu der großen Einmündung zur nächsten Querstraße zu schieben.

In diesem Augenblick kam ein Auto heran. Der Fahrer verlangsamte seine Fahrt, als er mich sah. Mein Herz schlug schneller.

»Der will mir doch wohl nicht helfen? Wie peinlich! Eine Panne mit dem Rolli. Ich halt's nicht aus.«

Ganz lässig, unter Einsatz aller funktionsfähigen Muskelstränge, lehnte ich mich mit dem linken Arm auf die Armlehne des Rollstuhls und versuchte, den Eindruck eines Monteurs vom Pannendienst zu erwecken. Der Fahrer schaute kurz zu mir rüber und beschleunigte dann beruhigt. Es hatte funktioniert. Nun musste ich nur die Elektromotoren mit den roten Bügeln oberhalb der Hinterräder entkoppeln und schon konnte ich schieben. Hinter dem Sitz befand sich ein breiter Schiebegriff, an dem ich mich gleichzeitig festhalten konnte. Ich lauschte aufmerksam in den Sonntagmorgen. Ruhe. Kein Auto in der Nähe.

»Wenn jetzt jemand vorbeikommt, mache ich mich total lächerlich. Welcher Schwerbehinderte schiebt schon seinen kaputten E-Rolli? Wenn jetzt zufällig – ich meine rein zufällig, es gibt ja so komische Zufälle – ein Sachbearbeiter von der Techniker Krankenkasse an dem schönen Sonntagmorgen zum Joggen aufs Land fährt und mich sieht? Was dann? Die nehmen mir alles weg! Wer weiß, ob die mir überhaupt die Krücken lassen? Verdammt! Ich muss alles geben, um die 50 Meter so schnell es geht zu schaffen. Je schneller ich bin, umso geringer ...«

Mit festem Griff und unerschütterlichem Willen startete ich, zumindest versuchte ich es. Ich wuchtete den 150 Kilogramm schweren Schrotthaufen durch Ankippen, Schieben, Ziehen, jedenfalls irgendwie auf die Fahrbahn zurück. Dabei knackte meine Schulter bedrohlich. Es ging ganz schön steil die Straße hinunter und das Gewicht des Fahrzeugs zog heftig an mir.

»Du wirst mir hier nicht abhauen! Du schaffst mich nicht! Verdammt, ist das schwer! Komm, reiß dich am Riemen! Scheiße! Konzentrier dich, linkes Bein, rechtes Bein, linkes Bein, rechtes ... Schrott, was für ein Schrott! Ich hasse das!«

Klitschnass geschwitzt von der Anstrengung erreichte ich die Einmündung. Es kam mir vor wie eine Ewigkeit. Mit letzter Kraft setzte ich mich in »Kapitän Kirk«. Meine Beine zappelten unkontrolliert, der Kopf hing zur Seite und mit den zusammengekrallten Händen hätte ich Nüsse knacken können. Es war mir unmöglich, zu Hause anzurufen.

»Hallo, kann ich Ihnen helfen?«, drang wie von weiter Ferne eine Stimme an mein Ohr.

»Ja.«

»Ist mit Ihnen alles in Ordnung? Soll ich Hilfe holen?«

Das Jubiläum

Karwoche 2011. Karsamstag. Es ist wie im Sommer, nur angenehmer. Strahlend blauer Himmel und ein laues Lüftchen treiben mich mit der Zeitung und einem frischen Kaffee schon um zehn Uhr auf den Balkon. Ich habe noch eine Stunde, maximal. Dann wird es zu warm sein, um meine Runde auf dem Sesselliegedreirad zu drehen. Gestern habe ich sie nicht geschafft.

Die Vorbereitungen verhießen Karfreitag bereits nichts Gutes. Das Dreirad befand sich genau in dem Zustand, in dem es aus dem Italienurlaub kommend vom Radträger auf dem Bulli in die Garage gestellt wurde. Überall Kabelbinder und drei platte Reifen standen mir gegenüber. Die Felgen mit Flugrost bedeckt und die Kette übersäht mit Adriasand, der sich in der Schmiere gebunden hatte.

War ich tatsächlich ein Dreivierteljahr nicht mehr gefahren?

Ich pumpte mit der eigens für den Rollstuhl angeschafften Akkupumpe die Reifen auf. Manu, meine Frau, löste die Kabelbinder und schraubte die Querlenker wieder an. Als mein ganzer Stolz, melonengelb, über und über mit Flugrost bedeckt, wieder seine angestammte Gestalt angenommen hatte, waren meine Hände völlig verkrampft, nicht mehr in der Lage, irgendeine feinmotorische Tätigkeit auszuführen. Früher, zu Radsportzeiten, wäre ich mit diesem traurig anzuschauenden Rad keinen Meter aus der Garage gefahren.

Sehr weit kam ich gestern tatsächlich nicht. Die erste minimale Steigung trieb mir die Schwere und eine leichte Spastik in die Beine. Es gelang mir auf dem weiteren Kilometer gerader Strecke nicht, diese zu lösen. Gegen meine Gewohnheit gab ich auf und fuhr zurück. Das ging ja mal gut los.

Unter »Leibesübungen«, eine Rubrik der TAZ, die ich eigentlich nicht lese, befand sich ein Interview mit Jörg Jaksche, dem Exrennradprofi, der die Machenschaften der Dopingmafia aufgedeckt und damit seine Rückkehr in den Profiradsport selbst unmöglich gemacht hatte.

Mit Doping kenne ich mich aus. Cortison wurde schon zu Eddi Merckx' Zeiten als leistungssteigerndes Mittel verwandt. Bei mir war der Effekt eher unfreiwillig, auf dem Rad jedoch nicht zu verachten. Die Schmerzgrenzen verschoben sich. Die Leistungsgrenzen auch.

Genau vor zehn Jahren, meine Krankheit lag für andere noch still im Verborgenen – ich war der Meister der Tarnung –, waren meine Vorbereitungen für einen Radurlaub an der italienischen Riviera – freilich als reiner Familienurlaub dargestellt – von den schon zur Routine gehörenden, alle drei Monate auftauchenden Krankheitsschüben schwer gestört. So konnte ich zur Vorbereitung lediglich 3.000 Kilometer fahren. Mein Chef in der Firma, der keine Ahnung hatte, nicht einmal einen leisen Verdacht hegte, bewunderte meine Ausdauer. Nach der Arbeit aufs Rad und eine 50-Kilometer-Runde. Zum Entspannen natürlich. Im Job auf dem Weg ins obere Management. Die Ausschleichtherapie mit Tabletten nach Stoßtherapie hatte sich bei mir über die Jahre bewährt. Auch in den Alpen sollte sie das tun.

Nach 1.350 Trainingskilometern, die ich auf dem Carbonrennrad in den Sonnenaufgang hineingefahren und mit Brötchen pünktlich zum Aufwachen der Familie zurückkehrt war, stand das Meisterstück an. 160 Kilometer über die erste Bergkette in die zweite, von Alassio in die Berge – auf den Spuren Pantanis – bis nach Imperia und dann, an der Küste entlang, die Route Mailand – San Remo zurück. Wie gesagt, meine Trainingskilometer ließen zu wünschen übrig und, anatomisch gesehen, war ich eigentlich mit 79 Kilogramm auf 1,79 Meter Größe eher zum Kraftsport geboren.

An diesem Morgen vor zehn Jahren rollte ich mit dem auf Hochglanz polierten Carbonrennrad mit feinster Schaltgruppe auf die Straße, mit einer Kette, die aussah, als hätte ich sie direkt aus der Verpackung herausgenommen, vier Wasserflaschen und eine kleine Radtasche hinter dem Sattel, in der sich etwas Geld und die Adresse unserer Ferienwohnung befand. Der Nachbar, ein Norweger, nannte mich nur »The Phantom«. Wenn ich losfuhr, kamen die letzten Kids aus der Disco, und wenn ich zurückfuhr, machten sich die italienischen Rennradbegeisterten zwischen 16 und 70 Jahren nach einem kleinen Umtrunk im Bistro erst auf den Weg.

Es ist mittlerweile kurz nach elf. Wird Zeit loszufahren. Ich krame im Schrank nach meinem Bandana. Das muss heute sein. Es ist aus schwarzem Stoff, vorn mit einer grünen Reihe Hanfpflanzen als Synonym für Entspannung bestickt. Jetzt noch eincremen. Ganz wichtig bei einer Haut, die vom Cortison vertrocknet ist wie die italienischen Flüsse der Po-Ebene im Hochsommer. Handy eingepackt, ganz wichtig, falls ich nach 1.000 Metern zusammenbreche und ohne Kontaktmöglichkeit erst nach Ostern im Wald wiedergefunden werde. Sonnenbrille – auch ganz wichtig. Blickkontakt, wenn ich von der Landbevölkerung zu Fuß überholt werde, ist mir selbst nach 19 Jahren Krankheit unangenehm. Nachdem ich mich in meine Sandalen mit speziellen Klickeinsätzen für die Pedale gewürgt habe, sind meine Hände wieder geschlossen wie Miesmuscheln, die man nach dem Garen besser liegen lässt. Damals, vor zehn Jahren, befand ich mich auf der Abfahrt Richtung Imperia. Die Hände waren genauso taub wie heute. Zusammengekrallt um den Lenker. Aber wozu braucht man Hände auf dem Rennrad!

Endlich kann es losgehen. Der Kopfhörer ist platziert und »Afro Celt Sound System« feuert mich mit den kulturübergreifenden Rhythmen irischen Folks und afrikanischer Lebenslust an. Schon beim Einsteigen in das Dreirad baut sich quasi nebenbei ein kleiner Krampf im hinteren Oberschenkel auf. *»Einfach nicht beachten«*, denke ich, und wende meine in vielen Jahren antrainierte Entspannungskunst an. Mit Erfolg. Fast. Gerade als ich los will, kommt mein Vater mit seinem Fahrrad zurück. »Afro Celt Sound System« muss noch warten. Erst bekomme einen kleinen Vortrag über die Unzulänglichkeit von Akkus in modernen Fahrrädern zu hören. Mein linkes Bein macht das ganz nervös. Es beginnt anfangs mit Vibrationen und im Laufe der Erzählungen eines 82-Jährigen über die Qualen nach zwanzig Kilometern auf dem Fahrrad und der schwachen Kondition entwickelt es sich zu einem ausgewachsenen Klonus.

Auch das gemeistert, fahre ich die Ministeigung noch vorsichtiger, noch langsamer als gestern mit genau getimtem Kraftaufwand hoch. Langsam beruhigt sich auch mein linkes Bein. Je leichter ich trete, desto mehr schwindet die Spastik. Ein kurzes Stück des Weges ist es angenehm, dann beginnt die lähmende Schwere in den Beinen. »Wenn's einfach wäre, könnt's ja jeder«, denke ich mit einem Schmunzeln auf den Lippen.

Vor zehn Jahren in den Bergen, mit dem Trikot der Telekom, hatte ich den Sattel nach zwei Stunden Fahrzeit nicht mehr gespürt. In atemberaubender Geschwindigkeit war ich aus knapp 2.000 Metern Höhe dem Meer entgegengefahren. Mein Puls, immer überwacht durch den Pulsgurt, hatte 180 Schläge auf der Anzeige am Lenker. Auf den engen Bergstraßen hatte es volle Konzentration gekostet –entgegengekommen war mir zum Glück niemand. Damals den Maximalpuls anzufahren, war nach der langen Fahrzeit okay. 120er Puls zum Warmwerden bergauf. Dann in die zweite Berggruppe mit 140er Puls. Nach 120 Kilometern und acht Litern Wasser hatte ich Feuer frei geben können.

Heute habe ich keinen Pulsmesser mehr, keinen Tacho, keinen Dress aus sogenannter Funktionskleidung.

Das würde so etwas von lächerlich wirken an meinem mittlerweile 30 Kilo schwerer gewordenen Körper, der, bevor er überhaupt schwitzen kann, schon den Geist aufgibt. Heute ist es allerdings so warm, dass mir der Schweiß aus dem Bandana tropft. Früher habe ich es gehasst, heftig zu schwitzen, heute ist es eine Wohltat. Es zeigt mir, dass mein Kreislauf auf Touren kommt, Blut wird durch den Körper gepumpt, um genügend Sauerstoff bereitzustellen. Kraft wird generiert.

Ich muss mich ablenken. Meine Spastik austricksen, bis sie nicht mehr merkt, dass ich weitertrete. Ich denke an etwas anderes, denke über mein Firmenjubiläum nächste Woche nach. Dann werde ich zwanzig Jahre in der Firma sein, davon neunzehneinhalb mit MS. Zehn Jahre unbemerkt auf dem Weg des Erfolgs und die letzten zehn Jahre auf dem Weg der Anpassung. Akzeptanz der eigenen Unzulänglichkeiten, unbedingter Wille weiterzuarbeiten, Akzeptanz, auf dem Weg nach oben ausgebremst zu sein, Zufriedenheit üben und Zufriedenheit leben. Wie ich so fahre, spüre ich keine Spastik mehr, mein Körper reguliert die mir mögliche Geschwindigkeit selbst. Ich lasse den Wendepunkt der gestrigen Fahrt hinter mir und fahre wie selbstverständlich auf die Tour, die ich nun seit zehn Jahren immer wiederhole, die mir die Sicherheit gibt zurückzukommen und doch immer etwas Neues bereithält.

»Ist das nicht total langweilig?«, werde ich oft gefragt.

»Nein!«, lautet die Antwort, »definitiv nein.«

Der Wald links zieht an mir vorbei. Mir fällt der dritte Mai ein. Ich soll eine Geschichte aus meinem Buch anlässlich eines Vortragsabends vorlesen. Mein Neurologe hält den Vortrag über MS. Er ist mein ständiger Begleiter. Nur, welche Geschichte soll ich lesen? Werden eher frisch Erkrankte kommen? Angehörige oder MS-Profis?

Gerade fährt ein kleiner Junge an mir vorbei. Ich grüße ihn. Er hält vor mir am Wald an und wartet auf mich.

»Kann man damit auch schneller fahren?«, fragt er mich, den Blick auf das Dreirad gerichtet.

»Klar kann man, nur ich kann nicht!«, antworte ich mit einem Lächeln.

»Warum denn nicht?«

»Ich habe eine Krankheit, da bekommt man schwache Beine.«

»Ach so!«, sagt der Kleine wie selbstverständlich. »So eins hätte ich auch gern«, meint er noch, steigt dann auf sein Fahrrad. Er winkt mir noch zu und schon ist er um die nächste Biegung.

Ich bin durch die Unterbrechung nun noch etwas langsamer unterwegs. Von hinten kommen zwei Nordic Walkerinnen, die mich locker stehen lassen. Ich grüße lächelnd und bekomme einen netten Blick zugeworfen.

Das war damals hinter Imperia auf der Küstenstraße ganz anders. Ich spürte das heiße Keuchen eines Lutschers in meinem Nacken – so nennt man im Radsport jemanden, der im Windschatten Kraft spart, um dich dann überlegen starrend zu überholen. Einmal wollte ich so einen Lutscher abhängen. Einmal wenigstens. Aus den Augenwinkeln sah ich einen braungebrannten Italiener mit Waden, gegen die meine lächerlich wirkten. Ich hatte genug getrunken und gegessen und spürte meine Kraft.

Die Buchten zwischen Imperia und Alassio sind eingerahmt von Bergausläufern. So gibt es nach jeder Bucht eine bissige Steigung.

Die dritte Bucht kam und der Lutscher war nun schon zwanzig Kilometer hinter mir hergefahren. Meine letzte Chance, ihn abzuhängen, wartete in der letzten Bucht vor dem Ende der Tour. Ich spürte das, weshalb ich mich auf dem Rad so quälte, die chemische Explosion von Glückshormonen, die mich unbesiegbar machen, passierte. Ich ging aus dem Sattel und startete die finale Attacke. Jetzt spürte ich eine Kraft, die ich danach nie wieder spüren sollte. Mit 80 Umdrehungen pro Minute bei einer Steigung von mehr als 10 % hämmerte ich den Berg hinauf. Der Puls auf Anschlag. Der Italiener hinter mir ging die Attacke scheinbar mühelos mit, er war ja auch der Lutscher. Kurz vor dem höchsten Punkt musste er dann abreißen lassen. Ich flog über die Bergkuppe und genoss den Triumph. Bergab raste ich in halsbrecherische Weise durch die Kurven der Bucht von Marina di Andora entgegen. Ich werde diesen Tag nie vergessen. Es war mein persönlicher Triumph. Nach 5 Stunden und 45 Minuten stieg ich zufrieden ab. Dem hatte ich es gezeigt.

Wenig später als die Walkerinnen erreiche ich die kleine Anhöhe in Oldinghausen. Von jetzt an geht es nur noch bergab. Meine Augen glänzen vor Begeisterung. Ohne Kraft trete ich langsam mit. Der Schweiß läuft mir die Wangen runter. Keine Spur von Spastik mehr. Ruhe im Karton. Angenehme Muskelschmerzen haben den ständigen Brennschmerz auf der Haut abgelöst.

Ich schaue rechts die Häuser an und suche das Haus mit der Rolliauffahrt. Da treffe ich immer eine alte Dame im Rollstuhl, die schon seit über 40 Jahren erkrankt ist. Ich finde die Auffahrt nicht. Sie ist weg. Als hätte sie nie existiert. Der Besitzer hat wieder Treppenstufen vor den Eingang gesetzt. Wie alt die Dame wohl geworden ist? Für die neun Kilometer brauche ich heute eineinviertel Stunden, aber das ist unwichtig.

Ich habe immer noch keine Geschichte ausgesucht. Vielleicht ist ja alles, was mir bei dieser Fahrt durch den Kopf gegangen ist, eine Geschichte wert? Endorphine interessieren sich nicht dafür, dass man einen Lutscher in den Alpen abhängt. Endorphine brauchen keine gesellschaftlichen Erfolge. Grenzen müssen nicht der plump dämlichen Welt von Kerner entsprechen, in der MS-Kranke Marathons laufen, in der Mitleid so wenige Grenzen kennt wie die Zurschaustellung von behinderten Ausnahmesportlern, die zu Clowns degradiert werden.

Ich glaube, ich weiß jetzt, welche Geschichte ich am dritten Mai lesen werde.

DAS PASST ABER GUT ZUSAMMEN!

Ich befand mich mal wieder in einer Reha-Einrichtung. Der Eingangsbereich war mir bei der Ankunft wie das Gewölbe eines Flughafens vorgekommen. Metallverstrebungen kombiniert mit Holz und Beton erweckten den Eindruck einer hochmodernen Einrichtung. Die Persönlichkeit bestand im Unpersönlichen. Ich kam mir vor wie in einem futuristischen Kunstwerk. Die Weite des Raums degradierte die paar Patienten, die sich etwas verloren über den Gang bewegten, zu Fremdkörpern. Auch die farbigen Säulen, die die unterschiedlichen Abteilungen markierten, vermochten den Eindruck nicht zu verbessern. Links befanden sich Diagnostik, Sekretariat und Sozialdienst, rechts waren im Erdgeschoss Therapiebereiche nebeneinander angeordnet und darüber in dreistöckigen Riegeln, die sich wie Flughafenterminals ausdehnten, die Patientenzimmer.

Zum wöchentlichen Freizeitprogramm gehörten kulturelle Veranstaltungen im Bistrobereich, der sich trotz des guten Willens der Kreatoren nicht so recht vom künstlichen Eindruck der Flughafenoptik abheben konnte. Wenn ich bei einem Kaffee dort saß, fragte ich mich: »Befinde ich mich schon im Zollfreibereich oder muss ich noch durch eine der Abfertigungsschleusen?«

Die Patienten, die mit Rollstühlen, deren Anblick noch erbärmlicher als sie selbst war, wie Gespenster über den Flur schlichen, ließen vermuten, worin die Modernität heutiger klinischer Medizin besteht. Ich benötigte einige Tage Eingewöhnungszeit. Dann wusste ich die hervorragend ausgestatteten Therapiebereiche mit den sehr engagierten Therapeuten zu schätzen. Nette Mitpatienten und -patientinnen ließen bald das unpersönliche Bild, das mich bei meiner Ankunft so erschreckte, verblassen. Nach einer Woche schaute ich vom Bistrobereich bei einem magen- und herzschonenden Kaffee auf die Ankommenden. Selber längst Bestandteil des Reha-Betriebs geworden, sah ich die Blicke der Neuen, wie sie über den Gang schweiften, wie sie die Patienten in Rollstühlen, an Rollatoren oder Krücken taxierten.

Dieser vergleichende Blick fällt einem Rehaprofi wie mir nach nur kurzem Mustern der betreffenden Person auf. Das Gleiche tat ich vom Bistro aus. Bewegungen leicht ataktisch, Gangstörung durch Fußheberschwäche bedeutet MS. Ich hatte eine Erfolgsquote in der Anamnese von über 90 %. Parkinson, Schlaganfall, MS, war alles kein Problem für mich. Meine Diagnosequote stand der von Fachärzten in nichts nach. Der Bistrobereich mit seiner wie Straßenlaternen anmutenden Beleuchtung konnte den Eindruck eines französischen Straßencafés an der Côte d'Azur nicht vermitteln. Aber man hatte sich Mühe gegeben.

Die wöchentlichen Veranstaltungen entsprachen dem Freizeitbudget der Klinik, was die Auswahl der auftretenden Künstler in engen Grenzen hielt. Ich konnte mich des Eindrucks, dass einige der Musiker Probleme hatten, einen anständigen Übungsraum zu finden, nicht erwehren. Gerade weil es der kalten Jahreszeit entgegenging. Das Liedgut, mehrheitlich auf Hochzeitsveranstaltungen zu hören, versetzte die überwiegend älteren Zuhörer in Verzückung. Man konnte trotz beginnender Demenz fast alles auswendig mitsingen und mitschunkeln.

Diese Art der Darbietung wechselte sich mit religiösen Musikvorträgen von in bunten Baumwollkleidern gehüllten Frauen ab, begleitet von esoterisch anmutenden Gitarrenspielern. Auch diese Botschaft wurde lautstark über eine PA bis in die Tiefe der Klinikgänge geschmettert. Mit Gesichtern, die sich schon aus der Realität ins Spirituelle verabschiedet hatten, lauschte man den betörenden Klängen einfachster Reime, die man aus dem Gottesdienst kannte. Mit diesem beruhigenden Gefühl ging es um acht Uhr ins Bett. Die große Halle war dann wieder menschenleer. Auf den Pflegestationen herrschte nun Hochbetrieb, da jeder schnell ins Bett gebracht werden wollte, um in ohrenbetäubender Lautstärke auf dem Zimmer die Stars der Volksmusik zu genießen. Das Licht im Bistro war verloschen, die große Halle spärlich beleuchtet, auf den Zimmern waren Hörgeräte und Fernseher voll aufgedreht. Die mobilen Patienten hatten sich längst in das nahe Städtchen aufgemacht, um den Abend bei Essen und Wein in der Normalität zu verbringen.

Eines Morgens sah ich ein Plakat am schwarzen Brett, wo die Freizeitangebote angeschlagen waren: »Fado instrumental, Jan Dijker & Oliver Jaeger.«

Das schien etwas für mich und ein paar musikinteressierte Mitpatienten zu sein. Bevor das Konzert begann, trafen wir Jan Dijker vorm Bistro, wo er seine Guitarra stimmte und sich einspielte. Er erklärte uns die Besonderheiten dieser wunderschönen portugiesischen Guitarra. Der Klang des Instruments machte Appetit auf mehr. Wir nahmen die Plätze in der ersten Reihe ein, die, die immer frei bleiben, um den Respektabstand zum Künstler zu wahren, oder besser gesagt, um unerkannt die Vorführung verlassen zu können. Heute waren nicht alle Plätze besetzt. Oliver Jaeger begann den Abend mit Erklärungen zu den überwiegend aus dem südamerikanischen Raum stammenden Musikstücken und bereitete die Hörerschaft auf kleine Pausen zwischen den Stücken zwecks Stimmen der Instrumente vor. Er würde die Pausen mit kurzen Geschichten zur Musik und dem Zusammenspiel von Guitarre und Guitarra füllen. Dann ging es los. Die Klänge der Guitarra erfüllten das Gewölbe, das erstaunlich wenig Hall verursachte. Sofort war ich gefangen vom Klang der Instrumente. Meine Augen schlossen sich und ich tauchte in das Meer akustischer Klänge ein.

Plötzlich fuhr eine ältere Dame etwas unsensibel gegen meinen Rollstuhl und begann, sich lautstark mit einer Mitpatientin zu unterhalten, die schon in der zweiten Reihe Platz genommen hatte. Man führte eine angeregte Diskussion über die Gitarrendarbietung und fragte sich, ob wohl auch Wanderlieder zum Mitsingen dargeboten würden. Ich hielt als eindeutiges Zeichen meinen Zeigefinger an die geschlossenen Lippen, was die ältere Dame am Rollator von einem so jungen Schnösel wie mir als Beleidigung auffasste, sie aber endlich dazu bewog, allen mitzuteilen, dass sie nun auf ihr Zimmer ginge. Es kehrte wieder Ruhe ein. Das Stück war allerdings auch beendet.

Von Oliver Jaegers Ausführungen über das Zusammenspiel der Instrumente fühlte sich die verbliebene zierliche ältere Dame in der zweiten Reihe dazu inspiriert, jeden Satz Olivers nochmal zu kommentieren. »Toll! Die Instrumente passen aber auch toll zusammen, nicht? Spielen Sie öfter hier?«

Sehr höflich konnte der erste Versuch, ein Kaffeekränzchen während der Darbietung zu eröffnen, von Oliver abgewendet werden. Als der Klang mich langsam wieder an die Küsten Südamerikas versetzte, donnerte ein Essenswagen scheppernd an mir vorbei. Ich drehte mich ruckartig zum hinter mir befindlichen Publikum um. Keine Reaktion. Der Wagen wurde gnadenlos mit quietschenden Rädern die gesamte Halle bis zur Küche hinuntergeschoben.

»Hören Sie mal, die passen aber auch gut zusammen, die Instrumente. In meiner Gemeinde in ...«

Ein Handy klingelte. Gerade zum richtigen Zeitpunkt krächzte der Klingelton aus den Reihen: »Es könnte deine Mutter sein!« Es war das Lied von Rammstein, ›Mutter‹.

»Das passt aber toll zusammen!«

Oliver stimmte wie der Teufel sein Instrument, sodass uns der Vortrag der älteren Dame bezüglich ihrer Heimatstadt vorerst erspart blieb.

Gerade als sich die Stimmung der Instrumente wieder aufbaute, öffnete sich die Tür eines Konferenzraums auf der linken Seite. Eine ganze Gruppe schwatzender Frauen hämmerte nun ihren eigenen Sound mit den Stöckelschuhen in die Halle. Werner, ein Mitpatient, und ich konnten uns nun vor Lachen kaum noch halten, als die Stöckelschuh-Stampede auch noch höflich grüßte beim Vorbeimarsch.

Oliver griff nun zu einer mittelalterlich wirkenden Bandonion und erzählte, was es mit der Verbindung zwischen Bandonion und Guitarra auf sich hatte. Die frisch gewonnene Liebhaberin des Fado in der zweiten Reihe verpasste ihren Einsatz. Der Konferenzsaal war leer. Die Essenswagen waren alle an der richtigen Stelle, die Raucher mit eingeschalteten Handys vor der Tür.

Der Klang breitet sich wieder wohlig aus.

»Kommen Sie eigentlich nochmal hier hin? Die Instrumente passen aber auch toll zusammen!«, rief es von hinten in die Pause, die diesmal keine Chance hatte.

»Ja, wir kommen wieder, aber dann sind Sie hoffentlich nicht mehr hier«, antwortete Oliver mit empathischer Miene. Werner kippte fast vom Stuhl und mir standen die Tränen in den Augen. Erst jetzt bemerkte Oliver die Zweideutigkeit seiner lieb gemeinten Antwort. Der älteren Dame blieb dies alles verborgen.

»Nehmen Sie auch Geld?«

»Ja, wir haben CDs dabei, die Sie kaufen können.«

Das Geld der älteren Dame reichte nicht für eine CD, so gab sie bereitwillig, was sie in den Taschen fand, und fragte: »Kommen Sie auch mal nach Düsseldorf oder Langenstegen? ...«

Als die beiden Künstler ihre Instrumente einpackten, war es still in der großen Eingangshalle der Rehaeinrichtung. Nächste Woche kam dann wieder Musik zum Klatschen und Mitschunkeln. Die Musik würde dann wie gewohnt durch die PA verstärkt in den letzten Winkel der Klinik donnern.

DER BAZILLUS
DEUTSCHLAND EIN LAND DER NEIDER?

Es ist aufschlussreich zu sehen, auf was man alles neidisch sein kann. Ob Deutsche wirklich außergewöhnlich neidisch sind im Vergleich zu Menschen anderer Nationen, bleibt zu beweisen. Dass sie ein Volk von Neidern sind, ist ein natürlicher Umstand unserer Gesellschaftsform. Die Frage ist: »Auf was ist der normale Deutsche neidisch?« Luxusgüter wie tolle Autos, Uhren, Villen sind verständlicherweise Neidobjekte. In Amerika freut man sich, wenn jemand seinen nagelneuen Ferrari auf dem Behindertenparkplatz abstellt. In Deutschland ist die Zahl derer, die dem schönen Rot mit einem Nagel ein Ende bereiten möchten, groß. Es gibt jedoch Neidobjekte, denen man das Neidpotenzial nicht ansieht.

Seit Neuestem schieben sich ganz andere Dinge ins Zentrum des Volksbegehrens. Es ist etwas, das man selbst auf keinen Fall haben möchte, was man denen, die darauf angewiesen sind, aber nicht gönnt. Da lese ich gestern in der Zeitung von Hartz IV-Betrügern, die in Heerscharen auf Mallorca unser – der Steuerzahler – schwer verdientes Geld auf den Kopf hauen. In dem Maße, wie ich langsam Wut auf dieses das Gemeinwohl schädigende Tun arbeitsscheuen Gesindels entwickle, stoße ich auf die nächste Schmarotzergruppe. Krankenkassenbetrüger. Vorzugsweise Rentner, die sich zusammenrotten, um die Wartezimmer wehrloser

Allgemeinmediziner zu besetzen. Sie frönen dort ungezügelt ihren Hobbys »Zeittotschlagen«, »Medikamentensammeln« und »Kaffeekränzchen mit Gleichgesinnten«. Und das alles auf Kosten derer, die keine Zeit haben, den ganzen Tag beim Arzt herumzuhängen, sondern arbeiten müssen. Einmal die Zeitung aufgeschlagen und auf Anhieb drei Gruppen gesellschaftszersetzender Typen ausgemacht. So geht das doch nicht weiter! Das ist nicht gerecht! Ist unsere Wut auf diese Gruppen nicht durch Neid motiviert? Die Politiker sprechen auch immer von Neiddebatte.

Die dritte Gruppe sind EU-Rentner, vorzugsweise Lehrer. Mit deutschen Kindern kommen sie nicht klar, bekommen eine schwere Depression und müssen deshalb mit 45 ihre Pension in der Schweiz verprassen, wo sie selbstverständlich zusätzlich Schweizer Kinder unterrichten. Das ist schon was anderes in der Schweiz, im Land von Heidi und Peter. Da sind die Kinder wohlgeraten.

»Ungerechtigkeit!«, schreit das arbeitende Volk.

Lehrer sind ja sowieso ein rotes Tuch. Sie haben drei Monate Urlaub im Jahr, arbeiten effektiv vielleicht zwanzig Wochenstunden, sind permanent überlastet und gehören auch noch zur Gruppe der Besserverdienenden. Es geht bergab in Deutschland. Wo sind die Ideale der guten deutschen Gesellschaft geblieben? Pünktlichkeit, Strebsamkeit, Sauberkeit und vor allem Fleiß. Das waren Attribute, die den »Deutschen« auszeichneten. Made in Germany! Die Welt erzitterte bei dem Markenzeichen der deutschen Industrie. Die Deutschen sind faul geworden. Arbeitsscheues Gesindel macht sich breit und ist wie eine Seuche. Sozialfahnder, die im Fernsehen plakativ Schmarotzer stellen, sind notwendig. Es war schon lange überfällig, das Treiben derer, die ihr Hartz IV-Leben in Saus und Braus verbringen, aus der Wohnsilotarnung ins Scheinwerferlicht an den Pranger zu zerren. Die Kassen sind leer. Der Grund liegt auf der Hand. Die Deutschen haben ihre Tugendhaftigkeit verloren. Nichts mehr mit *Hart wie Kruppstahl*! Durch jede Kleinigkeit, zum Beispiel eine Erkrankung wie MS, saugen sich die Bürger aus den Töpfen von Krankenkassen, Pflegeversicherung, Versorgungsamt und Rentenversicherung satt. Es sind die Blutegel der Nation, die unsere Tugenden langsam, unmerklich abzapfen. Aber das Volk lässt es sich nicht länger gefallen. Die unbescholtenen Steuerzahler sind die Leidtragenden. Der Garten Eden wartet, wenn man eine Krankheit bekommt. Immerhin wird man ja dafür bezahlt. Und Jammern ist heutzutage sowieso des Deutschen liebster Zeitvertreib.

»Sie sieht eigentlich gar nicht krank aus, oder?«

»Der läuft in der Stadt herum, während andere Leute arbeiten müssen!«

»Neulich habe ich sie in der Stadt gesehen, und sie konnte aus dem Rollstuhl mit einem Mal wieder aufstehen! Das ist doch nicht normal, oder?«

»Letzten Monat traf ich ihn und er lief an zwei Krücken! Du glaubst es nicht! Gestern ging der mit nur einem Spazierstock ganz locker durch den Wald.«

»Ich glaube, sie kriegt Rente!«

»Ich glaube, er kriegt Rente!«

Haben diese Sozialbetrüger eigentlich keinen Anstand? Diese Frage wird täglich in glaubwürdigen TV-
Medien wie »taff«, »blitz« oder »RTL Explosiv« im Vor-
abendprogramm beantwortet. Die Jagd ist eröffnet.
Und das, wo mittags gerade »Das Familiengericht«,
»Das Jugendgericht« und »Das Strafgericht« hintereinander tagten.

»Wo bleibt da ›Das Sozialgericht‹?«

Der Bürger hat ein Recht darauf zu erfahren, wie
Betrüger und Simulanten sich Gelder aus den Sozial-
töpfen erschleichen und verurteilt beziehungsweise
mit ihren unberechtigten Forderungen abgeschmet-
tert werden. Es wäre ja noch Platz zur Sendezeit um
17.30 Uhr, wenn arbeitende Bürger ihr hartes Tage-
werk vollbracht haben. Das muss den Stützen der De-
mokratie gezeigt werden.

Die Frage ist, wie kommt man als MSler mit diesem
Problem klar? Die Betroffenen werden öffentlich immer mehr zu Verursachern gestempelt. Es wird vor
keiner Gruppe, egal wie hirnrissig deren Schuld am
Untergang der Sozialsysteme auch ist, haltgemacht.
Der Bazillus Sozialschmarotzer wird durch die Medien
ins Land gestreut. Leere Kassen werden als Drohkulis-
se für *Social Soups* verwendet. Er breitet sich in Windeseile flächendeckend aus. Menschen überall im Land,
vom hohen Norden bis tief in den Süden Bayerns, sind
schon infiziert. Dieser Bazillus macht auch vor den Betroffenen selbst nicht halt. Auf den unsichtbaren Wellen der Datenübertragung in unserer Hemisphäre rei-

ten die Bazillen unerkannt in die Haushalte, die Kneipen, ja sogar vor Wellnesstempeln machen sie nicht halt.

Vor Kurzem saß ich im Aufenthaltsbereich vor einer Klinik für Psychosomatik und Neurologie und sonnte mich in der Zeit zwischen zwei Anwendungen. Die überheizte Luft der Klinik macht müde und lässt den Kopf wie einen Kreisel brummen. Da ist die frische sonnendurchflutete Luft eine Wohltat. Der Raucherbereich war ein paar Meter entfernt, geschützt unter einem Pavillon, umsäumt von mit Sand gefüllten Aschenbechern. Ungewollt hörte ich die Gespräche der Anwesenden, die im blauen Dunst der Zigaretten zu verschwinden drohten. Ich kannte niemanden in der illustren Runde, da ich nur zur ambulanten Behandlung kam.

Gesprächsthema Nummer eins war die Unfähigkeit der Klinikärzte. Offensichtlich waren die nicht in der Lage, während der doch zeitlich sehr üppig angelegten Reha die vielfältigen Krankheiten der Patienten zu heilen. So die einhellige Meinung. Wie gesagt, ich saß in der etwas entfernt liegenden Nichtraucherzone und konnte somit nicht alles verstehen. Mein Interesse war aber geweckt und ich fuhr etwas näher heran, um zu lauschen. Die wie Spiralnebel anmutenden Dampfschwaden, die sich in meine Richtung bewegten, konnte ich allerdings unmöglich lange ertragen. Wie ein Magnet zog ich die dicksten Wolken auf mich. Völlig egal, ob ich mich nun auf der linken oder rechten Seite anpirschte. Eine wissenschaftlich nicht näher untersuchte, in der Praxis aber tausendfach bewiesene These sagt: »*Der Rauch zieht immer zum Nichtraucher, immer.*« Okay, ein Proband, nämlich ich selbst, ist unter statistischen Gesichtspunkten nicht ausreichend für einen wissenschaftlichen Beweis, aber ich bleibe wegen der Beweisführung weiter am Ball.

Ein paar Meter in entgegengesetzter Richtung zum Raucherpavillon saß eine Patientin im Pflegerollstuhl, schlafend, mit einer Atemmaske über dem Gesicht. Sie saß bewegungslos mit zurückgelegtem Kopf, der von zwei blauen Stützbacken gehalten wurde, apathisch da. Es war ein gespenstisches Bild. Die Klinik hatte eine spezielle Abteilung für mit Schädel-Hirn-Trauma verletzte Patientinnen und Patienten, die direkt nach der lebensrettenden Behandlung im Akutkrankenhaus hierher kamen. Hauptsächlich Motorradunfälle. Manchmal hob sich ihr weißes Klinikkleidchen, das einzige Stück Stoff am Leib außer der Windel, animiert vom lauen Wind, der vom Kurpark schmeichelnd über die Klinik zog. Sie sah so liebenswürdig aus, so friedlich. Ich schaute rüber zur Raucherzone. Dann wieder auf die bedauernswerte Person mit der Atemmaske.

»Die hat doch bestimmt nichts dagegen, wenn ich mal kurz ...! Wirklich nur ganz kurz ... Und ich gebe sie ihr ja sofort wieder! Nur ein paar Minuten ohne werden doch sicherlich nicht schaden.«

Es war nur ein Gedanke, den ich nie wirklich in die Tat umgesetzt hätte, und außerdem wurde sie auch wach, als ich mich über sie beugte. Mann, die hat sich vielleicht erschrocken! Dabei habe ich doch gar nichts gemacht. Auf dem Weg zurück zur Raucherzone bekam ich gerade noch den Beginn einer spannenden Unterhaltung dreier Rehaspezialisten über ihre geschundenen Körper mit.

Er: »Mann, das zieht mir bis innen Kopp hoch! So anne rechte Seite. Dat knallt rein, dat glaubste net!« *Er* ist ein etwa 50-jähriger Mann mit grau melierten Haaren und einem Bäuchlein, das seine Vorlieben offenkundig macht.

Sie 1: »Das kenne ich! Aber die können einem hier ja auch nicht helfen. Ich bin schon vier Wochen hier und es passiert nichts, gar nichts!« *Sie 1* ist Mitte 40, kurze blonde Haare – vermutlich unecht –, trägt eine schicke Designerbrille und ist perfekt geschminkt.

Er: »Wat?«

Sie 2: »Hör mal! Die haben doch keine Ahnung hier. Meinst du, die finden raus, was mit mir los ist? Heute war ich bei dieser Musiktherapie. Ich dachte, ich werde verrückt. Der habe ich dann aber die Meinung gegeigt. Verarschen kann ich mich auch allein. Als wenn von dem Geklimper mein Pfeifen im Ohr verschwinden würde!« *Sie 2* ist die Jüngste im Kreis. Etwa 35 Jahre alt, abgetragener Jogginganzug, die Fingerkuppen der linken Hand vom Nikotin tief gelb verfärbt, sitzt sie mit schlecht lackierten Fußnägeln und offenem mittellangem Haar leicht breitbeinig da.

Er: »Wat? Wieso pfeifen? Ich bin gestern aufe Schulter geknallt!«

Sie 1: »Meinst du, die hätten schon herausgefunden, warum ich bei der Arbeit umgefallen bin? Wenn das hier noch länger dauert, gehe ich nach Hause. Mein Chef wird mir was husten! Von wegen Kur und trallala! Mein ganzer Schreibtisch quillt über vor Arbeit.«

Er verabschiedet sich und geht mit seinem Rollator zurück zur Klinik. Er ist noch nicht ganz aus dem Blickfeld verschwunden, da rücken die beiden Frauen etwas näher zusammen und beginnen mit der Lästerstunde.

Sie 1: »Wozu braucht der überhaupt einen Rollator? Gestern bei der Gruppengymnastik konnte der sich prima bewegen. Meiner Meinung nach hat der gar nichts.«

Sie 2: »Da sagst du was. Das habe ich mich auch schon gefragt. Gestern habe ich ihn mit einem Stock gesehen. Du glaubst es nicht, der hat garantiert mit dem falschen Bein gehumpelt. Da würde ich drauf wetten!«

Sie 1: »Ich kriege nicht mal 'ne Krücke verschrieben, und der ist ausgestattet wie Graf Koks von der Gasanstalt! Ich glaube, der hat sogar einen Rollstuhl dabei.«

Sie 2: »Da stimmt doch was nicht mit dem ganzen System. Das können wir uns nicht mehr lange leisten in Deutschland. Schmarotzer! Die einen kriegen alles und ich sitze hier rum, und die Ärzte machen sich nicht einmal die Mühe, mir eine anständige Therapie zu geben.«

Sie 1: »Mann ist mir wieder schwindelig! Ich muss mich erst mal hinlegen. Bis später.«

Sie 1 ist gerade um die Ecke, da spricht Sie 2 den ruhigen Mann Er 2 auf der gegenüberliegenden Bank an, der in seine Zeitung vertieft scheint.

Sie 2: »Die markiert doch auch nur. Kopfschmerzen und Schwindel! Wer's glaubt …! Gestern Abend konnte sie im Kaffee der einsamen Herzen noch Unmengen Bier saufen und tanzen. Kein Wunder, dass der heute schwindelig ist.«

Er 2 nimmt die Zeitung runter und sagt ganz ruhig: »Entschuldigung, ich habe das Gespräch leider nicht verfolgt! Der Alois, der eben gegangen ist, hatte vor acht Wochen einen schweren Schlaganfall und ist glücklicherweise wieder aus dem Rollstuhl raus. Der hat noch mal Glück gehabt, denn es war schon sein zweiter. Etwas verwirrt ist er seitdem. Wer weiß, ob er den nächsten überlebt. Du hattest mich doch nach dem Alois gefragt?«

Sie 2: »Nee, das musste falsch verstanden haben.«
Sie 2 schaut auf die Uhr. »Du, lass mal, ich muss jetzt los. Gruppentherapie. Weißte!«

Er 2 schaut etwas verdutzt und beschäftigt sich weiter mit seiner Zeitung, während *Sie 2* schnellen Schrittes an mir vorbeischießt.

Ich musste zum Luftholen nun erst mal zurück in sauerstoffreichere Regionen. Als ich mich so in Richtung Sonne ausrichtete und den Wind über mein Gesicht streichen spürte, beschlich mich ein merkwürdiges Gefühl von Beklemmung! Ich hatte Angst. Der Bazillus macht womöglich vor niemandem halt. Und ich, was ist mit mir?

DER TIEFERGELEGTE BLICK

Auf den Blickwinkel kommt es an!

Dieser Allerweltsspruch, so platt er auch eine Lebensweisheit zum Ausdruck bringt, bekam für mich, 40 Zentimeter über dem Boden sitzend, einen ganz besonderen, realen Sinn. Der Blickwinkel ist tatsächlich anders. Es beginnt schon mit dem Winkel des Kopfes. Nichts im Körper eines Menschen lässt sich so variabel drehen, kippen und verwinden wie der Hals. Außer man hat einen steifen Hals. Dass man als Rollifahrer automatisch einen steifen Hals bekommt, hatte ich schmerzlich lernen müssen. Dieses Problem nimmt mit der Zeit zudem immer mehr zu, da der Mensch die maximale Durchschnittsgröße noch nicht erreicht hat. Ich sehe mich jedenfalls ständig Riesen gegenüber, die so groß sind, dass es ihnen mit ihren untrainierten Körpern nicht möglich ist, sich zu mir herunterzubemühen. Da fragt sich, ob Evolution Sinn macht.

Ich unterhielt mich am liebsten mit Mitbürgern bis etwa einem Meter Körpergröße, was die Gesprächsthemen zwar stark einschränkte, meine Kenntnisse über Fahrräder mit Stützrädern und die neuesten Roller allerdings auf Profiniveau brachte. In meinem E-Rolli ergaben sich Fachgespräche über Ausstattung und vor allem Geschwindigkeit. Bezüglich Ausstattung konnte mir keiner was. Mit den Fahrleistungen hatte ich da schon eher das Nachsehen. Im Rennen gegen Roller, Rollerblades und Co hatte ich keine Chance, was die erziehungsberechtigten Riesen zum Eingreifen animierte.

»Joschua, lass den armen Mann in Ruhe! Das gehört sich nicht!«

Dieser Trieb, die Kleinen und Schwachen zu beschützen, in diesem Fall mich, ist eine hauptsächlich weibliche Domäne. Der Mutterinstinkt wird scheinbar durch alles unter einem Meter Körpergröße reflexartig ausgelöst. Väter sind da anders, die reißen an den kleinen Ärmchen, ohne auf meinen bedauernswerten Zustand unnötig einzugehen. »Kommst du jetzt endlich, Joshua? Ich sage das nicht noch einmal!«

So musste ich die Fachsimpelei frühzeitig abbrechen.

»Ich habe einen Blinker!«

Er: »Und wie schnell fährt der?«

»Guck mal, ich habe eine Hupe!«

Er: »Und wie schnell fährt der?«

»Hast du das schon einmal gesehen? Das ist Warnblinklicht.«

Er: »Und wie ...«

»Ich glaube, deine Mutter wird gleich sauer!«

Es bleiben so viele Fragen unbeantwortet.

Meine große Leidenschaft, das Rennradfahren, hatte mir wahrscheinlich zwei Bandscheibenvorfälle eingebrockt. Die windschnittig gebeugte Körperhaltung auf dem Rad, die die Optik des Athleten erst reizvoll macht, ihm das Gefühl der Geschwindigkeit vermittelt, bescherte mir durch nachlassende Rumpfstabilität einen kaputten Nacken. Nun saß ich in einem 6-km/h-

Rolli, machte nicht gerade eine sportliche Figur und musste mir immer noch den Hals verrenken. Und schlimmer noch. Auf der Rennmaschine schaute ich geradeaus auf den grauen Asphalt. Beim Gespräch aus dem Rolli bauten sich die Gesprächspartner auch noch seitlich neben mir auf. Den Nacken nach hinten überstrecken ist hart, seitlich nach hinten geht gar nicht.

Im Urlaub mit Rolli auf Mallorca entdeckte ich jedoch auch Vorzüge des tiefergelegten Blicks. Wenn ich abends mit Manu auf der Promenade unterwegs war, konnte ich in dem Gewimmel von Menschen nicht immer nach oben schauen. Schnell bemerkte ich die ausweichenden Blicke der Touristen. Abends war es bis spät in die Nacht noch angenehm warm. Dementsprechend fiel die Kleidung der weiblichen Touris aus. Die Promenade war mit Bars und Restaurants übersät. Verkaufsbuden mit nachgemachten Markenuhren und Textilmarkenklau reihten sich endlos aneinander. Je weniger Stoff, desto besser und teurer. Horden feierwütiger junger Menschen bevölkerten die Promenade.

Während sich der Mensch mit dem aufrechten Gang auf Augenhöhe befindet, erkundete ich das, was sich mir in der Horizontalen zeigte. Stur auf einer Höhe glotzend, sah ich Hintern jeglicher Form und Größe. Straffe Pos, eingezwängt in so wenig Stoff wie möglich. Braun gebrannte Beine, die endlos bis zum Boden reichten. Endlich wusste ich, wozu Gott den Rollstuhl gemacht hat. Zumindest für die männlichen Rollifahrer. Diese Po-Schau war beeindruckend. Ich wusste gar nicht, wie diese Bewegungen »von linke Pohälfte rauf,

Hüfte etwas nach rechts herausgeschoben – am besten nur ein wenig –, rechte Pohälfte rauf und Hüfte nach links versetzt« in Formvollendung das sinnliche Empfinden des Betrachters schärfen kann. Wie auch? Wer kann schon minutenlang hinter einer Schar junger Frauen herlaufen, ihnen fortwährend auf den Hintern glotzen, ohne dabei auf die Nase zu fallen? Mein neues Urlaubshobby bemerkte niemand.

Natürlich liefen wir nicht nur hinter anderen Menschen her, es begegneten uns auch welche. Ich beschränkte mich auf junge, hübsche Frauen. Nach 17 Tagen auf Mallorca hätte ich jede wissenschaftliche Studie über die Proportionen weiblicher Brüste mit dem Niederschreiben meiner Erfahrungen in den Schatten gestellt.

Meine Studie über den Busen fiel mir anfangs freilich schwer. Ich war es eben nicht gewöhnt, dauerhaft Fleischbeschau zu betreiben. Das war etwas für frauenverachtende Machos, nicht für mich. Manu ist aktiv in der Arbeit für und mit Frauen und für deren Rechte. Simone de Beauvoirs »Das andere Geschlecht« liegt auf meinem Nachtisch. Nein, es liegt da nicht nur, ich habe es auch gelesen. Nicht dass der Leser auf falsche Gedanken kommt! Mein Interesse hatte mehr wissenschaftlichen Wert. Rein wissenschaftlichen Wert. Und wie fühlen sich überhaupt die Frauen, wenn ihnen ein Häufchen Elend mit schrägem Kopf auf die Brüste starrt? Die nehmen das bestimmt nicht wahr. Und wenn, würden sie aus Mitleid für einen Moment auch noch auf die ohnehin lächerlichen Stofffetzen verzichten. Öffentliche Diskriminierung, die versteckt unter dem Deckmantel einer Behinderung stattfindet. Es war an der Zeit, dass sich jemand mit diesem Phänomen beschäftigte. Ist das überhaupt diskriminierend, wenn ein Mensch, der nicht aufstehen kann, einer Frau auf die Brüste starrt? Ich weiß es nicht! Ich bin ja auch nur Beobachter.

Auf Malle jedenfalls hatte ich genügend Zeit und Anschauungsmaterial, um meine Studie ausführlich praktisch zu unterfüttern. Dabei stieß ich auf ein weiteres interessantes Detail. Meinen Blick ließ ich auf Höhe der weiblichen Brust mit den Entgegenkommenden auf und nieder hüpfen und schaute dann unvermittelt nach oben in das Gesicht der Testperson. Es kostete mich schon etwas Überwindung, Blickkontakt aufzunehmen, denn es bestand die Gefahr, beim Gaffen ertappt zu werden. Die Sonne hatte mein Gesicht gebräunt, sodass die einschießende Röte nicht auffiel. In dem Moment, als sich unsere Blicke trafen, geschah etwas ganz anderes, etwas Bemerkenswertes, eine Reaktion, die ich nicht erwartet hatte. Mehr als jede zweite Frau konnte meinem Blickkontakt nicht standhalten und schaute verstohlen weg.

Der lüsterne Blick auf Po und Busen war total unverdächtig. Der Blickkontakt mit dem behinderten Leben, dem Rand der Gesellschaft, dem, was jedem blühen kann, der Gefahr der menschlichen Existenz, hingegen unerträglich. »Du kannst mir ruhig auf die Titten starren, Hauptsache, du schaust mir nicht in die Augen!«, schienen sie zu denken. Kann das sein?

Es enttäuschte mich etwas, bestärkte mich aber auch in der Fortführung meiner anatomischen Studien. Um möglichst aussagekräftige Ergebnisse zu erzielen und aus Gewohnheit, blieb mir der natürliche Niedergang menschlicher Weiblichkeit nicht erspart. Die Ergebnisse der Fast-Food-Gesellschaft waren ernüchternd. Genauso wie die Schwerkraft in Verbindung mit dem Altern. Ich träumte nachts von apfelförmigen, spitzen, großen, kleinen, hängenden, riesigen Busen und Pos. Ich fand immer weniger junge Frauen, die in Form und Bewegung eine zufriedenstellende Performance abgaben. Nach einer Woche hatte ich das Starren perfektioniert.

Vor mir wackelte und wogte es, es quoll aus den Hosen und den Dekolletés, es wurde zu einer Beleidigung meines Blicks. Immer öfter musste ich wegschauen. Wie konnte man nur so rumlaufen? Ekelhaft! Cellulitis war für mich bis zu diesem Sommer nur ein Wort gewesen. Nun war es Realität, ungeschminkte Realität. Da wird man als Rollifahrer mit zu hohen Bordsteinkanten, fehlenden Fahrstühlen und zu wenig Behindertenparkplätzen konfrontiert – und dann das noch!

Die letzten Tage zog ich es vor, auf den Boden zu schauen. Ich war der Aufgabe durch den tiefergelegten Blick nicht gewachsen. Akzeptanz will geübt werden. Aber dafür sah ich nun die verschämten Blicke der Entgegenkommenden auf das wahre Leben auch nicht mehr.

Quitt pro quo!

Ich kann die Normalos verstehen. Mein Exkurs in die weibliche Anatomie hat mir die Augen geöffnet.

Der Tod des Gummibärchens

Ich saß vor der Tastatur in meinem Arbeitszimmer und schaute auf den Bildschirm. Ein Foto meiner Kinder als Hintergrundbild lachte mich vertraut an. Mein Blick wanderte über den Monitor und verweilte auf dem Gesicht meiner Ältesten. Sie schien mir aus Padua, wo ich die Bilder gemacht hatte, mit ihrem verschmitzten Lächeln zuzuzwinkern. Irgendwie sah heute Abend das Foto anders aus als sonst. Ich kippte den Kopf ein wenig auf die rechte Seite und schaute. Es schien, als wäre unnatürliches Leben in die Momentaufnahme unseres Besuchs in Padua gefahren. Ich hatte das Gefühl, meine Jüngste würde mich anklagend anstarren. Das Lächeln war etwas anderem, etwas Undefinierbarem gewichen.

Ich schrak richtiggehend zurück und Schweißperlen quollen, ohne dass eine Anstrengung vorausgegangen wäre, aus den Poren meiner Haut. Kalter Schweiß. Es war kalter Schweiß, der in kleinen Perlen dicht gedrängt meine Stirn bedeckte. Warum? Etwas kroch schleppend durch meinen Körper und ließ mich vor dem Monitor erstarren. Was war da los mit mir? Das Bild meiner Kinder hatte mittlerweile eine fremde, beängstigende Ausstrahlung angenommen. Wer war das da auf dem Bildschirm?

Schnell rief ich ein Programm auf, um das Bild nicht mehr sehen zu müssen. Es war einer dieser Tage, die trotz allen Aufbäumens und der Mühe, sich nicht unterkriegen zu lassen, an meinen imaginären Feind ging. Die Hälfte meines Arbeitstages musste ich ihm schlafend Tribut zollen, so wollte ich also abends das Verpasste nachholen. Also saß ich vor dem Rechner, um Arbeit nachzuholen.

Ich machte mir einen Kaffee und wusch mein nass geschwitztes Gesicht. Dann begann ich. Es war nichts sonderlich Schweres zu tun, was mir die Arbeit leicht von der Hand gehen ließ. Schnell hatte ich das merkwürdige Erlebnis mit dem Bild meiner Kinder vergessen. Diese Schrecksekunde, als die Angst aus dem Nichts ins Arbeitszimmer trat, um von mir Besitz zu ergreifen, und genauso schnell wieder verschwand.

Nach etwa einer Stunde intensiven Arbeitens saß ich plötzlich vor meiner Tastatur und schaute wie versteinert auf die Buchstaben. Meine Finger quittierten plötzlich ihren Dienst. Die Tastatur lag mit ihrer Fülle an Buchstaben vor mir und ich beobachtete den Unterschied von angestrahlter Tastenoberfläche und dem Schattenspiel zwischen den Tasten. Die Buchstaben waren nicht in der Mitte der Tasten. Oder? Waren sie da jemals gewesen? Gehörten die Buchstaben nicht in die Mitte? Dieser Gedanke ließ mich nicht mehr los. Ich beobachtete, wie sich meine Finger langsam krümmten und eine mir angenehme Position im Handballen einnahmen. Es war angenehm, alles war ok. So saß ich also bewegungsunfähig da und starrte auf die Tastatur, während meine Arme entspannt auf den Armstützen ruhten.

»Hallo, willst du nicht langsam mal aufhören und ins Wohnzimmer kommen? Es ist schon kurz vor acht«, rief mir meine Frau aus der Küche zu.

»Ach, ich komme.«

Hatte ich jetzt tatsächlich über eine Stunde vor der Tastatur gesessen, ohne etwas zu tun?

Nachdenklich ging ich ins Wohnzimmer und setzte mich vor die Glotze. Sozusagen von einer Glotze vor die nächste. Es war Werbezeit auf allen Kanälen. Ich schaute gerade in der Zeitung nach, was die Abendprogramme so zu bieten hätten, als ich Zeuge eines grausamen Medienspektakels wurde.

Thomas G., die gefönte Inkarnation der Achtzigerjahre, schaute mir tief in die Augen. Das aufgesetzte Lächeln durchmaß sein gesamtes Gesicht von links nach rechts. In der rechten Hand hielt er trotz dieses perfiden Lächelns ein transparentes Gefängnis voller hoffnungsloser Insassen. In ihrem bunten Äußeren spiegelte sich die gesamte Fröhlichkeit und Unschuldigkeit der kleinen Wesen wieder. Es wirkte wie Kinderlachen auf mich. Was hatte der Wahlamerikaner nun vor? Er griff in die Tüte und erwischte ein gelbes kleines Gummibärchen und hielt es, wie um dessen Schuld zu beweisen, dem Publikum hin. Seine Lippen bewegten sich, ohne das grimassenhafte Lächeln auch nur für einen Augenblick aufzugeben. Das Gummibärchen machte keine Anstalten zu fliehen. Es wusste offensichtlich, was ihm bevorstand. Weiterhin grinsend öffnete sich der Schlund, besetzt mit perfekt geweißten Zahnkronen, die die Künstlichkeit der Szenerie unterstrichen. Und dann biss er zu. Der Kopf des Gummibären verschwand im immer noch lächelnden Thomas G.-Kopf. Der Mensch konnte lächeln und Köpfe zerbeißen –

gleichzeitig. Ein widerwärtiges Verbrechen nahm sein vorhersehbares Ende. Der Rest des wehrlosen Körpers wurde von den Jackettkronen im Wert eines Mittelklassewagens zermalmt. Meine Frau war in den Keller gegangen, um nach der Wäsche zu sehen.

Ich konnte nicht mehr. Tränen flossen mir in kleinen Rinnsalen über mein Gesicht. Es war mir unmöglich, die tiefe Traurigkeit über den brutalen Tod des Gummibärchens zu unterdrücken. Alles kam in Form salziger Flüssigkeit, die beißend in den Augen schmerzte, aus mir raus. Ich schluchzte und weinte wie ein Schlosshund. Diese tiefe Traurigkeit! Dabei kannte ich das Bärchen überhaupt nicht näher. Oder war es die Kombination von Thomas G. und dem Bärchen? Vielleicht hätte auch jeder kommen können, um diese grausame Tat vor Kameras, produziert für die ganze Welt, zu verüben. Aber Thomas G.! Das war der Gipfel. Thomas G., der Gigant der nichtssagenden Unterhaltungsbranche, gab sich für die öffentliche Hinrichtung eines wehrlosen Bärchens her. Ich hasste Thomas G. dafür.

Dann beruhigte ich mich langsam wieder, wischte mir die Tränen ab und schaltete den Fernseher aus. Diese tiefe Melancholie war sehr schwer erträglich. Ich wollte mich diesen Abend nicht mehr den Grausamkeiten des Fernsehprogramms aussetzen. Es konnte ja sein, dass die Spaßkanone Kurt F. stumpf »Verstehen sie Spaß« in den Äther rief und dabei genüsslich die restlichen Verwandten aus der Haribofamilie massakrierte. Das konnte ich mir nicht antun.

Fernsehgucken gefährdet Ihre Gesundheit! Das müssen die einem doch sagen. Das muss immer oben rechts am Bildschirmrand eingeblendet werden.

DIE FAHRPROBE

Nachdem mein Antrag bei der Bundesversicherungsanstalt für Angestellte (BfA) auf den behindertengerechten Umbau eines Pkw bewilligt worden und das
Fahrzeug nach einigen Änderungen in der Anordnung
diverser Knöpfe und Schalter endlich fertig war, fehlte
nur noch der Segen des TÜVs. Wie erwartet, hatte die
deutsche Verkehrsbürokratie ganz eigene Vorstellun-
gen davon, wie man jemanden mit einem Fahrzeug,
das perfekt auf seine Bedürfnisse angepasst ist und
keine Wünsche in punkto Bedienbarkeit offenlässt, auf
den Straßenverkehr loslässt. Ohne den Nachweis in
Form einer Fahrprobe ging das natürlich gar nicht. Ja,
es ist nicht so, dass man einfach mit einem Fahrzeug
durch die Gegend fahren darf, das in monatelanger
Feinarbeit ergonomisch von einem erfahrenen Spezialisten angepasst wurde, der selbst ein Meter große
Kleinwüchsige hinter das Lenkrad eines Bullis brachte
oder armlose Menschen ohne Lenkrad im Auto zur
automotiven Selbstständigkeit verhalf. Nein, da haben
Vater Staats Beamte ein gehöriges Wort mitzureden.
Hätte ich einen Unfall, ob verschuldet oder nicht, müsste ich für die Versicherung nachträglich den Beweis an-
treten, dass ich in der Lage war, das Fahrzeug vor-
schriftsmäßig zu führen, sagte mir der Kfz-Meister des
Unternehmens für behindertengerechten Fahrzeug-
umbau. Wie soll man aber einen solchen Nachweis
erbringen, wenn das Auto im Eimer ist? Man wies mich

darauf hin, Fahrstunden zu nehmen, bevor ich mich der Überprüfung stellte, und erklärte mir die kleinen Hürden einer Fahrprobe beim TÜV. Der Fahrlehrer der Fahrschule, mit der ich dann pflichtbewusst Kontakt aufnahm, erklärte mir die kleinen Hürden, um mein Auto in einen Fahrschulwagen umzubauen. Er hatte wohl kein Vertrauen zu meinen Fahrkünsten. Ich machte meine Fahrstunden allein.

Man muss den Beamten zeigen, dass man alle Bedienelemente bedienen kann, ohne den Blick von der Fahrbahn zu nehmen. Okay, die wichtigen Bedienelemente wie Blinker, Scheibenwischer und Licht waren auf einen sogenannten Commander gelegt – eine Fernbedienung, die am Lenkrad mit den Fingern der rechten Hand erreichbar ist. Meine Finger waren schon seit Jahren taub, weshalb es mich bestimmt hundert Fahrstunden gekostet hätte, durch Übung mein Handicap wettzumachen. Ob die Kosten von der BfA abgedeckt würden, war zu bezweifeln. Ich verstrickte mich sofort in eine Diskussion mit dem Kfz-Meister. Es ging um die Sinnlosigkeit solcher Prüfkriterien. Meine Argumente schienen mir stichhaltig.

»Welcher normale Pkw-Fahrer findet ohne hinzuschauen den Lichtschalter oder das Warnblinklicht in seinem Auto?« Man hörte mir aufmerksam und kopfnickend zu. »Was ist mit den ganzen Fahrern, die sich ein Mietfahrzeug am Flughafen nehmen? Müssen die etwa auch eine Fahrprobe machen?«

Der Meister hatte sehr viel Geduld mit mir und ließ meine aufgeregte Argumentation wortlos über sich ergehen. Als mir nach etwa zehn Minuten nichts mehr einfiel, sagte er lapidar: »Das ist eben Vorschrift!« Dieser knappen, alle Argumente wegwischenden Aussage war nichts hinzuzufügen. Ich nehme an, dass er meinen Vortrag von fast jedem Auftraggeber schon einmal gehört hatte. Wie konnte er sonst so ruhig bleiben? Ich fuhr fort, mit allen möglichen Vergleichen aus dem Straßenverkehr weitere fünf Minuten zu verplempern. »Wie sieht es beispielsweise mit den älteren Mitbürgern aus, die sich kaum auf den Beinen halten können, aber weiterhin ungescholten den Straßenverkehr unsicher machen, weil sie ihren Führerschein nicht abgeben wollen? In Deutschland kann man doch auch als Blinder, solange man nicht erwischt wird, Auto fahren! Oder? An wen verkauft denn der Konzern mit dem Stern vorne seine Autos? Die würden nicht einmal den Weg zum TÜV finden!«

Dieses ungebührliche Verhalten anderer Randgruppen der Gesellschaft gegenüber spiegelte nur meinen emotionalen Zustand wider, der von stark erhöhtem Blutdruck und steigendem Adrenalinpegel gekennzeichnet war. Als mir die Luft ausging, sagte der Kfz-Spezialist, es wäre am besten, ich würde einen Termin mit dem Mann vom TÜV in Paderborn machen. Den kenne er, und der TÜV-Mensch wüsste von der fachlich guten Arbeit und der auf Kompetenz gestützten Beratung seines Unternehmens in Umbaufragen. Es mussten noch Anträge gestellt und vor allem Gebühren für die Fahrprobe im Voraus entrichtet werden, bevor meine zweite Führerscheinprüfung seit 1980 beginnen konnte.

Warum im Voraus? Der nette Beamte vom TÜV erklärte mir, dass bei der Nennung der Gebühren die eine Hälfte keine Fahrprobe mehr brauchte und die andere keine mehr haben wollte. So eine Fahrprobe dauerte offensichtlich circa eine Stunde. Sie bestand in der Absolvierung des gesamten Programms von Autobahnfahrt, Stadtverkehr, Einparken bis zur Landstraßenfahrt.

Ich hatte noch vier Tage Zeit, auf eigenes Risiko mit dem umgebauten Wagen zu fahren. So wollte ich meine Fingerfertigkeit beim Blinken schulen und blind die Schalter zu finden. Nach stundenlangem Üben musste ich das Scheitern des Projekts »Wie bringe ich meinen Fingern bei, die Blinkerwippe zu fühlen?« frustriert akzeptieren. Beim Versuch, mit geschlossenen Augen Hebel im Auto zu suchen, kippte ich aus dem Spezialfahrersitz. Nun konnte ich nur noch auf Plan B bauen. Nämlich den Prüfer durch unaufhörliches Zutexten mit spontanen Geschichten von meinen Defiziten abzulenken. Dazu musste ich den Menschen vorher analysieren. Ein kühner Plan, aber was blieb mir anderes übrig! Meine Frau zu fragen, ob sie mit verbunden Augen den Warnblinklichtschalter finde, sparte ich mir.

Am Morgen der Entscheidung war der Glaube an Plan B nicht mehr so fest, eine gewisse Nervosität ließ sich nur schwer unterdrücken. Die konnte ich an dem Tag überhaupt nicht gebrauchen, da mit zunehmendem Stress meine körperlichen Fähigkeiten immer mehr nachließen. Auf der Fahrt von Herford nach Paderborn blinkte ich wie der Teufel. Die Vorbeifahrenden gestikulierten wild in ihren Autos und zeigten mir einen Vogel. Und besser wurde es auch nicht. Als ich in Paderborn auf den großen Vorhof beim TÜV einbog, waren meine Finger taub und ich hätte eine mit Glassplittern gespickte Oberfläche nicht vom besten Carrara-Marmor unterscheiden können. Jetzt hieß es: »Nur noch auf Plan B fixieren. Analysiere im Schnelldurchgang dein Gegenüber! Finde ein Thema, das von Interesse ist, und dann quatschen, bis er keine Lust mehr auf eine Fahrprobe mit mir hat!« Ich hielt mich beim Betreten des TÜV-Gebäudes nur mühevoll mit den Krücken auf den Beinen und meine Hände waren feucht vor Aufregung. Am Empfang wies man mir den Weg ums Gebäude zum Startpunkt der TORTOUR. Dort sollte ich auf den Prüfer warten. Es könnte aber noch eine Weile dauern. »Super! Jetzt lassen die mich hier auch noch schmoren.« Während ich wartend im Auto saß, ertappte ich mich immer wieder dabei, mit dem rechten Zeigefinger Blinkübungen zu veranstalten.

Völlig ins Üben vertieft, erschrak ich fast zu Tode, als der Prüfer die Beifahrertür aufriss und fragte, ob ich Herr Riepe mit der Fahrprobe sei. Nach Aufnahme der Personalien kam er direkt zu den Spezialumbauten. Hier war ein kritischer Punkt erreicht, denn es sollten so wenige Umbauten wie möglich erfasst werden. Jedenfalls aus meiner Sicht. Das funktionierte schon mal gar nicht, denn er ging akribisch jedes Detail der Veränderungen durch. »Beamter eben!« Sogar das Thema Standheizung wurde nicht ausgelassen. Das war für mich das Stichwort, eine Diskussion – Plan B – zu beginnen. Ich erkundigte mich höflich, was denn eine Standheizung mit dem sicheren Führen eines Kfz im Straßenverkehr zu tun hätte. »Interesse zeigen und Dummstellen kommen immer gut an.« Natürlich hatte mich der Umrüster im Vorfeld über die Notwendigkeit einer Standheizung informiert. Der Prüfer fragte mich: »Und wie wollen Sie auf vereistem Boden stehend Ihre Scheiben freikratzen?«

Phase eins war abgeschlossen. Der Prüfer war ein absoluter Erbsenzähler, was mich nicht unbedingt beruhigte. Zunächst ging es weiter, indem er mir erklärte, welche Möglichkeiten von Führerscheinklassen ich hatte. Noch besaß ich alle Klassen. Die Klasse zwei gab ich sofort widerstandslos ab, als der Prüfer mir auf Nachfrage erklärte, ich müsste mit einem komplett umgebauten Lkw eine weitere Fahrprobe machen, dürfte dann aber nur dieses Fahrzeug im Straßenverkehr bewegen. Danach war mein Motorradführerschein dran, Symbol für Freiheit, Individualität und Jugend. Ein weiteres Teilchen, das sich aus dem Mosaik meiner Persönlichkeit still und leise verabschiedete. Damit hatte ich überhaupt nicht gerechnet und fragte sofort nach, was der Einser denn nun mit der ganzen Sache zu tun hätte. Ganz ruhig blätterte der Prüfer in meinen Antragsformularen und las mir Passagen aus einem meiner Rehaberichte vor. »Unfair!«, dachte ich und entgegnete, dass es mir jetzt schon viel besser ginge. Mit einem mitleidigen Blick schaute er mich an und empfahl mir, die Entscheidung ruhen zu lassen. Das könne man für zwei Jahre. Dann könnte ich einen Antrag auf

Fahrprobe mit dem Motorrad stellen, das entsprechend umgebaut ... Ich stimmte frustriert zu, stellte mir in Gedanken Stützräder an einer schneidigen Rennmaschine vor. »Das war's dann wohl!«

»Jetzt fahren wir los«, sagte er und wies mich darauf hin, dass ich die Verkehrsregeln nicht einhalten müsse, das gehöre nicht zum Prüfungsinhalt. Es ginge lediglich um das Handling des Fahrzeugs. Offensichtlich besaß ein Beamter vom TÜV deutlich mehr Mut als ein Fahrschullehrer. Um gleich mit einem lockeren Witz zu starten, fragte ich: »Und da trauen Sie sich ohne zusätzliche Sicherheitsmaßnahmen mit jedem ins Auto? Chapeau!« Sein Lächeln signalisierte mir den Erfolg der Eröffnung. Beim Verlassen des Hofs mit Blinken nach links fiel mir ein geeignetes Gesprächsthema ein, das Stoff für eine Stunde hergeben konnte. Meinen rechten Zeigefinger hatte ich schon beim Losfahren auf die linke Wippe gelegt und alle Konzentration aufgeboten, den Finger irgendwie für einige Sekunden in der Position zu halten. So präpariert, bog ich wie selbstverständlich unter den kritischen Blicken des Prüfers links ab. Ich fragte ihn nach dem Umbauunternehmen, das mich so perfekt beraten hatte. Das Thema war ein voller Erfolg. Es entwickelte sich eine angeregte Diskussion, die ich unterstützte, indem ich dauernd zu ihm hinübersah. In dem Moment, in dem sich unsere Blicke begegneten, wartete ich, bis er wieder nach vorn schaute. Nun schaute ich unbemerkt schnell auf meinen Finger am Blinker. Das klappte vor jeder Kreuzung perfekt. Meine Lockerheit kehrte zurück und ich lauschte den Storys über völlig verkorkste Umbauten und durchgefallene Probanden, während die Stunde wie im Flug verging. Er amüsierte sich über eine Frau, deren Auto für knappe 100.000 Euro umgebaut worden war, um dann während der Fahrprobe auf einem Ackerweg, den kein normaler Mensch befahren würde, vornüber zu kippen und versehentlich eine Vollbremsung auszulösen. Danach führte der Weg, den sonst nur Reiter nehmen, zum Vollbrems-/Vollgassymptom. Rein in das Loch – Vollbremsung, raus aus dem Loch – Vollgas. Die ist natürlich durchgefallen und das Auto konnte sie verschrotten lassen.

Als ich wieder auf den Hof beim TÜV einbog, dachte ich: »*Geschafft! Das war's.*« Doch weit gefehlt. Was sich jetzt abspielte, war nicht vorhersehbar gewesen. Als ich eingeparkt hatte, sagte mir der Prüfer, dass das Fahren okay gewesen sei, er nun die restlichen Umbauten genau unter die Lupe nehmen würde. Ich konnte es nicht fassen. Was war damit gemeint? Er begann mit einem kleinen Fallbeispiel. »Sie befinden sich auf der Autobahn und haben eine Panne. Sie wollen Ihr Warndreieck in vorschriftsmäßiger Entfernung auf der Fahrbahn platzieren. Und kommen Sie mir nicht damit, Ihren Rollstuhl auf der Autobahn auszupacken! Rollstuhl fahren auf der Autobahn ist nicht! Man könnte aber vier Rundumleuchten auf dem Dach des Fahrzeugs anbringen, dann ist die Sache erledigt.« Das erwischte mich kalt und ich wusste nichts zu entgegnen. »*Vier Rundumleuchten auf dem Dach! Ich fahre doch nicht mit einem Rettungswagen durch die Gegend. Ein*

Firmenwagen, der aussieht wie ein Bauwagen von der Straßenwacht. Was sagt mein Chef und Gönner dazu?«, überlegte ich. Kurz bevor die Pause zu lang wurde, sagte ich:»Hundert Meter auf Krücken sind für mich kein Problem!« Der Prüfer feuchtete seinen Finger genüsslich an, als ich ergänzte.»Einmal schaffe ich diese Strecke. Sie brauchen nicht in den Unterlagen nachzuschlagen«, dabei sah ich ihn verzweifelt an. Einen Moment dachte er nach, ob er diese kritische Entscheidung zu meinen Gunsten fällen konnte, sagte dann aber:»Okay!« Die Luft entwich mit einem Pfeifen der Erleichterung aus meinen Lungen, da setzte er zum Gnadenstoß an.

»Und wie wollen Sie zum nächsten Notfalltelefon kommen?« Etwas Zeit schindend, fragte ich zurück: »Wie weit ist es denn?« »Für Sie auf jeden Fall zu weit!«, kam es zurück. Schweigen. Mir fiel nichts mehr ein. In meinem Kopf breitete sich langsam unendliche Leere aus. Innerlich hatte ich schon mit dem Erfolg der Fahrprobe abgeschlossen, als er meinte:»Haben Sie ein Handy? Dann nehmen wir das in den Führerschein auf und Sie dürfen ein Fahrzeug im Straßenverkehr nur noch mit Handy führen. Sind Sie damit einverstanden?«

Verdutzt antwortete ich:»Klar, kein Problem. Das geht?« »Ja, wenn Sie einverstanden sind!« Das zweite Mal löste sich ein Felsbrocken von meinem Herzen. Der Brocken war noch nicht aufgeprallt, als das bürokratische Bollwerk erneut zuschlug.»Wir befinden uns immer noch auf der Autobahn. Sie fahren mit circa hundert Kilometern pro Stunde in einer Kurve auf ein

Stauende zu.« »*Was kommt jetzt? Worauf will er hinaus?*«, dachte ich. »Was machen wir, wenn wir auf ein Stauende treffen?«, fuhr er fort. »*Jetzt fängt der auch schon mit diesem ,Was machen wir denn? Wie geht's uns denn'-Mist an!*«, dachte ich, als ich fragend erwiderte: »Bremsen?« Das konnte doch nicht falsch sein und was anderes fiel mir beim besten Willen nicht ein. »Wir schalten das Warnblinklicht ein«, half er mir auf die Sprünge. Ich wurde bei diesem Quiz, bei dem ich bei jeder Frage den Kürzeren zog, langsam aber sicher ungehalten und fragte: »Ja, und?« »Wie schalten Sie das Warnblinklicht ein?« Ich griff durch das Lenkrad zum Warnblinklichtschalter, als mich der Prüfer kopfschüttelnd unterbrach. »So geht das nicht! Sie wollen doch nicht etwa bei hundert Kilometern pro Stunde auf der Autobahn vor einem Stauende den Gas-Bremshebel loslassen und durch das Lenkrad greifen?« Das kam mit solch einer Intensität bei mir an, dass ich auf dem Sitz gerade wurde. Ich schaute ihn wie ein Häufchen Elend an. »Ist diese Frage nicht rein hypothetischer Art? Ich bremse erst einmal. Und dann bin ich ja schon langsam. Und dann ...« Die weiteren Erklärungen aus der Sparte »Wie rede ich mich um Kopf und Kragen« ersparte er mir und nickte einlenkend. »*Geschafft!*«, dachte ich, als er erneut den Finger des Gesetzgebers anfeuchtete.

Es ging mit Bremsentest und Lenkübungen weiter. Nun musste ich auf dem Rollenbremsstand den Nachweis erbringen, dass ich im rechten Arm genug Kraft für eine vorschriftsmäßige Bremsung hätte. Meine rechte Schulter knackte verdächtig. Ich sah Heerscharen von über Siebzigjährigen in ihren teuren Autos vor meinem geistigen Auge. Sie trugen künstliche Hüftgelenke, deren Halbwertzeit längst überschritten war. Sie bremsten mit ihren zu diesem Zweck mitgeführten Krückstöcken. Ich erinnerte mich an meinen netten Fahrradschrauber Rudi, wie er in seinem neuen Megane auf der Autobahn mit seinem Dackel auf dem Beifahrersitz bei 180 Stundenkilometern auf die Stützen einer Autobahnbrücke prallte. Er konnte mir nicht erklären, wie es passiert war, aber er nahm unverletzt seinen Dackel unter den Arm und lief zur nächsten Notrufsäule, um den ADAC anzurufen. Auf meine Nachfrage »Mensch, hättest du nicht den Notarzt rufen müssen? Wer weiß, ob du nicht unter Schock standest!« meinte er »Bist du verrückt? Ich fahre gern schnell, und die nehmen mir in meinem Alter sofort den Führerschein ab!« Rudi war da schon über 90 und hatte ohne Zweifel einen ganz besonderen Schutzengel.

Jetzt stand das Finale an: Die Lenkübung, unter der ich mir nichts vorstellen konnte. Der Prüfer erklärte mir, ich solle auf etwa zehn Stundenkilometer beschleunigen und wenn er »Jetzt!« rufe, mit dem linken Arm, den ich als Einzigen zum Lenken hatte, das Fahrzeug nach rechts navigieren. Ich fuhr los und hatte den Tacho fest im Blick. Plötzlich drehte er völlig überraschend den Zündschlüssel ganz rum und rief: »Jetzt!« Der Wagen war sofort aus. Meine spezielle Servolenkung, die man mit dem kleinen Finger lenken konnte, auch. Ich schaffte gerade einmal die Hälfte des vorgeschriebenen Lenkeinschlags. Mein linker Arm war so schlapp, dass ich kaum die Tür öffnen konnte. ›Durchgefallen. Ich hasse dich! Wieso passiert mir so eine Scheiße?‹

»Tja, da müssen wir noch eine Erhaltungsschaltung nachrüsten«, konstatierte er und setzte zum Schreiben in seine Unterlagen an. Irgendwo hatte ich so ein ähnliches Wort schon gehört. Da fiel es mir wieder ein. Ich hatte so etwas in dem Kostenvoranschlag für den Umbau gelesen. Bevor der Prüfer zu schreiben begann, wies ich ihn darauf hin, dass man mir in der Werkstatt versichert habe, dieses irgendwas eingebaut zu haben. »Sie haben doch selbst gespürt, dass die Lenkunterstützung nicht angesprungen ist, oder?« Mein abgeschlaffter linker Arm gab ihm recht. Es handelte sich also um eine Lenkhilfe, die auch funktioniert, wenn der Motor aus ist. Ich bat ihn, die Werkstatt anzurufen. Es könne sich ja auch um einen Defekt handeln. Die Werkstatt diskutierte nicht, sondern schickte den Techniker, der das Ganze eingebaut hatte, sofort vorbei. Ich saß auf einer Bank ganz in der Nähe des Autos. Mein linker Arm hing leblos an meiner Schulter. Mein rechter Arm fühlte sich an wie in Beton gegossen, und ich hatte Mühe, den Kopf gerade zu halten. Nach fünf Minuten angeregter Plauderei kamen die beiden Spezialisten lächelnd zurück. Sie erklärten mir, dass bei der Simulation des Motorausfalls ein Fehler passiert sei. Natürlich dürfe man die Zündung nicht ganz abschalten. Die Erhaltungsschaltung funktioniere einwandfrei. »Mein Fehler!«, strahlte der Prüfer. »Geht es Ihnen gut?«

Auf die Uhr schauend bedeutete er mir, er habe noch andere Dinge zu erledigen, und verabschiedete sich von mir. Nach drei Stunden Martyrium saß ich auf der Bank, mein Kopf hing leicht nach rechts. Ich blieb noch eine weitere halbe Stunde, bevor ich mich auf den Weg nach Hause machte. Auf Fragen, wie es denn gewesen sei, antwortete ich an diesem Tag nicht mehr.

Als mich nach einigen Wochen weitere Rechnungen und die offizielle Fahrerlaubnis erreichten, schaute ich auf meinen niedlichen kleinen neuen Führerschein, nahm die ganzen Blätter mit den Erklärungen der einzelnen Einschränkungen, die im Führerschein nur als Ziffern gekennzeichnet sind, und stopfte den ganzen Kram zu dem Berg von Sonderzulassungen in das Handschuhfach. »Hoffentlich werde ich nie angehalten und muss meine Papiere vorzeigen!«

DIE GRETCHENFRAGE

Ich habe MS. Heute sitze ich, wie an so vielen Tagen, vor der MS-Ambulanz und warte auf meine Infusion. Warten nimmt großen Raum in meinem Leben ein. Zum Glück hat das Warten, wie ich es wahrnehme, nichts mit dem Warten derer zu tun, für die es schon nach kurzer Zeit in eine unerträglichen Situation mündet, die darin gipfelt, die Arzthelferin lautstark über die Wichtigkeit von verlorener Zeit aufzuklären, was die natürlich schon tausendmal gehört hat. Ob es die Parkuhr ist, die bald abläuft, oder die Arbeit, die ruft, der Bus, der wartet, oder einfach nur die Schuld der Arzthelferin, die einen schon viel eher hätte drannehmen müssen. Wenn man Berufswartender ist, nerven die Wartenden. Ich lese ein Buch, schwatze mit Regina, beobachte die Menschen auf der Station oder, oder, oder. Es ist unerträglich, die Keine-Zeit-Habenden bei ihrem lächerlichen Keine-Zeit-Haben zu beobachten. So krank können die nicht sein. Am liebsten würde ich meinen Rolli auf Augenhöhe hochfahren, den Stock aus dem Halter ziehen und dann ein intensives Vier-Augen- und ein Stock-Gespräch anstimmen, den Stock rein prophylaktisch in der noch funktionierenden Hand.

»Du musst dich noch etwas gedulden, der Raum ist besetzt«, sagt Regina, zu der sich schon ein Gute-Bekannte-Verhältnis aufgebaut hat.

»Und, alles schick?«, fragt sie wie jedes Mal, und ich antworte mit einem verschmitzten Lächeln: »Klar, mir geht's doch immer gut. Ich rolle noch ein bisschen zur Frischlingsabteilung rüber, okay?«

»Eine halbe Stunde wird es noch dauern«, sagt Regina.

Hinter ihr steht schon wieder jemand, dessen Gesicht aussieht, als stünde ein Blutrausch bevor. Regina dreht sich selbstsicher zu ihm um und fragt: »Und was für ein Problem haben wir heute Morgen?«

Mit Regina ist nicht gut Kirschen essen. Das wird der gute Mann gleich feststellen, wenn er mit dem Lamento über die lange Wartezeit beginnt.

Ich fahre gemütlich zur Babystation rüber. Die kennen mich dort schon. So darf ich immer einen Blick auf die Kleinen werfen, was normalerweise nicht ganz astrein ist. Ich bin immer wieder erstaunt, wie diese kleinen Krümel zu Menschen wie du und ich werden können. Einige haben Köpfchen, die aussehen wie Schultüten mit der Spitze nach oben, andere mit Gesichtern, die chinesischen Faltenhunden ähneln. Die meisten sind einfach nur hässlich. Die stolzen Eltern sind da natürlich ganz anderer Ansicht. Für sie sind die eigenen Kinder die schönsten auf der ganzen Welt, egal wie platt die Nase ist oder wie uninspiriert der Arzt nach dem Gleiten des Säuglings durch den Geburtskanal den Kopf in eine annehmbare Form modelliert hat. Wenn man sich ohne die Elternbrille das menschliche Leben direkt nach der Geburt anschaut, hat es nur bedingt etwas mit der Spezies Mensch zu tun.

Ich werfe wie immer einen neugierigen, emotional distanzierten Blick auf die Minimenschen. Gerade tritt wieder ein frischgebackener Vater vor die Scheibe und hat Tränen in den Augen, als die Schwester seinen blau angelaufenen Nachwuchs in Armen hält. Auch ein kleines Mützchen und die niedlichen Handschuhe, damit die Kleine ihr Gesicht nicht zerkratzt, helfen hier nichts. Ohne Vatergefühle oder einer starken inneren Beziehung zu Minimenschen wären es keine Freudentränen, die da fließen. Faszinierend.

Seit Kurzem dürfen Ärzte ja in der Präimplantationsdiagnostik Embryonen mit Gendefekten, die zu Behinderungen führen, aussortieren. Als ich das vor ein paar Tagen im Fernsehen sah, kam mir der Gedanke, ob man mich unter bestimmten Bedingungen auch in den Gulli gespült hätte, um den Eltern den Schmerz über ein Kind, das nicht der Norm entspricht, zu ersparen. MS ist ein schlechtes Beispiel, da es keine Erbkrankheit ist, zumindest nach derzeitigem Wissensstand, der allerdings sehr dürftig ist und in ein paar Jahren schon ganz anders sein kann. Nichts Genaues weiß man nicht.

Ich fühle mich eigentlich ganz wohl in meinem Superrolli. Mit dem Ding errege ich an den Strandpromenaden der Ferienregionen mehr Aufsehen als ein braun gebrannter Yuppie in seinem offenen Porsche. In der Preisrelation spiele ich in der Lamborghini-Liga. Womöglich wäre ich statt in diesem fantastischen Rolli in den Abwasserkanälen unter einer Spezialklinik gelandet.

Der Vater schaut sich verklärt das zerknitterte Wunder des Lebens an. Ob das Kind das Down-Syndrom hat, weiß man noch nicht. Ich habe seit fast 20 Jahren

MS. Ich bin durch alle Höhen und Tiefen der Krankheit gegangen. Meine Familie, meine Freunde und mein Job haben mir in den Jahren Halt gegeben. Worüber sollte ich mich beschweren? Wie oft höre ich auf der Babystation die aufatmenden frischgebackenen Eltern sagen: »Hauptsache gesund!« Wenn sie mich zufällig an der Ecke stehen sehen, ist ihnen das peinlich. Für mich stellt sich die Frage nach möglicher Gesundheit nicht.

Heute sitze ich da, grüble über den Wert von Gesundheit nach und falle in einen leichten Schlummer. Nicht einmal die lautstarke Kontaktaufnahme der neuen Erdenbürger mit der Außenwelt stört mich.

»Ich mache Ihnen ein Angebot, das Sie nicht ablehnen können«, sagt ein Mann mittleren Alters, den ich nicht kenne. Er trägt ein modernes Hemd in den Farben der Saison, darüber ein legeres Sakko. Sein Gesicht ist konturenlos, ohne Auffälligkeiten.

Wie selbstverständlich höre ich mich sagen: »Was können Sie mir denn anbieten?«, ohne den Fremden nach seinem Namen zu fragen.

»Ich kann Ihnen das anbieten, was Ihr sehnlichster Wunsch ist: Gesundheit.«

So muss es sich anfühlen, einen Sechser im Lotto gelandet zu haben. Ein unbeschreibliches Gefühl. Endlich habe ich auch mal Glück. Irgendwie habe ich immer gewusst, dass ich irgendwann morgens aufwachen werde und der Spuk wie selbstverständlich vorbei ist. Dann ein kurzer Anruf bei der Krankenkasse, dass sie den ganzen Behindertenkram abholen können, zielsicher den Kaffee aus dem Fach im Hänger über der Küchenzeile nehmen und einen starken Morgenkaffee aufbrühen.

»Es gibt nichts umsonst. Was ist Ihr Preis?«, frage ich.

»Ich nehme Ihnen die Krankheit und gebe Ihnen dafür Armut.«

Mir ist ja klar, dass es einen Haken gibt.

»Gesundheit ist das wertvollste Gut des Menschen. Schlagen Sie zu, es ist eine einmalige Gelegenheit. Sie müssen nur ja sagen«, sagt der Mann vor mir.

»Armut ist also der Preis? Ich habe dann kein Geld mehr? Hartz IV?«, frage ich ihn.

»Gesundheit ist das höchste Gut. Sie werden keine Arbeit mehr haben. Ihr gesamter Besitz wird unwiderruflich Vergangenheit sein. Aber Sie können wieder Sport treiben. Sie können einfach loslaufen. Ihre Arme werden die unerträgliche Schwere verloren haben. Die Schmerzen, die Sie seit Jahren quälen, denken Sie an die Schmerzen. Nie wieder Schmerzen.«

Das muss er mir nicht sagen, ich bin krank, nicht er. Trotzdem hat das Lottogewinngefühl einen beachtlichen Dämpfer bekommen. Armut kenne ich nur aus dem Fernsehen. Die Vorzeigearmen sitzen da mit ungepflegtem Haar am Küchentisch zwischen Möbeln, die nicht einmal die Müllarbeiter aus dem Sperrmüll fischen würden, lamentieren über die viel zu niedrigen Bezüge mit einem Zettel vor sich, auf dem sie die paar Kröten für den Monat auf billige Lebensmittel aufteilen. In der Hochhaussiedlung aus den Siebzigern ist der

Fahrstuhl ständig defekt. Der Einkauf muss über die Treppe in den sechsten Stock getragen werden. Mit gesunden Beinen sollte das kein Problem sein. Allerdings, ich gehe langsam auf die Fünfzig zu. Wie anstrengend ist das denn, mit fünfzig den Einkauf in Aldi-tüten durch das Treppenhaus eines hässlichen Hochhauses zu schleppen? Wenn ich recht überlege, habe ich noch nicht einmal eine Vorstellung davon, wie sich gesunde Beine anfühlen. Wie fühlen sich gesunde Arme an?

»Über was denken Sie noch nach?«, fragt der Mann ganz ruhig, »da gibt es doch nichts zu überlegen. Wie oft haben Sie sich gefragt, warum ausgerechnet Sie MS bekommen haben – bei der verschwindend geringen Wahrscheinlichkeit? Sie wachen jede Nacht auf und verbringen endlos lange Zeit damit, aus Ihrer spastischen Blase ein paar Tropfen Urin zu quetschen. Sagen Sie ja!«

Was überlege ich da noch? Er hat recht. Natürlich hat er recht. Aber. Habe ich Lust, noch einmal von vorn anzufangen? Was würde meine Frau sagen? Was tue ich den Kindern an?

»Was passiert dann mit meiner Familie? Und, werde ich mich an mein altes Leben erinnern?«, frage ich.

»Ich nehme Ihnen nur die Krankheit und schenke Ihnen Armut. Alles andere bleibt wie es ist. Sie sind noch verheiratet, Ihre Familie bleibt Ihre Familie. Sie werden sofort geheilt sein, sobald Sie zusagen. Sie bekommen Ihren Körper zurück. Sie werden spüren, was es bedeutet, gesund zu sein. Sie werden es zu schätzen wissen. Es wird einmalig sein. Sie werden vergleichen können. Sie werden der einzige Mensch sein, der von MS von einem auf den anderen Augenblick geheilt sein wird. Im Gegensatz zu den Gesunden werden Sie spüren, was es bedeutet, gesund zu sein. Und Sie werden arm sein.«

Wäre ich gesund und arm ohne Erinnerung an mein jetziges Leben, was wäre dieses einmalige Angebot des merkwürdigen Mannes wert? Ich würde neidisch auf diejenigen schauen, die wohlhabend sind. Aber das ist nicht das Angebot. Die ganze Familie wird einfach nur von einer Sekunde auf die nächste nichts mehr besitzen.

Jetzt bin ich in meinem Job erfolgreich. Mein Arbeitgeber toleriert meine Krankheit. Ich werde nach Ergebnissen beurteilt, und die stimmen. Wenn ich es körperlich kann, fahre ich in die Firma zu meinen Kollegen. Meine Arbeit macht mir Spaß. Meine Kollegen sind mir wichtig.

»Ich habe nicht ewig Zeit. Es wird kein zweites Angebot geben!«, sagt er.

Ich komme langsam gedanklich ins Schwitzen. Ich will meinen Kindern ein Studium bezahlen. Ich möchte mit meiner Frau auch weiterhin Urlaub in angenehmen Hotels oder Appartements machen. Was ist mit meiner Stereoanlage? Ich will Musik so hören, wie ich das jetzt tue. Ich habe ewig gespart, um mir dieses Hörerlebnis zu ermöglichen, das ich abrufen kann, wann ich will und so laut ich will. Meine Frau kauft beim Biobauern. Wir lassen uns gesunde Ernährung etwas kosten. Es ist gut angelegtes Geld. Wir haben es aber auch.

»Gesundheit ist das allerhöchste Gut! Unbezahlbar. Das ist Ihre Chance. Jetzt?«, sagt der Mann.

»Ich überlege noch. Die Entscheidung ist viel schwerer, als ich dachte. Wie fühlt sich denn ein gesunder Mann mit Ende vierzig? Ich habe keine Ahnung. Mein Zustand ist schon seit ein paar Jahren relativ stabil. Die Verschlechterungen lassen sich kaum noch von altersbedingten Verschleißerscheinungen unterscheiden. Die Therapie wirkt. Lassen Sie mich bitte noch einen Moment überlegen«, antworte ich mit zunehmender Nervosität.

Ich muss mich jetzt für etwas entscheiden, von dem ich nur vom Hörensagen weiß, wie es sein wird, dafür gebe ich das, was ich liebe: die Urlaube in Italien, die Musik, das Auto, das ich mit meinem Protzrolli als Fahrersitz fahren kann, unser Haus mit dem unverbaubaren Blick auf die Felder, mit dem Fahrstuhl direkt in mein Home Office, meine Bücher, die ich mir nach Belieben bei meinem Lieblingsbuchhändler bestelle. Gesundheit kann man nicht in Geld aufwiegen. Schwachsinn. Irgendwie kommt es mir mit einem Mal idiotisch vor. Vielleicht kommt der Spruch von den Ärzten, die potenzielle Behinderte vor ihrem Dasein durch den Gulli spülen. Ich bin zufrieden. Ich lasse mir doch von denen, die keine Ahnung haben, wie es ist, behindert zu sein, mein Leben nicht miesreden! Ich habe so lange gebraucht, es so zu nehmen, wie es ist: normal. Mein Leben.

»Eine Frage noch: Sind damit alle zukünftigen Krankheiten mit abgegolten?«

»Nein.«

»Hallo! Der Raum ist frei. Wir können loslegen!«, sagt Regina und weckt mich. Die Braunüle liegt bereit. In einem kleinen Schälchen sind alle notwenigen Utensilien neben dem Infusionsständer auf dem kleinen Tischchen vorbereitet, Pflaster, Röhrchen für das Blutbild, eine Ersatzbraunüle, die Infusionslösung, Kochsalzspülung, Stauschlauch …

Man glaubt ja gar nicht, wie schnell man in interkulturelle Missverständnisse verstrickt wird, ohne dass man es merkt. Das fängt schon im direkten Umfeld an. Man denkt, man wird verstanden, und dann ... Der weltoffene Kunde bestellt beim türkischen Gemüsehändler in der Landessprache. In unserer multikulturellen Gesellschaft ist das etwas völlig Normales. Ob man sich richtig verstanden hat, bleibt oft im Verborgenen. Das Zwischen-den-Zeilen-lesen wird nur allzu häufig vorausgesetzt. So entstehen Missverständnisse am Fließband. So ging es mir auch, als ich das erste Mal auf der Pflegestation lag.

Das Wort Pflege war mir lediglich aus der TV-Werbung ein Begriff. Da wird für jegliche Art von Pflegemitteln geworben. Duschgel, Pflege-Creme, Bodylotion, Haargel und so weiter. Wenn man sich die Werbeträger im Fernsehen anschaut, sind mit dem Begriff Pflege Wohlbefinden und jugendliche Schönheit verbunden. Man tut sich also etwas Gutes. Genau darum geht es, sich etwas Gutes zu tun. Sogar Gegenstände erfahren diese pflegende Behandlung. Pflegende Weichspüler machen die Wäsche flauschig, duftig, angenehm.

All das ist vergessen, wenn man Diskussionen über Pflegenotstand und Pflegeversicherung verfolgt. Im Gesundheitssystem sieht die Sache natürlich ganz anders aus. Das Notwendigste ist schon fast zu viel und vor allem zu teuer. Alte Menschen werden in Hochgeschwindigkeit abgefertigt. Das Pflegepersonal rennt permanent dem eng gesteckten Terminplan hinterher. Und das auch noch schlecht bezahlt. Wie doch so ein Wort »Pflege« in einem anderen Kontext eine ganz neue Bedeutung bekommen kann. Quasi ein entgegengesetzter Sinn. Statt wohlriechender Kräuter hat man den Geruch von altem Urin und Tod in der Nase. Da ist nichts Kuscheliges, Angenehmes. Wie kann das sein?

Nach einem schweren Schub riet mir mein Psychologe zu einer ausgedehnten Reha. Wir unterhielten uns darüber, welchen Zweck so eine Reha außer den körperlichen Übungen hat. Erholung, Wohlsein, Gespräche mit anderen Betroffenen. Und als besonderen Gimmick sollte ich die Vorzüge der Pflege genießen. »Nehmen Sie die Pflege doch in Anspruch! Warum wollen Sie sich auch noch in der Reha herumquälen, wenn Ihnen die Körperpflege schon morgens die Kraft raubt?« Ich dachte anfangs: »*Der hat sie doch nicht alle!*« Aber er drängte mich nicht. Wir unterhielten uns über dies und das und immer mal nebenbei über das Ziel Reha. Das war schon eine vortreffliche Scheibchentechnik, die er da mit mir abzog. Es entstand ein immer konkreteres Bild eines erholsamen Aufenthalts in einem Sanatorium. Wellness, genau das sollte es werden. Wellness. Trotzdem mischte sich immer wieder das ungute Gefühl von Nacktsein vor wildfremden Frauen in meine Wellness-Fantasien.

An eindringlichen Beispielen mangelte es meinem Psychologen nicht. Hatte ich ihm doch in einer der Sitzungen von einem Klinikaufenthalt erzählt, bei dem ich unter der Dusche vor dem Ertrinken gerettet werden musste. Ich wollte damals meine Intimsphäre wahren, jedenfalls das bisschen, das davon übrig war. So gab ich wie immer an, dass ich keine Hilfe benötigen würde. Beim Duschen nach anstrengender Gymnastik (ich hatte natürlich wieder einen dieser 7.00 Uhr-Termine erwischt) – 20 Minuten Füßchen hoch, Füßchen runter – übermannte mich eine unüberwindbare Kraftlosigkeit. Ich konnte mich nicht einmal mehr umdrehen, um das Wasser abzustellen. So saß ich auf meinem Duschhocker, bemüht, nicht herunterzufallen, und löste mich durch das warme Wasser langsam auf. Meine Haut schlug nach zwei Stunden Dauerduschen Wellen. Das Atmen fiel mir auch schon schwer, als ich endlich zur Reißleine für Notfälle griff. Sofort kam eine Schwester herangeeilt. Sie rief eine zweite zu Hilfe, um mich aus der Dusche zu zerren. »Wie sah es da aus mit Ihrer Intimsphäre?«, hatte mich der Psychologe gefragt. »Das ist Dienstleistung, Herr Riepe. Das Personal wird dafür bezahlt, dass es Ihnen hilft. Die haben sich den Beruf selbst ausgesucht«, fuhr er fort, ohne meine Antwort abzuwarten. »Hören Sie mal. Was meinen Sie, warum die Schwestern und Pfleger diesen Beruf wählen? Die machen das gern. Und Sie, Sie nehmen Ihre wohlverdiente Dienstleistung in Anspruch.«

»Vielleicht aber auch, weil sie gern gut gebaute Männer duschen und ihre Allmachtsfantasien unter der Dusche ausleben, ganz legal!«

Irgendwann war ich überzeugt und schickte den Reha-Antrag ab. Die Bewilligung war nur Formsache.

Wer noch arbeitet, verdient eine Reha. Ich stellte mir das Wannenbad vor. Ätherische Öle, Honig und Aloe-Vera-Extrakte umschmeichelten meinen Körper. Ich liebte Wannenbäder. Mit einem kühlen Tuch über den Augen, die Arme auf dem Wannenrand ruhend, träumte ich mich in eine fiktive Pflegewelt. Ja, ich war bereit!

Es gab nur noch eine Hürde: den Fragebogen zur Aufnahme. Sind Sie dauerhaft auf Hilfsmittel angewiesen? Können Sie allein stehen? Brauchen Sie Hilfe bei der täglichen Körperpflege? Und so weiter.

»Ja!, du kreuzt jetzt ›Ja‹ an!«, spricht mir Manu von hinten mit starker Stimme ins Ohr. Ich hatte gezögert.

»Ich kann aber …«

»Kreuz ›Ja‹ an!«

Manu stand hinter mir, keine Diskussion, keinen Aufschub duldend. Keine Widerrede akzeptierend. Ich hatte den Stift in der Hand und wusste nicht mehr, wie man ein Kreuz macht. Beginnt man mit dem Strich von unten rechts nach oben links oder …? Nachdem ich endlich die Kreuze an der richtigen Stelle gemacht hatte, war der Stift eine Einheit mit meiner Hand geworden. Die Finger krallten sich unnachgiebig am Stift fest. Mit der Absicht, ihn nie wieder loszulassen. Manu gab mir einen Kuss und befreite den Stift aus der Umklammerung. Sie nahm das Blatt und trug es sofort zum Faxgerät hinüber. Ich hörte noch das Piepen der Eingabetasten und dann war es getan. So ein mulmiges Gefühl wie damals hatte ich selten. Nicht einmal eine schlagartig auftretende Krankheitsverschlechterung hatte ein solches Gefühl zur Folge. Ich hatte einen bedeutenden Schritt getan. Auch wenn es mir nicht klar war.

»Hallo! Sind Sie Herr Riepe? Ich bin Schwester Gabi«, hörte ich die nette Stimme hinter mir sagen. Ich war der Letzte, der an diesem Morgen, meinem Ankunftsmorgen in der Klinik, noch dastand. Um mich herum standen die Koffer und mein gesamtes Arsenal an Hilfsmitteln. Schwester Gabi kam auf mich zu und lächelte mich nett an.

»Sind das alles Ihre Sachen?« Ohne eine Antwort abzuwarten, lud sie meine Klamotten in Windeseile auf einen Kofferwagen.

»Na, dann wollen wir mal. Sie liegen auf der 342. Das ist im hinteren Flügel, den Gang hinunter, und dann im Fahrstuhl auf die Eins. Waren Sie schon einmal bei uns?«

Außer einem dünnen »Ja« brachte ich nichts heraus.

Oben angekommen, parkte ich mit dem Rolli in dem geräumigen Zweibettzimmer ein, das für die nächste Zeit mir allein Obhut geben sollte, neben dem frei bleibenden Bett.

»Herr Riepe, wir machen kurz die Aufnahme, die Wäsche sortiert der Zivi später ein. Ich bin etwas in Eile heute!«

Nachdem sie mir die üblichen Fragen gestellt und ich die üblichen, immer gleichen Antworten gegeben hatte, verschwand sie auch schon wieder. Ich saß in meinem Rolli wie bestellt und nicht abgeholt. Das Zimmer war voll mit meinem ganzen Zeug, selbst die Jacke hatte ich noch an. Zum Blutdruckmessen hatte es gereicht, den Ärmel hochzuschieben. Die Autofahrt steckte mir in den Knochen. So fiel ich zwischen meinen Sachen in einen unruhigen Schlaf. Ich träumte vom Wohlbehagen. Dem absoluten Wohlbehagen. Ein Tropfen Honig fiel in einem perfekt geformten Tropfen durch die Luft nach unten in eine weiße Masse, die beim Auftreffen des Tropfens eine genauso perfekte Welle kreisförmig in die Flüssigkeit modellierte. Eine Hand tauchte ein und die milchige Flüssigkeit umschmeichelte sie ... (war das nicht eine dieser blöden Werbespots für Bodylotions? Kann man denn einen Werbespot nachträumen? Egal!) ... diese Düfte (Düfte gibt's nun wirklich nicht im Werbespot) zogen durch meine Nase in die Lunge und füllten sie mit Wohlsein, mit Wellness. Ich rätselte in meinem Traum noch, welche Düfte da zusammenwirkten, als ... »Hallo, Herr Riepe!« ... mich die Stimme des Stationsarztes weckte. Er stellte mir zum Teil die gleichen Fragen wie die Schwester zuvor und die üblichen zusätzlich und ich gab die immer gleichen üblichen Antworten.

»Brauchen Sie Hilfe bei der Körperpflege, Herr Riepe?«

Diese Frage fehlte mir noch. Es war eine dieser üblichen Fragen, die ich bis dahin immer mit »Nein« beantwortet hatte. Jetzt war ich fast versucht, wieder mit »Nein« zu antworten. Ich überlegte kurz, was ich Manu abends sagen sollte, wenn sie mich anriefe und danach fragte, wie es mit der Aufnahme gelaufen wäre. Darunter verstand sie natürlich, ob ich die Pflege eingefordert hätte.

»Ja, beim Duschen«, hörte ich mich mit belegter Stimme sagen.

»Wie oft duschen Sie?«

»Ist das jetzt 'ne Fangfrage? Wie oft duschen Sie? Natürlich jeden Tag!«

Als ich antwortete »Jeden Tag« wusste ich schon, dass das die falsche Antwort war.

»Okay, also dreimal die Woche. Dann wünsche ich Ihnen noch einen erholsamen Aufenthalt. Ich muss weiter.«

Von sieben Tagen nur dreimal duschen? Ich fragte nicht nach. Es erschien mir überflüssig. Aber nur dreimal duschen?

Als ich mich etwas erholt hatte, meine Jacke aufs Bett und meine Schuhe darunter geworfen hatte, war ich angekommen. Ich bugsierte mich mühsam auf mein Bett und zwängte mich mit letzter Anstrengung in meinen neuen Hausanzug, extra für Rollifahrer geschnitten.

Ich begrüßte einige Bekannte und ließ das »Mann, dir geht's ja ganz schön scheiße!« und das »He, das wird schon wieder!« gern über mich ergehen. Im Speisesaal saß ich an dem üblichen Tisch und fühlte mich schon nach kurzer Zeit wie zu Hause. Man hatte sich eine Menge zu erzählen.

Abends musste ich schon früh passen. Auf meinem Zimmer angekommen, lagen die Sachen noch an der Stelle, an der sie Schwester Gabi mittags abgestellt hatte. Der Zivi hatte offensichtlich keine Zeit gehabt. Ich saß vor meinem Bett und sah die Klingel vom Galgen in Griffhöhe baumeln. Zu müde, um über die Notwendigkeit des Klingelns nachzudenken, klingelte ich einfach. Es war eigentlich ganz leicht. Keine zwei Minuten später betrat die Nachtschwester den Raum. Sie erkannte mich mit fröhlichem Lächeln sofort wieder und fragte mich, wie sie mir helfen könne. Ohne eine zusätzliche Bemerkung räumte sie wie beiläufig meine Wäsche ein, stellte meine Hilfsmittel griffbereit und fragte, ob im Bad alles okay für mich sei. Der Duschstuhl fehlte. Sie entschuldigte sich kurz und machte sich blitzartig auf den Weg, einen zu besorgen. Ich hörte noch das Piepen des Klingelempfängers, als sie den Gang hinunterhastete. Wieder zurück, verlor Sie immer noch kein Wort über die Arbeit, die man ihr hinterlassen hatte. Während Sie mir beim Ausziehen half, unterhielten wir uns über das Buch auf meinem Nachttisch. Alle Bedenken waren an diesem Abend wie weggeblasen. Ich träumte von Wannenbädern umhüllt von Düften aus Patschuli und türkischem Weihrauch.

5.30 Uhr war die Nacht vorbei. Ich lag mit offenen Augen im Bett und wartete auf die komplette Wäsche mit Unterbodenreinigung. Für den ersten Tag wollte ich dann aber doch lieber nur Hilfe beim Anziehen. So wusch ich mich und putzte mir die Zähne. Mit Duschrolli klappte es ganz gut. Die Schwester stand wie eine Erscheinung plötzlich im Raum.

»Ich bin Schwester Rhiphsime.«

»Diese Schwester werde ich nie beim Namen nennen können«, dachte ich.

»Wie kann ich Ihnen helfen, Herr Rrrriepe?«, fragte sie mich und sah mich mit ihrem rötlich-braunen Pagenkopf gestresst an.

»Helfen Sie mir bitte beim Anziehen, Duschen möchte ich heute Morgen nicht«, gab ich mit dem nettesten Lächeln zurück.

»Herr Rrrriepe, wo sind die Sachen?«

»Ich denke im Schrank, wo Ihre Kollegin sie hingetan hat.«

»So geht nicht, Herr Rrrriepe. Habe ich keine Zeit für, das muss Nachtschwester vorbereiten. Viel zu wenig Personal, Herr Rrrriepe, ich kann nicht noch Sachen aus Schrank nehmen. Muss den ganzen Tag laufen und hin und her, Herr Rrrriepe, ja?«

Ich dachte: *»Wieso erzählt die mir das? In der Vortragszeit hätte sie dreimal die Sachen aus dem Schrank nehmen können.«*

»Okay, Herr Rrrriepe, einmal mache ich das noch, aber nächste Mal nicht mehr«, sagte die Schwester mit der lustigen Aussprache aufgebracht.

Als sie endlich alles zusammengeklaubt hatte, ging es daran, die Kleider auf den nackten Körper zu verteilen. Das *Wie* bereitete ihr allerdings große Mühe. Bei jedem Kleidungsstück fragte sie mich: »Herr Rrrriepe, können Sie nicht selber anziehen?«

Was war da los? Sollte das das All-inclusive-Angebot der Einrichtung sein? Ich war frustriert. Schon beim Anziehen der Unterhose fiel mir ihr beherztes Anpacken unangenehm auf. Sie dachte wohl, ich wäre ein Hermaphrodit mit männlicher Dominanz, als sie mir die Unterhose bis unter die Achseln zog. Es schmerzte und ich rief: »Was wird das denn jetzt!«

»Herr Rrrriepe, wo ist Problem?«

Ich dachte mir: »*Wer hat denn hier wohl ein Problem?*« Nun ging es an die Hose meines Hausanzugs. Ich war noch damit beschäftigt, meine Unterhose aus mir zu entfernen und achtete nicht auf ihr Gefuchtel an meinen Füßen.

»Herr Rrrriepe, können Sie stehen?«

Ohne Antwort bockte ich mich vom Bettrand hoch auf meinen Rollator. Als sie meine Hose hochzog, hatte ich die spezielle Po-Ausbuchtung meiner für den Rollstuhl geschneiderten Hose vorn.

»Sie haben mir die Hose verkehrt herum angezogen!«, sagte ich, als ich vor Schwäche zurück aufs Bett musste.

»Herr Rrrriepe, *Chose* richtig herum. Hier! Schild ist richtig.« Zum Beweis zupfte sie an dem Schildchen, das sich nun hinten befand.

Ich dachte: »*Das kann doch nicht wahr sein, die will mich hier verarschen.*« Kein normaler Mensch hatte Genitalien in der Größe von Volleybällen. Die hätte ich jedenfalls, ohne dass es spannte, vorne in die Hose hineinbekommen. Total entnervt wurde ich erstmals wütend und rief: »Hören Sie, gute Schwester Riph..., ach ... das ist eine Hose für Rollstuhlfahrer. Das Schild ist vorn eingenäht, damit man es im Sitzen sehen kann. Okay? Halten Sie mich etwa für einen Mutanten?« Zur Verstärkung meiner Worte stand ich mit letzter Kraft am Rollator auf und demonstrierte den riesigen Beutel, der sich vorne wölbte.

»Herr Rrrriepe, *Chose*-Schild ist ...«, fing sie erneut an.

»Sie ziehen mir jetzt bitte die Hose andersrum an, ich kann nicht mehr stehen!«, fuhr ich sie an.

»Herr Rrrriepe ...«

Ich brachte nur noch ein müdes »Bitte!« heraus und Schwester Unaussprechlich zog mir meine *Chose* richtigherum an.

Tagsüber verdrängte ich die peinliche Anziehaktion und widmete mich ganz der verordneten Ruhe. Nachdem man mich über Wochen und Monate erfolglos mit allen möglichen Medikamenten behandelt hatte, war Ausruhen vielleicht die vielversprechendste Methode, mich nach einem schweren Schub wieder aufzurichten. So verging der Tag ereignisarm, geprägt durch drei Mahlzeiten und ausgedehnte Ruhephasen. Den Abend verbrachte ich in angeregten Gesprächen mit alten Bekannten. Den Schlusspunkt setzte der Besuch der Nachtschwester. Meine Wäsche legte sie perfekt vorbereitet über den Stuhl, was der Schwester am nächsten Tag keine Wünsche offen lassen sollte. Ich schlief erstaunlich gut in dieser Nacht.

»Guten Morgen, Herr Rrrriepe. Wollen Sie duschen?«, fragte die Unaussprechliche im Moment, als sie die Tür aufriss, während ich noch zwischen Traum und Wirklichkeit taumelte.

»Ja, bitte!«, sagte ich schläfrig.

»Können Sie selbst duschen, Herr Rrrriepe?«

»*Was fragt die mich das?*«, dachte ich. »*Wozu habe ich das Rundum-sorglos-Paket eigentlich gebucht?*« Also antwortete ich: »Nein!«

Es folgte etwas, was nur bedingt die Bezeichnung ›duschen‹ verdiente: Nassspritzen, Abfrage meiner Waschfähigkeiten bei jedem Körperteil, widerwilliges Waschen

145

mit Einmalwaschlappen durch die Unaussprechliche, wieder Nassspritzen, fertig. Für Scham vor der Unaussprechlichen hatte ich keine Zeit. Zu Hause lief eigentlich während des Duschens Wasser. Hier nicht. So saß ich nass und bibbernd auf dem Duschrollstuhl und wies auf meine trockene Haut hin, die nach jahrelangem Cortisonkonsum sehr gelitten hatte und nach dem Abtrocknen nach einer ausgiebigen Cremebehandlung lechzte. Die Unaussprechliche fuhr mit ihrem Finger über meinen nassen Arm und meinte: »Herr Rrrriepe, Haut ist nicht trocken. Herr Rrrriepe, können Sie selbst abtrocknen?«

Sprachlos saß ich da und drückte ihr das Handtuch in die Hand. Ich hatte keine Kraft, mich zu wehren. Ich wollte nur nach Hause. Sie schob mich nun nackt, aber wenigstens teilweise trocken, vor mein Bett.

»Herr Rrrriepe, wo sind Kleider?«

Ich zeigte auf den Stuhl direkt neben ihr.

»Herr Rrrriepe, welche *Chose* wollen Sie?«

Es lag nur eine Hose da. Und nun zog sie mir wieder die Hose verkehrt herum an. Der zweite Tag. Dieselbe Hose. Das gleiche Szenario. Das warme Wasser, auch wenn es mich nur in homöopathischen Dosen erreicht hatte, hatte mich total schlapp gemacht. Ich saß zusammengesunken, die Hose vorn wieder mit einer riesigen Ausbuchtung, auf meinem Bett. Schnell stülpte sie mir noch ein Sweatshirt über und verschwand mit dem Hinweis, wenig Zeit zu haben.

»Hallo Herr Riepe, was ist los mit Ihnen? Wollen Sie gar nicht zum Essen kommen? Sie haben ja die Hose ganz falsch an!«, sagte eine Stimme. Es war die Schwester, die immer die Medikamente verteilte.

»Ich habe leider keine Zeit Herr Riepe, aber Sie können ja klingeln.« Und schon war sie verschwunden.

Klingeln war überhaupt nicht mein Ding, deshalb legte ich bei meiner Hose selbst Hand an. Ich wand mich bei meinen hilflosen Versuchen wie ein Aal auf meinem Bett. Mir fiel *Mr. Bean* ein, der das Kunststück vollbrachte, eine Badehose über die lange Hose zu ziehen und dann dieselbe irgendwie auszuziehen, wobei er die Badehose noch anhatte. Ich habe diesen Sketch schon mehrmals gesehen und bin noch immer nicht von der Authentizität überzeugt. Schweißtreibende zehn Minuten brauchte ich, bis die Hose richtig saß. Frühstückszeit war vorbei.

Am nächsten Morgen war ich wieder vor dem Auftauchen der ›Unaussprechlichen‹ wach. Ich hatte mir am Vorabend extra die Weckfunktion im Handy auf 5.00 Uhr gestellt. Genügend Zeit, um wach zu werden. Ich fummelte gerade mit meinen morgens sehr widerspenstigen Fingern am Handy, als Sie eintrat.

»Oh, Herr Rrrriepe, guten Morgen. Ah, Sie können Handy allein schalten, dann können Sie auch allein waschen.« Sie drehte auf der Stelle um und ging.

Ich saß auf dem Bett, mein Handy in den verkrampften Händen. Kann man darauf etwas antworten oder irgendwie reagieren, wenn sich der kognitive Teil des Hirns, von Medis in wattigen Schleier gehüllt, nicht zum Protest wecken lässt? Kann man sich auf derart vom Wahnsinn umschmeichelte Personen einstellen?

Was sollte mir morgen bevorstehen? Es handelte sich hier möglicherweise um ein Missverständnis. Die Unaussprechliche war vermutlich der deutschen Sprache nicht mächtig. Genau! Das wird der Grund gewesen sein. Klar, zum Beispiel das mit der trockenen Haut unter der Dusche. Die Frau hatte mich nicht richtig verstanden. Irgendwie beruhigte mich meine rationale Betrachtung der Unaussprechlichen.

Ich verpasste wieder das Frühstück, war jedoch für den nächsten Tag gewappnet. Der Sinn eines hinten eingenähten Reißverschlusses in einer Männerhose erschließt sich dem Nordeuropäer eben erst bei genauerer Betrachtung. Andere Länder, andere Sitten. Die Unaussprechliche wollte sicher ein Zeichen für die Verständigung der Kulturen setzen. Wer weiß, ob der ostanatolische Gemüsehändler um die Ecke bei mir zu Hause Schwester Rhiphsimes Tun verstanden hätte! Dabei sind die doch beinahe Nachbarn. Wenn ich recht überlege, habe ich den Gemüsehändler auch noch nie ganz gesehen. Er steht immer hinter seiner Gemüsetheke.

Der Morgen kam und ich saß mit nacktem Podex auf meinem Bett. Zwischen meinen Knöcheln baumelten Unterhose und Hose. Dieses Mal hatte ich eine Jeans gewählt, allerdings auch eine Rollihose. Sie hing verkehrt herum da unten, als ich hinunterstarrte. Die Unaussprechliche hatte es wieder getan.

Meine Arme ruhten auf dem Rollator und mein Kopf hing schwer zwischen meinen Schulterblättern, als sich der Nebel in meinem Hirn lichtete. Unterdessen folterte mich die Unaussprechliche mit ihrer allmorgendlichen Lamentiererei über zu viel Arbeit bei zu wenig Personal. Ein neuer Tag war angebrochen. Draußen zollten die Nebelschleier der Kraft der Sonne Tribut. Die Bilder wurden klar. Alles erstrahlte endlich wieder in hellem Licht. Langsam, ganz langsam hob sich mein Kopf, bis er gerade und aufrecht thronend das Selbstwertgefühl eines Menschen, dem man jeden Morgen die Hose verkehrt herum anzog, symbolisierte. Es begann im Kopf und durchflutete den gesamten Körper. Jede einzelne Faser, ob funktionierend oder nicht, wurde angesprochen. Der Rumpf hob sich zu imposanter Streckung. Das Knacken der verklebten Muskelpartien. Der Rückenstrecker kündete von der Wiedergeburt. Ich schaute der Unaussprechlichen direkt in die Augen. Ganz tief, ganz fest, ohne einen Zweifel an der Überlegenheit meines Geistes offen zu lassen. Und dann wollte es raus. Es war so lange sediert und eingesperrt gewesen. Mit seiner ganzen Größe drang es, trotzdem gebändigt an der Leine der Erfahrung der Macht, nach außen. Arrogant! »Sie haben mir heute zum dritten Mal die Hose verkehrt herum angezogen und ihre Arbeitsbedingungen interessieren mich überhaupt nicht, Schwester Rhiphsime ...«

»Herr Rrrriepe, ich ...«

»Sprechen Sie mich nie wieder mit Herr Rrriepe an. Übrigens diskutiere ich nicht mit Personal.«

»Herr Rrriepe, sind Sie mir böse?«

»Wie kann ich Ihnen böse sein? Sie interessieren mich gar nicht.«

»Oh, warum sind Sie mir so böse, Herr Rrrriepe? Was habe ich gemacht falsch? Wissen Sie, Herr Rrrriepe, wir haben viel Stress und ...«

»Was erzählen Sie mir das! Es interessiert mich überhaupt nicht, ob Sie Stress haben. Was habe ich damit zu tun? Gehen Sie zu Ihrem Chef, wenn Sie ein Problem haben.«

»Oh, Sie sind mir doch böse. Was kann ich tun?«

»Nichts! Lassen Sie mich einfach in Ruhe!«

»Warum ...?«, startete sie einen letzten Versuch, den ich, des Lamentierens müde geworden, abschmetterte. »Es ist doch jetzt gut, Schwester Rhiphsi... oder so ...«

Irgendwann gab sie Ruhe und ging. Ich sackte in mich zusammen. *Es* kroch wieder in mich herein. *Es* war dieses, was man nicht mit Worten beschreiben kann. *Es* nahm von mir Besitz. Erst war *Es* zurückhaltend, wenn es ganz leise, fast unbemerkt, durch meine Beine in mich schlüpfte. *Es* glitt gegen die Schwerkraft, die es eigentlich unten halten sollte, durch den gesamten Körper bis in den Kopf. Jegliches Aufbäumen, aller Widerstand war zwecklos. *Es* war heimtückisch, gemein, verschlagen und feige. Ich fiel immer wieder auf dessen Tricks herein. Als *Es* sich im Kopf ausbreitete, kehrte die Mattigkeit zurück. Schlimmer als zuvor verklebte es die Gedanken und lähmte die geistige Arbeit, bis zum Stillstand. Man konnte *Es* nur mit den eigenen hinterfotzigen Methoden bekämpfen. Ich ließ mich ein, bot meine Kehle an. So machten es meine Katzen – und es funktionierte immer.

Wo kommt der Begriff Pflege eigentlich her? Haben die Marketingspezialisten der großen Produzenten von Körperpflegemitteln versagt, als sie bei jedem gesprochenen oder geschriebenen Satz das Wort Pflege in den Sprachgebrauch einbauten? Und damit Wohltat suggerierten. Oder muss sich da im Gesundheitssystem in den Begrifflichkeiten etwas ändern? Das eine hat mit dem anderen jedenfalls nicht einmal entfernt etwas zu tun.

DIE WELT SCHWANKT!

Diesen Sommer wollten wir in den Urlaub fliegen. In die Sonne. Ans Meer. Mein Neuro hatte mir gegen meinen kaum erträglichen Schwindel im Flugzeug ein Zaubermittel versprochen. Seit ich das letzte Mal für die Firma im Ausland war, hatte ich kein Flugzeug mehr betreten. Und das, obwohl ich den Start im Flugzeug liebte. Die famose Beschleunigung und das Verlassen der Erdoberfläche in einem riesigen Vogel aus Kunststoff und Stahl mit dem Blick auf das große Ganze, die kleiner werdenden Häuser waren ein tolles Erlebnis.

Nach einem Schub mit dem MS-typischen Drehschwindel waren diese Freuden ungenießbar geworden. Wie Pflaumen, in denen der Wurm steckt. Erst beim Reinbeißen erkennt man ihn.

Irgendetwas hatte in meinem Hirn damals den Boden unter den Füßen schwanken lassen. Ich wachte eines Morgens auf, riskierte einen ersten Blick auf den Schlafzimmerschrank und nahm den Kopf hoch. Als ich dann rüber zur Uhr schaute, drehte sich das gesamte Zimmer zur Seite, als würde das Haus der Hanglage folgen wollen, um viele Meter tiefer in die Asbeke (ein kleiner Bachlauf durch das angrenzende Naturschutzgebiet) zu stürzen. Blitzartig nahm ich den Kopf herunter und schloss die Augen. Ruhe! Endlich wieder Ruhe. Vorsichtig riskierte ich einen erneuten Blick. Vielleicht war es nur ein Zufall gewesen, ein Erdbeben schied jedenfalls aus. Es war alles wieder gut. Allerdings nur, bis ich den Kopf ein wenig hob. Als habe irgendetwas meinen Schädel zusammengequetscht, spürte ich heftigen Druck, während das Zimmer wieder Anstalten machte umzukippen, diesmal in die andere Richtung.

Mit jedem Versuch – so leicht gab ich nicht auf – wurde es schlimmer, bis ich die Augen nicht mehr öffnen konnte ohne das Gefühl, bei rauer See in Not geraten zu sein.

Es folgte eine Diskussion mit Manu. Das Für und Wider eines Arztbesuchs wurde erörtert. Dafür sprachen der Umstand, nicht ewig mit geschlossenen Augen im Bett liegen bleiben zu können, das Bedrohliche der Situation und die Aufgeregtheit meiner lieben Frau. Dagegen sprach der Wochentag, es war Sonntag, und dass ich keinerlei Bedarf an einem Aufenthalt im Krankenhaus hatte. Nach zähem Ringen entschieden wir uns für den ärztlichen Notdienst. Ein Kompromiss.

Die angenehme Stimme der Ärztin bebte nervös und unsicher neben meinem Bett. Sie hatte keine Ahnung, was sie mit mir anstellen sollte. Das war nicht ihr Fachgebiet. Um nicht untätig wieder zurückzufahren, spritzte sie mir ihren gesamten Praxisvorrat an *Vertigo Hel*. Natürlich ohne Erfolg.

Als sie weg war, konnte ich mir ein »Siehst du!« nicht verkneifen. Den Triumph noch in vollen Zügen genießend, lag ich mit übereinandergeschlagenen Beinen, hinter dem Kopf verschränkten Armen und fest geschlossenen Augen da. Dass ich recht behalten hatte, was den Einsatz ärztlicher Hilfe betraf, ließ mich meine missliche Situation völlig vergessen.

Am Montag, ich hatte den Rest des Sonntags mit Augen zu im Bett verbracht, wobei sich auch noch ein Unwohlsein zum Schwindel gesellte, der mir die Nahrungsaufnahme unmöglich machte, entschied ich mich gegen den Arbeitstag mit Augenbinde und Kotzbeutel und blieb liegen. Ich ging erst zwei Tage später zum Hausarzt. »So was kann ja auch von selbst besser werden!« Ich meine, ich hatte doch recht behalten mit der Notärztin und ...

Manu hatte irgendwann die Nase voll und schleifte mich wutentbrannt mit Augenbinde und der Hilfe eines Freundes unsanft die Treppe hinunter zum Auto. In der Praxis angekommen, hagelte es Kritik, und es gab sofort eine angemessene Portion Cortison. Zur Strafe als Spritze in den Hintern. Wenn sich das Cortison, die Wunderwaffe der Neurologen, das einzige Medi im Akutfall, im Pomuskel verteilt, muss man schon mal die Backen zusammenkneifen vor Schmerz. Ich bekam gleich mehrere. Nun konnte ich zusätzlich zu den beschriebenen Symptomen nicht einmal mehr sitzen.

»Das hast du jetzt davon! Und komm mir ja nicht damit, dass du recht hattest!«, war Manus letzter Satz auf dem Rückweg vom Hausarzt.

Ich saß unentspannt auf der verschonten Backe und krallte mich an den Halteschlaufen im Auto fest.

Irgendwann, nach ein paar Tagen und einer vorteilhaften Gewichtsabnahme von 7 Kilogramm, konnte ich die Augen wieder gefahrlos öffnen.

So schlimm war das Ganze nun auch wieder nicht. Beim Saufen in jungen Jahren hatte so ein bisschen Schwindel auch nicht gestört. Dummerweise sollte mir der Schwindel in abgeschwächter Form bis heute erhalten bleiben.

Das ist gar nicht so einfach mit dem Schwindel. Da läuft man nichts ahnend durch die Stadt – ich erinnere mich noch an einen Besuch in der Rattenfängerstadt Hameln – und dann ...

»Dirk, schau mal da oben!«

Reflexartig schaute ich an den alten, wunderschönen Fassaden hoch, als es mich auch schon in den Blumenkübel, der hinter mir stand, haute. Aber wozu auch im Stehen hochschauen? Wann braucht man so was schon? Ich gewöhnte mir an, nicht nach oben zu schauen, keine schnellen Seitwärtsbewegungen zu machen, vermied schnelle Augenbewegungen und hielt mich von Menschenansammlungen fern. Dass ich wie ein Alkoholiker herumtaumelte, bemerkte ich in der Eingewöhnungsphase nicht. Ich war viel zu sehr damit beschäftigt, nicht umzufallen.

Also, alles halb so wild!

Was mir wirklich zu schaffen machte, war die Tatsache, dass ich an den lustigen Familienausflügen in Vergnügungsparks nur als stiller Beobachter teilnehmen konnte – theoretisch.

Ich probierte es immer wieder mit Fahrgeräten, die mir völlig bedenkenlos erschienen. Mehrstündige, manchmal tagelange schwere Schwindelattacken waren die Folge.

»Siehst du!«

Da war der ›Spreepark‹ in Berlin, der nach der Wende noch ein paar Jahre überlebte, bevor er letztendlich geschlossen wurde. Die DDR-Achterbahn konnte selbst Kleinkinder nicht erschrecken. Wir hatten einen Heidenspaß im Park, bis alle in die Bahn strömten und ich dachte *»Scheiß drauf«* und ebenfalls einstieg. Es war ein Tag, an dem der Park nur zu 30 Prozent ausgelastet war. Mag sein, dass das der Grund war, weshalb uns der Mann vom Spreeparkpersonal an der Bahn fragend zurief: »Noch mal?« Alle außer mir rissen die Arme hoch und riefen begeistert: »Jaaa!«

Nach dem dritten Mal war ich der Bewusstlosigkeit nahe, während der Rest der Bande vor Spaß jubilierte. Ich versuchte, mich in meinem Wagen zu drehen, um Notsignale zu senden. Ich saß allein ganz vorn! Hoffentlich konnte mich jemand hören und endlich dem »Noch mal? – Jaaa!« ein Ende setzen. Manu sah mit geschultem Blick: Da ist etwas ganz und gar nicht in Ordnung. Der Bahnmann hatte mein Gesicht nun endlich auch richtig gedeutet und holte schon mal einen Eimer an die Haltestelle. Als wir endlich hielten, riefen alle: »Schade!«

Was für ein Debakel! Wie stand ich jetzt da vor meinen Kindern nach der Fahrt in der langweiligsten Achterbahn Deutschlands, ohne Loopings, ohne atemberaubende Gefälle aus schwindelerregender Höhe, einfach nur eine liegende Acht?

Gestützt führte man mich aus dem Park. Den Rest unseres Berlinbesuchs verbrachte ich in der Horizontalen. Jeder, der einen Blick auf mein jämmerliches Äußeres warf, konnte sich das Schmunzeln nicht verkneifen.

Das sollte mich jedoch nicht vom Besuch sogenannter Spaßparks abhalten. Da war die Bobbahn im ›Heidepark Soltau‹. Das Personal musste nach meiner Fahrt die Bahn für eine halbe Stunde außer Betrieb nehmen, um mich zu bergen. Und dann war da noch die Wasserbahn mit dem legendären Sprung aus dem Höllenmaul. Ich verlor kurz das Bewusstsein und das Personal war nur schwer davon zu überzeugen, dass alles okay wäre und der Notarzt nicht kommen müsse.

Richtig gefährlich wurde es im Freibad mit meiner Jüngsten, der ich zeigen wollte, dass man locker ohne Nasezuhalten eine Unterwasserrolle machen kann und dabei keinen Tropfen in die Nase bekommt, wenn man es überlebt. Zum Glück hatte mich ein junger Mann geistesgegenwärtig aus dem Wasser gezogen. Aber in der Nase …

Nach all diesen Erfahrungen und dem Wissen um mein Schwindelproblem saß ich in Brüssel am Flughafen auf einer Bank, nicht mehr ansprechbar, während mein Kollege auf mich einredete, wir würden unseren Anschlussflug nach Hannover verpassen. Ich hatte es noch genau bis zu dieser Bank geschafft. In Manchester, beim Abflug, waren Sturmböen über den Flughafen gefegt, Kofferwagen hatten sich wie durch Geisterhand auf dem Flughafengebiet hin und her bewegt. »Bei so einem Wetter kann es keine Startfreigabe geben«, war mein Gedanke gewesen. Auf den Abbruch wartend, hatte ich mich ganz ruhig in den Flieger gesetzt, der dann in die Turbulenzen gestartet war und mir alle Lebensgeister geraubt hatte. In Brüssel schaffte ich es nur noch bis zu dieser Bank. Ich würde nun der ewig Sitzende auf der Bank im dortigen Flughafen bleiben, und es war mir scheißegal.

Meinem Kollegen nicht. Wahrscheinlich ging er mir damals so auf die Nerven, dass ein erneuter Flug das kleinere Übel war. Er zerrte mich, ohne über die Situation näher nachzudenken, in letzter Sekunde in den Flieger. In Hannover holte mich mein Schwiegervater ab. Das war mein letzter beruflicher Flug.

Der nächste Flug für die Firma sollte nach Zelinograd gehen, bei minus 20 Grad zu einer Kläranlage ohne befestigte Wege. Zudem war das Ganze aus meiner Sicht total sinnlos. Es ging ums »Flagge zeigen«, wie man in der Firma immer sagte. Hauptsache »Flagge zeigen«! Vermutlich wäre ich nie wieder nach Hause gekommen, wäre ich tatsächlich allein nach Russland geflogen. Noch am späten Nachmittag machte ich meinem Chef meinen Standpunkt klar: »Ich fliege nicht!« Da niemand wusste, dass ich krank war, argumentierte ich, der Einsatz sei ein sinnloses Unterfangen und die Problemlösung viel besser im heimischen Labor aufgehoben.

»Sie fliegen!«

»Okay! Dann war's das!«

»Wie dann war's das?«

»Ich fliege nicht, und wenn Sie darauf bestehen, kündige ich. Ich habe noch Urlaub. Meinen Schreibtisch räume ich bis morgen früh ab.«

In meiner Firma wurde man, wenn man unter zweifelhafter Begründung gekündigt hatte, also angewandtem Treuebruch, unter Aufsicht des Firmengeländes verwiesen. Das war immer eine spektakuläre Aktion, die das Interesse vieler Zaungäste auf sich zog.

Ich legte den Hörer einfach auf.

Keine zehn Minuten später rief der Chef meines Chefs, der Oberboss aus Neuseeland an und fragte mich, was denn in mich gefahren sei und warum ich ...

Jedenfalls flog ich nicht zum Erfrieren nach Zelinograd – und meinen Job behielt ich auch.

Allerdings war es nach zehn Jahren so weit, die Karten aufzudecken. Einmal kann man so eine Kündigungsnummer abziehen, wenn die Firma hoffnungslos auf einen angewiesen ist. Einmal!

So stand ich damals vor der Tür meines Chefs. Ich stand vor einer dieser Türen, die zum Davorstehen gemacht sind. Tür ist nicht gleich Tür. Da sind die Durchgangstüren, Brandschutztüren, Eingangstüren ... Die Tür, vor der ich nun stand, war eine Davor-sitz-Tür. Die hauptsächliche Bestimmung einer solchen Tür ist, Besucher draußen zu halten. Man erkennt sie fraglos an den Stühlen vor dem Raum.

Ich war nervös, so stand ich lieber. Mein Chef telefonierte. In modernen Betrieben sind die Davor-sitz-Türen aus Glas. Dem Wartenden wird so seine Unwichtigkeit noch bewusster. Er muss dasitzen und darf zuschauen, wie er ignoriert wird.

Ich hatte es damals auch endlich zu einem Büro mit einer Davor-sitz-Tür gebracht, konnte mich an dem großartigen Gefühl der Überlegenheit, mit einer lässigen Handbewegung über Eintritt oder Abweisung bestimmen zu können, jedoch nur kurz erfreuen. Es dauerte nicht lange, dann fühlte ich mich unwohl und meine Tür stand für andere immer offen.

Das Telefonat wollte unterdes nicht enden. In der rechten Hand hielt ich einen Umschlag mit einer Erklärung meines Neurologen, der mir eine unbehinderte gesunde Zukunft prognostizierte, eine Erklärung, die ich selbst bezahlt hatte. Zumindest nicht so doll behindert. Die Aussage eines Fachmanns hatte wohl Gewicht. Und dann war man ja auch immer noch abhängig von mir und meiner Arbeit.

Ich schritt ungeduldig vor der Tür auf und ab, wedelte mit meinem Umschlag und schlingerte hin und her, als bewegte ich mich auf hoher See. Endlich legte er den Hörer auf und ich trat mit dem Klopfen ein.

»Herr Riepe, ich habe heute Morgen sehr wenig Zeit! Kann das nicht warten?«

Ich schloss hinter mir die Tür, während mein Chef den Telefonhörer schon wieder in die Hand genommen hatte.

»Nein! Sie müssen sich die Zeit jetzt nehmen! Es ist wichtig!«

Mit einem Blick auf den Umschlag, den ich aufgeregt schwang, legte er den Hörer bedächtig wieder auf.

»Setzen Sie sich, Herr Riepe!«, sagte er nervös.

Noch konnte ich umkehren. Noch konnte ich mir irgendeinen Grund für meinen Besuch ausdenken und das Ganze abbrechen. Eigentlich hatte das Versteck-spiel ja zehn Jahre gut funktioniert. Meine Pauschal-aussage »Ich habe Rücken« zog noch immer.

Ich setzte mich zitternd und legte meinen Umschlag vor mich auf den Tisch. Als ich endlich loslegen wollte, nahm mein Chef einen Golfball in die Hand, den er mit einem Mitgliedsausweis eines amerikanischen Klubs in Florida geschickt bekommen hatte, begann damit ner-vös herumzufuchteln und sagte: »Überlegen Sie sich ganz genau, was Sie tun, Herr Riepe, es gibt immer eine Lösung!«

Also für mein Problem gab es definitiv keine Lösung. Und wie kam er nur darauf? Ahnte er etwa doch etwas? Meine Hand ruhte auf dem Umschlag. Ich schaute mei-nem Chef direkt in die Augen.

Die Atmosphäre war explosiv. Er damelte mit sei-nem Golfball herum, der ihm dabei zweimal unter den Schreibtisch rollte, und machte einen total nervösen Eindruck. Ich nahm das kaum wahr und hatte einen Kloß im Hals, der doppelt so dick wie der dämliche Golfball war.

Dann ließ ich es raus. Ich schwang unterstützend den Umschlag durch die Luft.

»Ich, ich …«, stotterte ich vor mich hin, »muss Ihnen etwas sagen.«

Seine Augenlider zuckten verdächtig und der Golf-ball lag schon wieder unterm Tisch. Er beugte sich zum wiederholten Male hinunter. Jetzt oder nie. So konnte ich auch den Blickkontakt meiden.

»Also ich habe Mul… Multi… Muliple Sklerose.«

Sein Kopf schnellte hoch und schlug hart gegen die gläserne Tischplatte, während er den Golfball aufhob. Erstaunt schaute ich ihn an. Er zeigte trotz des harten Schlags gegen die Platte keinerlei Schmerzregung. Stattdessen setzte er sich zurück, legte den Golfball in die Box aus seltenem Tropenholz mit dem Messingschildchen, auf dem sein Name eingraviert war, und sagte: »Ach so! Herr Riepe, nun machen Sie sich mal keine Gedanken. Sie wissen doch, unser Chef hat ein soziales Gewissen. Vielleicht können wir eine Vorsorge machen. Ich werde mal ...«

Meinen neurologischen Freibrief für ein unbehindertes Restleben konnte ich im Kuvert lassen. Als habe ich eine bahnbrechende Erfindung gemacht, leuchteten seine Augen. Das Zucken war verzogen. Er nahm ganz ruhig den Golfball und drehte ihn kunstvoll in der Hand.

Viel später wurde mir klar, dass mein Chef damals mit einer offiziellen Kündigung gerechnet hatte und mit dem Sachverhalt eines chronisch kranken Mitarbeiters, der keine Chance auf einen anderen Arbeitgeber hatte, sehr glücklich war. Ist ja auch logisch. Er war sich nun meiner Arbeit gewiss. Sie hatten mich für immer im Sack. Für immer.

Ich habe nie wieder eine Dienstreise per Flugzeug gemacht. Und Moskau kenne ich nur aus dem Fernsehen. Mein Arbeitgeber kümmert sich blendend um mich. Warum habe ich bloß so lange gewartet?

Als ich mit dem Rolli durch den Gang zum Flieger nach Mallorca rollte, war mir trotz Wundermittel vom

Neurologen schon vorher schwindelig. Ich dachte zurück an Brüssel und meinen letzten Flug. Den Flug nach Malle sollte ich ganz gut überstehen. Der mallorquinische Taxifahrer, der uns vom Flughafen zum Hotel brachte, machte mit seinem südländischen Fahrstil jedoch innerhalb einer Stunde alles zunichte. Aber es war ja Urlaub! Die ersten Stunden im Hotelzimmer lag ich mit geschlossenen Augen lächelnd da.

Es war ein beschaulicher Sonntagmorgen, an dem ich mich im ruhigen Fahrwasser des Müßiggangs den meditativen Dingen des Lebens widmen konnte. Schon als ich aufstand, hatte ich das Gefühl, dass heute mein Tag kommen sollte. Die Zeichen standen gut. Ich fühlte es. So schwang ich mich mit Elan aus dem Bett, stülpte mir die Puschen über die Füße, nahm einen Stoß Illustrierte unter den Arm und ging ins Bad. Wie gesagt, heute war ein Tag zum Helden Zeugen oder für einen fulminanten, anständigen Stuhlgang. Seit Tagen kämpfte ich mit einer Verstopfung. Heute sollte es so weit sein. Die Schleusen würden sich öffnen und die Schwere durch die Rohre der Kanalisation entgegenschwimmen. Wohlig angenehm schmiegte sich die Brille an mein Gesäß.

»Jetzt nur nicht in Hektik verfallen«, dachte ich.

So flüsterte ich das Mantra des Stuhlgangs. Entspannung ist das Fahrzeug, in dem der Stuhlgang gen Toilette fährt. Was konnte besser die Festigkeit im Inneren auflösen als die entspannende Wirkung des Buddhismus. Die breiige Botschaft der Frauenillustrierten mit ihren schlüpfrigen Texten und der heilen Welt des Schönheitsideals der Frau, die den starken, finanziell unabhängigen Versorger sucht, würde das Übrige beitragen. Sie muss nur an sich selbst modellieren, sich aufhübschen und die Kontrolle behalten.

Selbst über meinen Darm! Wie schwer das ist, kann man in den einschlägigen Gazetten nachlesen. Also ich meine nicht die Kontrolle über meinen Darm gewinnen. Als bekennender Frauenversteher wollte ich stets auf dem Laufenden sein. Immer wenn ich mich in den Wartezimmern der Arztpraxen befand, studierte ich die Frauenzeitschriften.

Von Stern und Spiegel einmal abgesehen, reagieren die Gazetten mit einer unüberschaubaren Zahl von derartigen Heften auf den Bedarf des Marktes. In den Wartezimmern findet man nichts Anständiges wie Motormagazine, Hi-Fi-Zeitschriften oder Heimwerkerillustrierte. Da spricht man immer von männlichen Weicheiern und dass diese Weicheier dann nicht einmal zum Arzt gehen und damit ihr vorzeitiges Ableben quasi selbst verschulden. Kein Wunder bei dem Angebot an Zeitschriften. Ich wage einmal die kühne Behauptung, dass man mit einem Arztbesuch und der damit verbundenen Wartezeit die Kosten für die gesamte Frauenliteratur sparen kann. Zehn Euro im Quartal als Abo für zehn Illustrierte ist ein fairer Preis. Wer sich über die Praxisgebühr beschwert, sollte mal darüber nachdenken, was er an Ausgaben für Lesestoff spart! Aber klagen, dass alles so teuer ist!

Hier beim Arzt, in der Oase der Stille, kann frau in Ruhe lesen und muss sich nicht ständig den Diskussionen mit dem Hausherrn aussetzen, der sich gerade mit dem Kauf einer brandneuen Bohrmaschine beschäftigt und noch raus zum Autowaschen muss. Der die Kosten für lediglich vier abonnierte Frauenzeitschriften gern einsparen würde, um SELBST IST DER MANN, AUTOBILD oder AUTO MOTOR SPORT zu kaufen. »Das machen wir doch für die ganze Familie«, heißt es dann! »Ein Auto braucht man nun einmal! Das kann man doch mit Frauenzeitschriften nicht vergleichen!«

Wie schön ist es doch, in ruhiger Atmosphäre im Wartezimmer das Nützliche mit dem Angenehmen zu verbinden.

Männer lesen im Wartezimmer selbstverständlich STERN oder SPIEGEL (Autozeitschriften und Heimwerkerbedarf gibt's ja nicht), auch wenn sie zu Hause außer der ADAC-Zeitung keinen intellektuellen Lesestoff haben.

Zum Glück gibt es den LESEZIRKEL. Mit geschickter Handhabung kann man dann die Softpornos wie NEUE REVUE oder PRALINE lesen ohne aufzufallen. Hinter dem unverfänglichen grauen Umschlag bleibt der männliche Leser unentdeckt beim Anstarren der Nacktbildchen. An den Gesichtern ist schon abzulesen, was sie gerade anschauen und dass bei der anschließenden Untersuchung die Kleidung auf jeden Fall anbleiben muss.

Es gibt eindeutig mehr Frauen als Männer beim Arzt. Also, ich lese gern Frauenzeitschriften. Ich oute mich hier als Liebhaber von Frauenzeitschriften. Beim Arzt oder auf der Toilette lese ich Frauenzeitschriften. Als ich das erste Mal bei der Physiotherapie um abgelaufene Frauenzeitschriften bat, warf man mir einen merkwürdigen Blick zu. Irgendwann hatte man sich daran gewöhnt. Aktuell mussten die Illustrierten für mich nicht sein. Wenn man nur die Geschichten über Peter Alexander in seinem Methusalemalter betrachtet, haben die Kernthemen eine Halbwertzeit von mindestens 50 Jahren. Neben der Figur, dem Schminken und dem Tunen des Körpers durch plastische Ersatzteile sind die Reichen und Schönen das Hauptthema. Mal ehrlich, wer sieht nicht gern den VIPs zu? Wer hätte nicht gern die Reichtümer, die Macht und die Herrlichkeit dieses Anteils der Gesellschaft?

Auch Männer können sich an den werbewirksam in Szene gesetzten Verfehlungen eines Ernst August Prinz von Hannover ergötzen. Wer kennt das nicht, wenn die Blase treibt und nur eine Mauer in der Nähe steht? Ich schon! Dass diese zu einem Pavillon der Expo in Hannover gehörte, kann man dem Prinzen doch nicht vorwerfen. Schön ist es, Boris Becker bei seinen Eskapaden und Insolvenzen zu begleiten. Das Volk leidet gern mit seinen Helden. Ich stehe dazu, Frauenzeitschriften zu lesen; auf der Toilette und im Wartezimmer.

Gerade noch drang ich zur 1,5 Millionen Dollar teuren Geburtstagsfeier von dem, der gern mal mit dem Wolf tanzt, vor, da begann der wichtigste Teil. Mein Darm, gehemmt durch mangelnden Stoffwechsel, kam mit der Lektüre auf Touren. Es geht doch nichts über die heilende Wirkung Prominenter. Einer Kolonmassage – dabei wird der Darm Richtung Ausgang massiert – gleich sollte der Stoff die nährstofflose Fracht auf den Weg bringen.

Die Augen waren geschlossen. Tage wartete ich nun auf diesen Moment. Er stand kurz bevor. Es sind die kleinen Dinge im Leben, die es lebenswert machen. Ein vollzogener Stuhlgang gehörte für mich zu diesen Ereignissen, an die man sich vor viel bedeutsameren Lebensinhalten gern erinnert. Der Skeptiker wie der Schlechtreder werden jetzt einwerfen: »Wie arm ist das Leben eines Behinderten, der die emotional wichtigen Momente im Leben mit seinem Stuhlgang verbindet?« Vielleicht! Aber Gefühl ist Gefühl.

Man stelle sich die Vorbereitung für die Durchführung eines gelungenen Stuhlgangs vor, der nichts mehr mit einer unwillkürlichen Reaktion des Körpers, ausgelöst durch Muskelkontraktionen und Nervenimpulsen, gemein hat. Und dem Gefühl des Erfolgs beim Gelingen! Und dann ...

Es klopfte an der Tür.

Blitzartig zog sich das ausgetrickste Stück des Enddarms zusammen und die Fracht trat den Rückweg an.

»*Nein, bitte nicht!*«, beschwor ich mein Innenleben. Mit dem Klopfen hörte ich Schritte und mit den Schritten öffnete sich auch schon die Schiebetür zur Nasszelle. Keine Zeitschrift, kein Mantra, keine Meditationstechnik dieser Welt konnte mich jetzt noch retten. Als hätte ich in meinem ganzen Leben noch nie das befreiende Gefühl der Darmentleerung und seiner Durchführung genossen, saß ich verstopft mit hängendem Kopf da.

»Ich sitze auf der Toilette, verdammt noch mal!«, rief ich durch den Spalt in der Schiebtür in der Annahme, man würde mich nun in Ruhe lassen und später wiederkommen. Vor der Tür hörte ich die Geräusche herumlaufender Personen. Mehrerer Personen!

»Herr Riepe, dafür haben wir keine Zeit. Es ist Visite. Wir machen das auch ganz schnell.«

»Dafür haben wir keine Zeit. Der tickt doch nicht richtig. Seit einer Dreiviertelstunde sitze ich hier ... ich glaube es nicht.«

Geistesgegenwärtig versuchte ich, die Schiebetür von innen zuzuhalten. So konnte ich natürlich meine Hose nicht hochziehen, was ohnehin bei meinen wackeligen Beinen viel zu lange gedauert hätte. Meine Finger rutschten ab. Da war nichts, was ihnen Halt bot. Unaufhörlich öffnete sich die Tür weiter. Obwohl der Stationsarzt eine Weichflöte war, hatte er aus Erfahrung sofort die Finger in den Spalt der Schiebetür bekommen. Ich dachte an nichts außer: *»Die Tür bleibt zu.«*

Vergebens. Das Überfallkommando aus der Reha hatte Übung im Aufreißen von Schiebetüren. Das gehörte zum Business as usual.

»Wir machen ganz schnell!«, wiederholte sich der Arzt. Dann lugte der Rest des Wir durch die nun halb offen stehende Tür. Drei Köpfe zwängten sich durch die Lücke und schauten mich an. Den Bremer Stadtmusikanten gleich – ganz unten die leitende Schwester, darüber der Arzt und ganz oben die hünenhafte Aushilfsschwester, die immer den Aktenwagen schob. Unverdrossen stemmte ich mich mit beiden Händen gegen das Unvermeidliche. Die Tür wurde nicht ganz aufgeschoben, aber Zumachen gestattete man auch nicht. Während die Blicke unverhohlen aus vertraut lächelnden Gesichtern zwischen meine Schenkel gingen, sagte der Arzt freundlich: »Wir haben schon so viele nackte Patienten gesehen.«

Ich dachte: »*Warum machen die denn nicht ganz auf? Warum erzählt er mir das? Ob der eine dem anderen den Spaß nicht gönnt? Wenn ich wenigstens schon ge...*« Nie zuvor hatte ich mir mehr einen vor Sumpfgas stinkenden Stuhlgang gewünscht. Ich hätte den Wasserabzug am Spülkasten mit meinem Leben verteidigt. »*Ersticken sollt ihr!*«

Während der Befragung durch die Visite herrschte ein Geziehe und Geschubse vor der Tür. Jeder wollte einen guten Platz. Es ging um so wichtige Dinge wie: »Sind Sie mit dem Essen zufrieden?«

›*Wenn ihr mich in Ruhe...*‹

»Möchten Sie die Reha verlängern?«, und natürlich, »Wann hatten Sie den letzten Stuhlgang?«

Wer jetzt denkt »*Ich hätte mir so etwas nie bieten lassen!*«, der hat von der Abhängigkeitssituation auf einer Pflegestation keine Ahnung. Es passieren dort einfach Dinge, die einem unvorstellbar vorkommen. Wie aus dem Land der Märchen, allerdings ohne deren Moral, kommen die Geschichten auf uns zu und verschlagen uns die Sprache. Es ist das Unvorhersehbare, das uns mit heruntergelassener Hose und aufgerissenen, ungläubigen Augen ereilt. Vor mir lagen die Zeitschriften mit den Liebesgeschichten, die uns so anrühren, mit den Drogenfällen, die uns so erschrecken, mit den Erfolgsstorys, die uns zeigen, dass man es schaffen kann.

Ich lese schon lange keine Frauenzeitschriften mehr. Ich nehme mir ein gutes Buch mit auf die Toilette und ins Wartezimmer.

Man muss seine Ziele erreichbar machen. Wenn ich in der Anstalt jemanden an der Tür höre, während ich auf dem stillen Örtchen sitze, mache ich lautstark klar, dass, wenn die Tür geöffnet wird, ich von meiner neben mir stehenden Krücke Gebrauch machen werde.

Daran zweifelt sicher niemand.

Schicksal ist etwas, das für mich nie eine Rolle spielte. Ich weigerte mich strikt, gegen die Möglichkeit einer irgendwie gearteten Vorbestimmung zu glauben. Schicksal! Dieses Wort kommt einem recht leicht über die Lippen. Es ist wie die Frage nach dem Befinden oder dem Wetter. Eine Floskel eben. Macht allerdings erst richtig Sinn, wenn man vom Schicksal eingeholt wird. So, als wäre es schon immer hinter einem her gewesen. Bis zu meiner einschneidenden Diagnose fühlte ich mich von keinem schicksalhaften Ereignis verfolgt. Das spielte einfach keine Rolle. Prophezeiungen waren schon als Kind nicht mein Ding. Das änderte sich auch nicht, als ich ängstlich Geschichten lauschte über schicksalhafte Freitage mit der Zahl 13 und ich vor Angst die Bettdecke weit über den Kopf zog. Schwarze Katzen, die meinen Weg in einer bestimmten Richtung, welche genau weiß ich nicht mehr, kreuzten, machten mir noch nie Angst. Ich liebe Katzen.

Als braver Steppke marschierte ich in hoch strapazierfähigen Lederhosen, die man ganzjährig trug, auch in die Kirche. Es war immer schweinekalt und unendlich langweilig. Mir ist bis heute nicht klar, warum nichts zu mir durchdrang vom Verkündeten. Selbst diese coole Machogeschichte vom winzigen, lieben David, der dem riesigen, bösen Goliath mit 'ner Zwille zwischen die Augen feuerte, hatte bei mir keinen Erfolg. Alle Bemühungen des salbungsvoll gestikulierenden Pastors auf der Kanzel, der mit ausschweifenden Armbewegungen die Bösartigkeit des Großen im Gegensatz zum kleinen Guten unterstützte, waren bei mir Perlen vor die Säue. Und das, obwohl unser Pastor mit wedelndem Umhang und enervierendem Ton selbst zu einem Goliath mutierte. Ich war im Gegensatz zum David wirklich ein Kleiner und musste mich im Viertel gegen die Großen durchsetzen. Dort ging es sportlich zu. Da schoss man niemandem Eisenkugeln mit einer Zwille zwischen die Augen. Es gab im fairen Faustkampf für die Kleinen auf's Maul.

Jede Sekunde in der Kirche war eine Qual. Der Pastor ging ja noch, aber wenn einer der Presbyter loslegte, verursachte es Schmerzen. Nicht nur am Hintern. Die Kids bekamen keine Kissen unter die Lederhosen. Die Presbyter unserer Gemeinde machten ihrem Namen ›Älteste‹ alle Ehre. Mit schlecht sitzendem Gebiss verstand ich nichts von dem Gefasel, in einer Sprache, die ich nicht kannte. Die Typen auf der Minikanzel rechts neben den Blumengestecken sahen aus wie *Jorge von Burgos,* der blinde Bibliothekar aus dem Epos *Der Name der Rose* von *Umberto Eco.* Wer den Film gesehen hat, kann sich ein Bild unserer Presbyter machen. Mit klapperndem Gebiss lasen sie Texte von fliegenden Blättern. Liturgien. Und aus heutiger Sicht können es nicht nur schlecht sitzende Gebisse gewesen sein, die die Vorträge jedem Siebenjährigen der Grundschule alle Ehre machten. Als habe man, um mich zu quälen, extra Analphabeten ausgewählt. Das Einzige, was bei mir geklappt hat in der Kirche, war das Bangemachen. Gott war für mich ein Typ mit einer Horde von blinden Bibliothekaren, die mir meinen Verstand rauben wollten.

Wir hatten damals einen Untermieter, der schon sehr alt war. Als ich eines späten Nachmittags im Winter die Treppe herunterging, stand die Tür zur Wohnung des Untermieters einen Spalt auf. Der Spalt zog mich magisch an. Ich schlüpfte mit schlotternden Knien hindurch. Es roch nach alten Menschen. Gruselig. Im Wohnzimmer brannte unter einem Madonnenbild eine Kerze. Schemenhaft sah ich einen Schaukelstuhl mit der Rückenlehne mir zugewandt. Links neben dem Stuhl konnte ich ein Gebiss in einem Glas auf dem klapprigen Beistelltischchen ausmachen. Obwohl ich einen von Gottes Horde auf dem Stuhl erwartete, musste ich weiter zum Stuhl gehen. Ich musste den Alten sehen. Solange der Mensch bei uns im Haus wohnte, hatte ich ihn noch nie gesehen. Nur gerochen. Er rauchte Zigarren, wie es damals alle Alten taten. So schlich ich mich um die Lehne herum, bis ich ihn endlich sah. Die Haut wie Pergament, das linke Auge halb offen, der Mund ganz, saß ein dürrer Knochenhaufen da. Die mit Altersflecken übersäte Hand rutschte plötzlich über die abgewetzte Seitenlehne des Stuhls. Wie von der Tarantel gestochen, rannte ich aus dem Zimmer. Über den Tod des alten Mannes gab es aus meiner Sicht keinen Zweifel. Natürlich entsprang der Tod des Mannes lediglich meiner durch die Horden Gottes verängstigten Fantasie. Und Presbyter war der Mann auch nicht. Zukünftig wurde es in der Kirche noch langweiliger. Ich wusste jetzt, dass nicht jeder mit künstlichem Gebiss, der nicht anständig lesen kann, böse ist. Was blieb dann noch?

Wenn man bedenkt, dass man mit MS nicht mehr zu den *Normalos* gehört, war ich wohl irgendwie von Geburt an ein Alien. Denn ich bin definitiv nicht religiös geboren. Wahrscheinlich ein Gendefekt! Die Theorie, jeder Mensch werde mit religiösen Genen geboren, trifft auf mich definitiv nicht zu. Ein schweres Schicksal, die angeborene Religionslosigkeit. Aber man kann es sich ja nicht aussuchen. Ob mit Gott oder ohne. Vielleicht hat Gott mit mir auch einen Fehler gemacht. Kann doch sein!

Mit diesem Defekt gestraft, nahm ich mein Schicksal »Sie haben Multiple Sklerose« eher stoisch auf. Die Familienmitglieder waren sehr traurig und fragten sich, warum Gott sie so strafe. Gott kam im Vokabular der Familie immer nur bei sogenannten Schicksalsschlägen zum Tragen. Irgendwie hatte es schon im Krankenhaus einen Rollentausch gegeben. Meine Eltern waren gestraft. Meine Schwiegermutter meinte, meine Frau, ihre Tochter, sei gestraft. Andere meinten, die Kinder seien gestraft. Mein Bruder meinte, er sei selbst gestraft. Also, jeder hatte seine Strafe weg, außer mir. Ich kam mir höchstens gestraft vor, als meine Schwiegermutter auf meine neuerlich auftretenden Symptome im Krankenhaus mit dem Satz »Das ist das Wetter, Junge!« Trost spenden wollte, und die Oberärztin eine halbe Stunde später bei der Visite meinte: »Machen Sie sich keine Sorgen! Das ist bestimmt das Wetter!« Da hätte ich auch gleich meine Schwiegermutter fragen können. Nach einem Löffel Bulrichsalz und einem Wickel mit Retterspitzsalbe wäre ich nach Hause gegangen. Straft Gott eigentlich, solange man Mitglied ist? Mich strafte er definitiv durch das Strafen aller mich umgebenden Angehörigen. Stellt sich nur die Frage: »Warum eigentlich?« Was hat es mit dem schicksalhaften Strafen auf sich? Wie soll ich das wissen mit meiner angeborenen Religionslosigkeit?

Stattdessen verbrachte ich noch ein paar Wochen mit Langeweile und Cortisontherapie im Krankenhaus. Ich war ja froh, wenn jemand kam, um mich zu besuchen. Sogar meine Kollegen kamen in versammelter Stärke, ohne zu ahnen, was mit mir los ist. Die brachten mir meinen ganzen Arbeitsplatz ans Bett. Damals gab es ja noch keine Laptops, jedenfalls in unserer Bude nicht. Also standen dann ein Drucker, der Computertower, die Tastatur, die Maus und ein 14 Zoll-Monitor im Krankenzimmer. Ich arbeitete einfach ganz normal im Bett weiter – und die Heizung brauchten wir auch nicht.

An einem Mittwoch wurde meine Arbeit von einem Besucher gestört, den ich nicht kannte und den ich besser nicht getroffen hätte. In der Tür stand ein sehr kleiner Mann, dem die gebogene Wirbelsäule beim Streben nach Größe nicht gerade zum Vorteil gereichte. Das Haar hing ungekämmt strähnig mit deutlichen Spuren von Fettschuppen auf den Pullunder. Der riesige Kragen des knallbunten Oberhemdes ließ den Kopf darin fast versinken. Er hatte kleine Knopfaugen, die sich hinter einer Nickelbrille versteckten. Die blaue Jeanshose war wie eine Revolution am Körper des Männchens.

»Guten Tag, Herr Riepe! Sie sind doch Herr Riepe? Ich bin der Krankenhausseelsorger.«

»Ja.«

»Wie bitte?«

»Ja! Ich bin Herr Riepe.«

Der Seelsorger nannte mir nur seinen Beruf, nicht seinen Namen. Ich mag Menschen nicht, die sich nicht mit Namen vorstellen. Er schaute mich an, als müsste er mir die letzte Ölung verpassen. Kein Wunder, dass der Rücken krumm war. Ach nee, das war ja bei den Katholen, oder? Ich kam da immer durcheinander. Pastor, Priester? Ich hatte keine Ahnung, welche Bezeichnung auf welche Gruppierung hinwies. Wie gesagt, ich hatte einen Gendefekt. Gleichwohl war ich in der Evangelischen Kirche. Getauft, konfirmiert und immer die Steuern bezahlt. Also auf dem Papier ein waschechter Christ. Im Urlaub in Italien war ich sogar manchmal in einer Kirche. Zur Besichtigung. Das Männlein hätte sich mal ein Beispiel an der bunten Religionsausübung der Italiener nehmen sollen. Da gab es Glitzersteine und elektrische Lampen in den Kirchen, die man für 500 Lire einschalten durfte. Auf den Fenstern waren coole Geschichten anzusehen.

»Herr Riepe, ich weiß, was in Ihnen vorgeht. Sie zweifeln! Sie müssen sich keine Schuld geben, Gott weiß, warum er Sie für diese Probe erwählt hat.«

»*Scheiße! Gott weiß ja nicht einmal, dass er mich verbockt hat!*«

Das haute mich jetzt aber mit voller Wucht aus den Puschen, in denen meine tauben Füße steckten. Der wusste, wie es in mir vorging! Und was sollte das mit dieser Schuldnummer? Gott hatte mich also erwählt. Das hatte ich mir, während ich mir in Lederhosen in der Kirche den Arsch abfror, ganz anders vorgestellt. Man wird also für den Niedergang seines Gehirns samt Außenbezirken erwählt! Der Seelsorger hatte den Kopf leicht seitlich gebeugt und seine Hände hielten ein Buch überm Schritt. Das Buch!

»Herr Riepe, Gott lässt sie jetzt in dieser Situation nicht allein. Sie können sich auf Gott verlassen. Sie müssen Vertrauen haben, Gott weiß warum …«

Ich wurde also erwählt, und dann sollte ich dem, der mich in schicksalhafterweise ausgesucht hatte, vertrauen, weil alles einen tieferen Sinn hat?

»*Um das zu verstehen, muss man auf Drogen sein.*«

Bis zu diesem Zeitpunkt war ich einer dieser Kirchensteuerzahler, die nicht in die Kirche gingen außer zu Beerdigungen und Hochzeiten. Ich selbst hatte ja auch kirchlich meine Manu geehelicht. In diesem Augenblick, mit dem strähnigen Männlein vor meinem Bett, änderte sich zum zweiten Mal in den letzten Wochen mein Leben. Ich saß da, schaute ihm ins Gesicht und sah, wie sich sein Mund öffnete und schloss. Der Mund sprach von Güte, Schuld und Gottes großer Liebe zu mir. Ich war aber immer noch bei der Predigt über Vertrauen. Mein Bildschirm wurde gerade mit dem Windows-Bildschirmschoner überzogen. Die Fenster flogen ohne Ziel über den Schirm.

178

Noch heute erinnere ich mich, wie ich gedanklich wegsackte, den geistigen Boden verlor, tiefe Angst verspürte, wie ich sie in meinem Leben noch nie verspürt hatte. Es war ein kurzes Erlebnis, welches ich nie vergessen werde. Als der Mann mit dem von selbst sprechenden Mund näher kam, wusste ich, was zu tun war. Noch war ich durch den jahrelangen Kirchgang ein höflicher Mensch, selbst denen gegenüber, die in meinen Augen einer solchen Behandlung nicht wert waren.

Gott hatte mich für unbestimmte Zeit verloren. Der Seelsorger hatte mir die Augen geöffnet.

»Ich bin für mich verantwortlich. Ich muss kämpfen. Ich muss mich auf mich verlassen. Wo war Gott die ganzen Jahre? Der ist doch für meinen Gendefekt selbst verantwortlich gewesen! Und dann schickt er mir jemanden, der es nicht zu einer Gemeinde gebracht hat und damit den unterbezahlten Job im Krankenhaus machen muss: Pastor im Entsendedienst. Das bin ich Gott wert?«

Man kann ja eine Menge reparieren, selbst Gendefekte, aber der Riss, den es an diesem Mittwoch zwischen mir und einem nicht vorhandenen Gott gab, der wird sicher nie wieder gekittet.

Das war wohl Schicksal, Bestimmung! Oder meine Augen haben sich einfach geöffnet, unter Mithilfe des Seelsorgers.

Ich trat sofort aus der Kirche aus und arbeitete hart daran, ein guter Atheist zu werden. Das ist nicht einfach. Die düsteren Szenarien von Hölle und Himmel, Verdammnis und Blutopfern hatten sich trotz des

Gendefekts in mein Gehirn geschlichen. Das Aufräumen und Ausmisten dauerte Jahre. Wie mit meiner MS war ich lange wütend auf die Kirche und das, was sie mit mir angestellt hatte. Wahrscheinlich normale Anpassungsstörungen. Wenn ich jetzt so darüber nachdenke, dass ich als Heide Angst hatte, in ungeweihter Erde verscharrt zu werden, kann ich mir ein Lächeln nicht verkneifen.

So ist das mit Gendefekten.

HALLO ROBERT

Hallo Robert! Robert Enke, Fußballtorwart, Hoffnungs-
träger der Fußballnation. Nimm es mir nicht übel.
Wenn du in den Himmel gekommen bist, obwohl du
gemordet hast, konntest du von oben der medienwirk-
samen Andacht von Frau Käßmann beiwohnen, obwohl du katholisch bist, du konntest solidarische Fans
sehen, die keinen Bock auf Fußball haben, aber Bock
auf Mitleid. Jetzt hat sich der Druck sogar im Himmel
weiter erhöht. Du kennst mich nicht, ich dich eigentlich
auch nicht. Obwohl ich kein Fußballfan bin, mag ich die
Ästhetik des Sports, die Bewegungen der Körper am
Limit. Eleganz, Geschwindigkeit und Kampfkraft faszi-
nieren mich. Ich muss gestehen, dass mich dein Hannover 96 nicht die Bohne interessiert. So wenig wie
jeder andere Fußballverein auf diesem Planeten. Das
Spiel, das Zusammenwirken der Akteure, das scheinbar mühelose Verständnis der Spieler untereinander,
wenn das Spiel läuft. Für diese Momente liebe ich
Sport in Vollendung.

Warum ich dir schreibe? Ich bin selbst schwerbehin-
dert, chronisch krank. Meine Welt ist auch mysteriös,
oft von mir selbst nicht zu erklären, Gefühle, die nicht
zuzuordnen sind, eine oft hilflose unverständige Umwelt. Man sieht von außen nichts. »Du siehst so gesund aus!« Sag mal Robert, wie hast du es geschafft,
diese außergewöhnliche sportliche Leistung zu voll-
bringen? Wenn du auf uns herunterschaust, kannst du

ja meinen Brief lesen. Na ja, ich bin natürlich nicht Theo Zwanziger, Käßmann oder Wulff, aber lies dir den Quatsch mal durch, den die selbst ernannten Depressivenversteher von sich geben. Bist du eigentlich krank gewesen?

Robert, deine Fans haben wohl ein anderes Verständnis von sportlichen Höchstleistungen. Der Gegner wird Feind im Stadion. Die Fans beleidigen sich schreiend gegenseitig. Robert, ich muss dir gestehen, ich habe bis zum letzten Freitag noch nie ein Erstliga-Fußballspiel live gesehen. Du kannst mir ruhig glauben. Also, ich hatte einen super Platz hinter dem Tor. Von schräg oben konnte der Blick nicht besser sein. Neben mir stand die Begleitperson eines Spastikers, der in einem ziemlich abgerissenen Aktivstuhl daneben saß. Links von mir ein mehrfach körper- und geistigbehinderter, etwa 40-jähriger Mann mit Fanschal und Mütze. Er rief von der ersten bis zur letzten Minute den immer gleichen Satz: »Mann, schieß doch!« Auch wenn sich das Spiel auf der gegenüberliegenden Seite abspielte, rief er: »Mann, schieß doch!«, und schwenkte ein kleines dreieckiges Fähnchen. Als die Heimmannschaft das erste Mal auf unsere Tribüne zustürmte und einen Angriffsversuch startete, der allerdings kläglich scheiterte, schrie der junge Mann rechts von mir wie von Sinnen gestikulierend in die Arena: »Du blöder Arsch, spiel ab! Los, ihr faulen Schweine!« Dann stand er wieder da, als wäre nichts passiert. Ruhig, als könne er kein Wässerchen trüben. Gegenüber auf der Fantribüne wurde irgendein Gesang angestimmt, den ich nicht verstand. »Mann, schieß doch!« Der merkwürdige junge Mann rechts klatschte die Hände über dem Kopf rhythmisch zusammen und sang irgendein Lied. Es war so laut, dass ich kaum etwas verstand. Der spastisch gelähmte junge Mann hatte sich aus seinem Rolli auf die Absperrung vor uns hochgearbeitet und sang mit. Robert, glaub mir, es kam mir ganz schön komisch vor. »Mann, schieß doch!« Dann rutschte dem Keeper vor uns unten auf dem Rasen der Ball nach einem unterdurchschnittlichen Torschuss aus der Hand. Er griff nach und barg den Ball sicher in den Händen. Dennoch war die aufgewühlte Menge schon aufgesprungen und schrie mit zu Fratzen verzerrten Gesichtern, zitternd und spuckend schlimmste Beleidigungen. Die Fans der Heimmannschaft machten sich über den folgenlosen Fehlgriff lustig, der Mob der gegnerischen Mannschaft schrie: »Fliegenfänger! Der Arsch kann nicht mal den Ball festhalten! Loser!« Robert, ist das immer so? Was wollen die Massen im Stadion? Der Sport kann es nicht sein. Es ist offener Hass und im nächsten Augenblick grenzenlose Begeisterung. Ist Fußball wirklich die schönste Nebensache der Welt?

Jetzt kennt dich wirklich jeder. Selbst diejenigen, die Fußballbegeisterung in riesigen Stadien für nichts anderes als Massenhysterie halten. Robert, du hast Millionen neuer Fans gewonnen. Unter den Lebenden war deine Seele krank. Nach religiöser Lesart wünsche ich dir, dass es da oben bessere Antidepressiva gibt als hier unten. Du bist schon zu Lebzeiten für deine Fans ein ganz, ganz Großer gewesen. Zum selbst gewählten

Ende deiner Karriere hast du alle Rekorde gebrochen. Robert, schau, du bist Kult! Hast du Mitleid mit den Lokführern? Das war ja nicht so korrekt. So etwas ist hässlich, verdammt hässlich. Also ich habe eine andere Krankheit als du. Leistungssport geht da nicht. Natürlich habe ich auch kein besonderes Talent, was zum unbedingten Willen, seinen Körper zu Höchstleistungen zu quälen, dazugehört, um so erfolgreich zu werden, wie du es warst.

Vielleicht warst du ja der bekannteste Behinderte, der gleichzeitig Leistungssportler unter Gesunden war, den es je gab. In einer Reihe mit Oscar Pistorius, dem doppelt unterschenkelamputierten Sprinter. Das fällt mir jetzt nur so ein. Dem sieht man auch nicht an, dass er behindert ist. Knapp über elf Sekunden auf 100 Metern, aber nach deutschem Schwerbehindertengesetz außergewöhnlich gehbehindert. Meine Behinderung führt bestimmt nicht zum Tode, hoffe ich jedenfalls. Eine schwerwiegende Depression ist diesbezüglich deutlich gefährlicher. Depression ist eine Krankheit, eine schwerwiegende, wenngleich auch heilbare Krankheit. Meine ist unheilbar. Robert, das macht es nicht gerade einfach. Und es hat sich herausgestellt, dass sogar Helden erkranken. Da rufen die Fans: »Der hatte doch alles. Der hatte doch keinen Grund. Er war einer unserer Besten! Der ist immer auf dem Teppich geblieben. Einer von uns.« Robert, hoffentlich hast du beim Aufmarsch der Fußballfunktionäre und ihrer inszenierten Empörung weggeschaut. Ich weiß nicht, ob einem körperlos schlecht werden kann, aber Phantomschmerzen gibt es schließlich auch. Schnell wussten alle zu berichten, dass der Leistungssport und der große Leistungsdruck dich in den Tod getrieben haben. Dieselben, die mit Tränen in den Augen, fassungslos, deinen Sarg im Fernsehen auf dem Weg ins Stadion begleiteten, rufen bei einer schlechten Mannschaftsleistung auf dem Fußballplatz: »Lauft, ihr Schweine! Strengt euch an, scheiß Millionäre!«

Wieso nur habe ich so ein flaues Gefühl im Magen, wenn ich an den Medienhype um deinen Tod denke? Frau Käßmann wusste sofort den Grund für den Selbstmord. *(Und dann kam gestern Abend die unfassbare Nachricht, dass er in diesem Leben nicht mehr weitergehen wollte.)* Du wolltest also nicht mehr. Robert, ist vielleicht jetzt wieder blöd, und ich weiß auch nicht, ob es sich geziemt, diese Frage zu stellen, aber: Hast du wirklich die freie Entscheidung getroffen, dir das Leben zu nehmen? Weißt du, das ist wichtig für mich. Freitod. Das setzt freien Willen voraus. Ich spinn jetzt mal weiter. Und bitte versteh mich nicht falsch! Wenn es so war, bist du einfach nur ein Arsch gewesen, der sich martialisch vor den Zug geworfen hat, wie jedes Wochenende im Tor hinter dem Ball her. Seit du dich vor den Zug geschmissen hast, ist die Anzahl der Zugselbstmörder sprunghaft gestiegen. Man muss auch mal Kritik einstecken können, Robert.

Sag mal, was ganz anderes, weißt du, wo an den Stadien die Behindertenparkplätze sind? Verdammt, die Einweiser wussten es nicht, als ich mit Freunden am Stadion ankam. »Sie müssen ganz rumfahren! Hier ist der Weg blockiert«. Was bitte sollte das heißen? Ganz rumfahren. Um was? Ich konnte vor Massen und Polizei nicht einmal das Stadion sehen, wie dann um was herum? Auch wenn ich nerve, Robert, und du kannst ja nichts dafür ... Der Einweiser, der direkt vor den Plätzen für die behinderten Zuschauer stand, wusste nichts davon. Es waren 51.000 Zuschauer im Stadion. Es waren auf der Rollitribüne ohne Begleitpersonen etwa 30 Rollifahrer da. Was für eine Quote! Da gab es ja doppelt so viele Einweiser, fünf Mal so viele Ordner und zehn Mal so viele Polizisten. Aber was schreibe ich hier – du bist ja nie mit dem Volk ins Stadion gegangen.

Mit einer Depression, deren Schübe darin kulminieren, dass einen die Krankheit umbringt, hat man Anrecht auf Zuwendungen laut Schwerbehindertenrecht. Das wusstest du nicht, oder? Ich stelle mir gerade vor, du hättest einen Antrag auf Schwerbehinderung gestellt, und der Sachbearbeiter der zuständigen Sozialstelle liest deinen Namen und sein Blick wandert konsterniert zum Hannover 96-Fanwimpel neben seinem Monitor. Da schmeißt sich doch deine geschundene Seele im Himmel weg vor Lachen, oder? Jetzt so mit etwas Abstand zum Fußballleben kommt dir dieser merkwürdige Männersport nicht total bekloppt vor? Ich durfte als Kind übrigens nicht Fußball spielen. Mein Vater war Handballer. Da werden martialische Männerriten auf dem Platz zelebriert, da schreien Hilfstrainer, von Cheftrainern beauftragt, das Auswechselpersonal wie Sklaven über den Platz zusammen. Da blähen sich kleine Männer in merkwürdigen bunten Schuhen zu

Riesen auf. Und ist ein Tor gefallen, machen sie merkwürdige Zeichen an ihre Fans, die ich nicht verstehe, laufen wie beim Packenspielen doof lächelnd hintereinander her, streicheln sich dann zärtlich, küssen sich und türmen sich auf dem Boden zu einem total unmännlichen Haufen Millionärsfleisch auf. Kein Wunder, dass da Schwule und Depressive nicht mitmachen dürfen. Nur harte Männer dürfen sich anfassen auf dem Platz. Die Zärtlichkeiten müssen unverfänglich sein.

Torhüter sind irgendwie außen vor bei den Männerspielchen auf dem Platz. Die reißen weit entfernt, auf der anderen Seite des Spielfelds, die Arme hoch, bekommen ihre Großeinstellung auf SKY und das war's. Jetzt stell dir mal vor, da würde einer sagen: »Ich leide an Depression!« Wie soll man mit dem einen Fleischhaufen bilden, nachdem ein Tor gefallen ist? Jeder würde glauben, das Weichei will nur rumtatschen. Robert, das ist eine absolutes »NGO«. Hat Theo Zwanziger eigentlich jemals Fußball gespielt? Ist der durch die Knochenschule gegangen, die schon im jüngsten Kindesalter beginnt? Wenn Kondition gebolzt wird. Wenn Sechsjährigen Disziplin eingedrillt wird. Wenn sie am Wochenende nach dem Spiel von ihren fanatischen Eltern weinend zu hören bekommen, sie sollen sich nicht so anstellen mit einem riesigen Bluterguss auf dem Knie. Jungens heulen nicht. Wenn sie dann älter werden und nicht merken, dass sie immer noch wie Sechsjährige behandelt werden, wie sie bejubelt und beleidigt werden, um nach dem Spiel in den Katakomben des Stadions noch die Strafpredigt des Trainers ertragen zu müssen. Jahrelang führte der Fußball unter den Profisportarten ein sportmedizinisches Mauerblümchendasein. Während die Tennisprofis in den Pausen auf dem Platz Mantras lasen und von Antizipation bei Reaktionsgeschwindigkeiten unterhalb der Nervenreizschwelle sprachen, blieben die Fußballer dem Training fern oder hauten sich, ganz ihren Fans entsprechend, in Diskotheken die Köpfe ein. Wenn heutzutage die Gehaltsverhandlungen anstehen, können sie nicht spielen, weil sie psychisch zu belastet sind. Ist der Poker beendet, ruft ein Fremdverein, und das zerbrechliche Pflänzchen Fußballer zerbricht an dem Multimillionenangebot, das für ihn geboten wird.

Robert, ist das nicht Stress auf ganz hohem Niveau? Du kannst ja jetzt reagieren, wie du willst, aber das stressige Training kann es doch nicht sein, da liegen Fußballer weit hinter anderen Leistungssportlern. Jetzt, so ohne Druck, würdest du nicht sagen, du hattest ein fast perfektes Leben? Oder ist es das fast Perfekte, das das Problem ist? MS kranken Menschen wird auch oftmals etwas Perfektionistisches nachgesagt, sodass die Krankheit zusätzlich eskaliert. Das ist doch bei Depressiven auch so. Wer kann schon an etwas zerbrechen, was ihm nicht so wichtig ist? Aber dir waren die Jungs in Kniestrümpfen Halt und Lebensinhalt. Da habe ich in der Presse nichts von Überforderung gelesen.

Weißt du, Robert, ich traf bei meiner Bundeswehrzeit einen Sani, der immer morgens mit mir im Lkw zum Brötchenholen fuhr. Glaub mir, der war richtig kaputt. Er war schwul. Gemobbt vom gesamten Regiment. Wegen Homosexualität mehrfach im Bau. Eines Morgens erzählte er mir mit grauem Gesicht, wie ein alter Mann, er habe gestern zum dritten Mal das Gehirn eines Selbstmörders vom Boden, den Wänden und aus den Ritzen von Schränken und Betten gewischt. Erst die Wand, dann der Gewehrkolben, der Lauf an den Kopf gedrückt, der Kopf schlussendlich wie in einer Schraubzwinge gegen den Spind gepresst. Todsicher. Das Gewehr geht nach dem Abzug samt Kugel und Lauf durch den Rückschlag ins Gehirn. Der Kopf hat eine Seite weniger zu entweichen und platzt mit einer riesigen Sauerei auseinander. Die Schwuchtel kann's wegwischen. Konntest du dich eigentlich sehen von oben? Hast du deinen Körper verlassen, wie man es in Filmen sieht?

Entschuldigung, ich schweife immer ab. Es hat so viele Aspekte. Robert, ich stelle jetzt eine These auf, die einen versöhnlichen Abschied möglich macht, ohne an Lokführer oder Funktionäre zu denken. Du hast eine sehr schwere Krankheit gehabt, an der du gestorben bist. Du hast dich nicht umgebracht, du bist gestorben an den Folgen deiner Krankheit. Gefangen in deinem eigenen Erleben, unverstanden von der Außenwelt, eingemauert in einer dunklen Zelle, aus der es kein Entrinnen gab. Es drang nichts hinein und es kam nichts heraus. Draußen wurde diskutiert, innen gestorben. Immer wenn die Zelle sich für eine gewisse Zeit öffnete, wurde sie beim nächsten Mal noch dunkler, noch enger. Wer würde es dir verübeln, nie wieder in diese Zelle zu wollen? Wie lächerlich ist da der

Strumpfhosenmumpitz jeden Samstag und Sonntag. Wie lächerlich ein Theo Zwanziger und wie wenig sensibel eine Frau Käßmann. Das Land läuft über vor Mitleid. Wen interessiert der schwule Sani?

Robert, du warst einer unserer Besten. Du hattest alles: Berühmtheit. Familienglück. Reichtum.

Deine Krankheit war tödlich. Die Symbolik mit der Stelle in der Nähe des Grabes deiner Tochter war sehr dick aufgetragen. Wer will es dir verübeln. Das war ja dein Job. Vor Millionen Zuschauern eine Show in Zeitlupe und festgelegter Choreografie abzuliefern. Nach dem Heldentum auf dem Platz wurdest du zum Antihelden der Deutschen Bahn.

Ach ja, eins noch. Mir haben Psychologen gesagt: »Kein Wunder, wenn man mit Ihrer Krankheit und dem Verlauf depressiv wird, wäre komisch, wenn nicht!« Ich darf depressiv werden, ich bin behindert, Robert. Leider werden wir uns nicht treffen, da ich an Seelenleben nach Entkörperung nicht glaube. Und Robert, ich hoffe, dass ich recht behalte, denn ansonsten wird deine kranke Seele für immer in seiner Zelle leiden. Depression ist doch eine Erkrankung der Seele, oder?

So fangen bücherfüllende Mengen von Witzen über unterschiedliche ethnische Gruppen, Männer und Frauen, Blondinen und so weiter an.

Manch einer hat bei der Verteilung von Plagen gleich mehrmals hier geschrien. Mein Freund H. ist so einer. Asthma wurde ihm sozusagen gleich in die Wiege gelegt. Jedoch nicht so ein Allerweltsasthma, mit dem man bei moderatem Gebrauch von Spray gut über die Runden kommen kann. Nein, sein Asthma ist eine Plage, wie ich sie bislang bei niemandem vorher gesehen habe. Dazu kommen dann noch alle üblen Allergien, die man sich nur vorstellen kann. Alles, was blüht, hat sich gegen ihn verschworen. Die Augen schwellen zu, die Schleimhäute entzünden sich. Alles, was auf vier Beinen läuft und ein Fell hat, löst bei ihm einen Erstickungsanfall aus. Gegen seinen permanent überschäumenden Magen wirft er schon seit vielen Jahren Magenschutz ein. Als wäre das noch nicht genug, brach bei ihm mit knapp über dreißig auch noch Parkinson aus. Parkinson mit dreißig! MS mit dreißig ist ja schon fast normal, aber Parkinson? Er machte eine Odyssee durch die Arztpraxen, bevor endlich jemand das Zittern richtig deuten konnte. Angeblich hatte sein Tremor nicht die richtige Frequenz. Es reicht eben nicht zu zittern, man muss schon richtig zittern. Vorher schickte man ihn drei Monate in eine psychosomatische Reha, in der er bald selbst begann, an eine psychische Erkrankung zu glauben. Mehr durch Zufall wurde dann doch Parkinson diagnostiziert, nachdem ihm mehrere Psychiater in endlosen Therapiesitzungen weitere zwei Jahre sein Zittern wegdiskutieren wollten. Wenn das alles so einfach wäre!

Als ich das letzte Mal zu Besuch war, gab es in H.s Haushalt nur noch Plastikgeschirr. Die Treffen waren sehr einseitig verteilt. Ich fuhr immer zu ihm. Unsere drei Katzen zu Hause hätten bei H. den sofortigen Erstickungstod zur Folge. Über Katzenhaar ging nur noch Pferdehaar. Neutraler Boden klappte auch. So trafen wir uns in der Reha auf halber Strecke. H. hatte mittlerweile den Kopf immer etwas links zur Schulter geneigt, die den Haltungsschaden durch den angespannten Aufwärtstrend noch unterstrich. Ich war für längere Strecken auf den Rolli angewiesen und meine Schrift sah aus, als habe ein Fünfjähriger seine ersten Fingerübungen gemacht. H.s gesamte linke Körperhälfte war irgendwie aus der Flucht geraten. Seine Tablettenbox bot Pillen in allen Größen und Farben. Allein das Einsortieren dauerte eine Stunde. Die Folgen des täglichen Chemiecocktails sah man H. an. Die bei Parkis übliche Schlaflosigkeit hatte seine Augäpfel im Gesicht versenkt. Tiefe Augenränder hatten ihn um Jahre altern lassen. Dagegen sah ich wie ein Fisch im Wasser aus. Zumindest war Wasser das Medium, in dem ich mich ohne große Mühe bewegen konnte.

Wir kokettierten immer mit unseren Zuständen, wobei wir dem jeweils anderen versicherten, er könne einem mit seiner Krankheit gestohlen bleiben. Tauschen käme nie infrage. H. bekam schon Ausschlag, wenn er nur daran dachte, im Rolli durch die Gegend zu fahren, und ich würde meinen Hightech-Rolli nicht gegen sein Gezappel eintauschen. So waren wir eigentlich, zumindest unter diesen Gesichtspunkten, zufrieden. H. war froh, dass er bei der typischen Unruhe, verstärkt durch die Medikamente, rumrennen konnte, und ich war froh, wenn er mir nicht von hinten an den Rolli packte, was mir das Gefühl vermittelte, ich säße auf einer Rüttelplatte. Mal ganz zu schweigen von dem Gefühl, rückwärts ins Nichts zu stürzen. Die Vorstellung, es schüttle mich ständig, war unerträglich. Wir wollten nicht mit dem anderen tauschen.

Für uns war immer klar, die Krankheit des anderen ist viel, viel schlimmer als die eigene. Jeder von uns beiden hatte extremen Respekt vor der Krankheitsbewältigung des anderen. Zusammen waren wir ein Top-Duo. Vielleicht nicht wie *Starsky und Hutch* oder *Batman und Robin*, eher wie *Pat und Patachon*. Dieses dänische Komikerduo hatte in den 1920er Jahren in der Stummfilmszene die Menschen im Kino zum Lachen gebracht. Der Witz entstand schon durch die körperliche Erscheinung des langen schlaksigen Pat und seinem gedrungenen, dicklichen Freund Patachon. Das Publikum erfreute sich an den Situationen, in denen sich die Protagonisten zum Affen machten. Schadenfreude gepaart mit traurigen Figuren zieht immer.

Als wir uns in der Klinik im Speisesaal einen Überblick über das Buffet verschafften, warfen wir uns einen kurzen Blick zu, nickten und verließen die Klinik

Richtung Innenstadt. H. hatte sein Auto dabei. Wir peilten den Döner-Imbiss in der Haupteinkaufsstraße an. Ich hatte meine Krücken hinten in den Golf geworfen. Die sollten reichen. Voraussetzung war ein Parkplatz in der Nähe des Eingangs. Um diese Uhrzeit war das allerdings kein Problem. Um sechs Uhr wurden hier die Bürgersteige hochgeklappt.

Als hätte der Dönermann geahnt, was auf ihn zukam, schaute er uns skeptisch durch die vom Frittenfett milchig getünchte Scheibe an. H. kämpfte damit, seinen Zappelarm in die Lederjacke zu bekommen. Ich balancierte am Auto zur Heckklappe. Bis ich meine Krücken endlich herausgeholt und H. die Jacke angezogen hatte, dauerte es gefühlte dreißig Minuten. Der Dönermann hatte es sich an der Scheibe bequem gemacht. Die einzigen Gäste hatten offensichtlich ihr Essen schon. H. war intensiv damit beschäftigt, den Schlüsselbart in das Türschloss zu fädeln, so nahm er unseren Beobachter nicht war. Ich lehnte an der Beifahrerseite und beobachtete den Dönermann, der H. kopfschüttelnd musterte. Hätte H. etwas von Parkinson geahnt, hätte er beim Kauf des Autos sicher nicht am elektrischen Türöffner gespart.

Endlich waren wir so weit. Es hatte an diesem Tag geregnet. Mein Respekt vor rutschigen Stufen war enorm. Dennoch schlug ich H.s gut gemeintes Hilfsangebot, mich zu stützen, aus. Wir schauten uns an und mussten gleichzeitig schmunzeln. Es war der Beginn eines unvergesslichen Dönerbudenbesuchs.

»Hat der uns wirklich angestarrt?«

Ich nickte lächelnd.

Die Tür öffnete sich mit einem nervenden elektronischen Summton, der anhielt, bis die Tür wieder vollständig geschlossen war. Der Raum vor dem Tresen war ganze zwanzig Quadratmeter groß. Da fragte man sich schon, was der Summer sollte. Neben der Tür stand ein alter, mit Jacken behangener Garderobenständer. Durch die Krücken hatte ich eine erhebliche Spurbreite. Ich verhedderte mich dann auch gleich rechts mit einer Krücke in der Seitentasche einer Regenjacke. H. konnte gerade noch verhindern, dass wir sozusagen mit der Tür ins Haus fielen. Der Dönermann stand am Tresen, hatte die Unterarme auf die Theke gelegt und beobachtete uns mit offenem Mund. Die zwei Gäste an dem Stehtisch rechts vor dem Spielautomat beschäftigten sich konzentriert mit ihrem Essen. Das ließ auf gute Qualität schließen. Der Summer summte. Links an der Seite zur Straße, vor der großen Ladenscheibe, stand ein Tisch mit zwei Barhockern. Zweifelnd schaute ich die Hocker an.

»Komm, setz dich erst mal!«, sagte H. beruhigend. Leichter gesagt, als getan. Ein Barhocker gehörte nicht zu der Art Sitzmöbel, das mir Sicherheit und Bequemlichkeit vermittelte. H. hatte aber recht. Es war Zeit, sich endlich zu setzen. Damals hatten wir noch so unsere Probleme, mit der Verlangsamung umzugehen. Das führte zu schlechtem Körpermanagement. Da mein Körper, um zwei Stützen erweitert, in der kleinen Dönerbude sehr viel Platz einnahm, stand ich da und dachte darüber nach, wie ich die Jacke ausbekommen, und vor allem, wie ich auf dem Barhocker sitzen sollte. Es waren Barhocker ohne Rücken- und ohne Seitenlehne, und zu allem Überfluss ließ sich die runde Sitzfläche auch noch drehen. H. kämpfte neben mir mit seiner Jacke. Der Dönermann lehnte vornübergebeugt mit gefalteten Händen auf seiner Theke und behielt uns unverändert fest im Blick. Irgendetwas klemmte noch bei H. Als ich vor mir auf den Boden schaute, sah ich Wassertropfen, die sich zu einer regelrechten Lache zusammenrotteten. So ein Anblick ging mir durch und durch. Durch die Augen ins Gehirn und von da aus ohne weitere Beachtung in jeden Muskel meines Körpers. Sie spannten sich zum Platzen an. Jedes Vertrauen in die Bodenhaftung ging durch eine kleine Wasserlache vor den Füßen zum Teufel. H. fluchte derweil, als sich sein Zappelarm im Jackenärmel verfing.

Ich schaute ihn an, schaute auf die Wasserlache, schaute auf den Dönermann und lächelte. H. zerrte und riss an seiner Jacke. Meine Mundwinkel gingen hoch, die Augen leuchteten und ich musste nun laut loslachen. Erst grimassenhaft, dann ausgelassen und später hysterisch. Offensichtlich ist eine Reaktion auf ausweglos erscheinende Situationen überschäumende Freude. Diese Freude, die Lust an der Selbstbelächlung, wirkte auf Außenstehende fremd. Auf den Dönermann wirkte sie gar nicht.

Ich erinnere mich noch gut an meinen schlimmsten Lachanfall. Nach einer Gruppengymnastik der Superlative – ich balancierte beidseits gestützt auf einer Turnhallenbank – donnerte ich mit meinem Rolli den Gang von der Turnhalle zum Fahrstuhl hinunter. Es standen schon ein paar Leute davor. Euphorisiert durch den vorangegangenen Balanceakt kippelte ich mit meinem Aktivstuhl, was das Zeug hielt. Ich konnte mit Fug und Recht behaupten, einer der wenigen Neurogestörten mit permanentem Schwindel zu sein, der den Rollstuhl auf zwei Rädern balancieren und auch so fahren konnte. Die Wartenden schauten mich ängstlich an. Immerhin war hier nicht Turnhallenboden verlegt, sondern harter Fliesenboden. Ich schaute der Frau mit dem angsterfüllten Blick tief in die Augen und balancierte auf zwei Rädern mit einer Hand am Greifreifen weiter. Als ich übermütig auch die linke Hand vom Greifreifen nahm, um Halt an der Stange zu suchen, die sich seitlich durch die gesamten Gänge zog, passierte das Unvermeidliche. Es setzte gerade noch der lange antrainierte Reflex ein, sich nach vorn zu beugen, da schlug ich schon rückwärts unsanft auf dem kalten Steinboden auf. Die Beine hingen noch angewinkelt am Rolli, als ich wie ein Käfer auf dem Rücken lag.

»Nichts passiert! Keine Panik!«, rief ich, als ich zwei Personen auf mich zustürzen sah. Behände griff ich zur Stange und zog mich mit aller Kraft zurück in den Rollstuhl, während vorn jemand festhielt. Lächelnd und fast geschafft, riss, kurz bevor ich oben war, die Haltestange aus der Wand – und diesmal machte ich keinen Buckel. Der Aufschlag war hart. Ich lag wieder auf dem Rücken und hatte ein Stück abgerissene Stange in der Hand. Ob es der Schock war, die Slapstick-Situation oder wer weiß was, ich fing an zu lachen. Um mich herum panikten alle, einer hatte schon den Hörer eines der Haustelefone, die alle paar Meter an der Wand hingen, in der Hand. Zwei Männer beugten sich über mich und versuchten mich hochzuziehen. Ich lachte und winkte ab.

»Lasst mich liegen! Lasst mich bitte liegen!«, rief ich, ohne das Lachen zu unterdrücken.

»Sollen wir nicht …?«

»Nein! Bitte nicht!«

Es muss sich das gesamte Arsenal an Glückshormonen in mir gleichzeitig entladen haben. Den Blick fest an die Decke geheftet, rief ich lachend: »Scheiße, verdammte Scheiße, nicht zu glauben!«

Es stand nur noch eine Frau rechts in der Ecke am Fahrstuhl. Die anderen hatten es vorgezogen, die Treppe zu nehmen. Langsam entspannten sich meine verkrampften Muskeln. Der durch überschäumende Muskelansteuerung verursachte Tremor im rechten Bein ließ sich durch Anheben des Beins mit einem Griff in die Kniekehle beheben. Die Frau zog ganz ruhig den Rolli unter mir weg. Sie sagte kein Wort. Dann ging die Fahrstuhltür auf und sofort kamen zwei Hilfespender auf mich zu und zerrten an mir herum. Ich hätte noch eine Minute gebraucht, um die Hilfe verkraften zu können. So legte mein Tremor wieder los, alles verkrampfte sich und ich gigste vor mich hin. Als ich endlich wieder im Rolli saß, schaute ich zu der schweigsamen Frau hinauf. Sie stand da und sagte ganz ruhig: »Idiot.«

H. hatte sich endlich aus der Jacke befreit und half mir aus meiner. Jetzt galt es nur noch, den Barhocker zu besteigen. Der Kopf des Dönermanns ruhte zwischen seinen Händen, die, zum Kelch geformt, Entlastung schafften. Er schaute. Als H. mit seinem Zappelarm auf mich zukam, hätte ich in Angst verfallen können. Auf den Barhocker steigen und gleichzeitig in eine gleichmäßige Schwingung versetzt zu werden, konnte schon Angst und Panik auslösen. Ich lachte H. zu. Er schaute erst verdutzt, bis sich sein Gesicht entspannte und er die Situation wortlos verstand.

Da standen jetzt also zwei Behinderte, von denen der eine kaum in der Lage war, die Jacke auszuziehen, und der andere breitbeinig, regungslos an zwei Krücken eine Lachattacke bekam. Es beflügelte mich. Wir waren frei von jeglicher Konvention. Wir durften das! Und vor allem, wir taten es. So gut konnte der Döner gar nicht schmecken, dass die beiden Gestalten am Nachbartisch unbeeindruckt weiteraßen.

Der Dönermann wurde jedenfalls blitzartig gerade hinter seinem Tresen. Der Gesichtsausdruck blieb unverändert starr auf uns gerichtet. »Du willst mich doch nicht allen Ernstes anfassen, oder?«, rief ich H. mit Tränen in den Augen zu. H. stimmte in das irre Gelächter ein. Kaum ein richtiges Wort herausbekommend, fragte er mich: »Döner?«

Ich antwortete: »Klar, mit alles!«

Mittlerweile saß ich auf dem Hocker. Links gegen die Fensterscheibe gelehnt und rechts die Krücke in der Hand. Die Sitzfläche des Barhockers war kaum spürbar, weshalb mein Gleichgewichtssinn keinen Anhaltspunkt hatte, mich kontrolliert in aufrechter Position zu halten.

»Mit alles?«, sagte H. so laut, dass auch die anderen Gäste zu uns herüberschauten, den Blick dann aber ganz schnell wieder auf den eigenen Döner zurück richteten.

Was für ein Schwachkopf hat sich wohl ausgedacht, eine mit Fleisch gefüllte Teigtasche zusätzlich mit Tsatsiki und Krautsalat zu drapieren und das Ganze in Papier einzuwickeln?

H. schaute zum Dönermann an der Theke hinüber und sagte: »Zwei Döner mit alles.«

Wortlos drehte sich der Dönermann um und schnitt mit dem typischen Dönerschwert Fleischstreifen vom Dönerbatzen in eine Metalllade. Wir hatten uns derweil wieder etwas beruhigt. Das Lachen saß aber immer noch lauernd in uns. Die Ruhe war trügerisch.

»Mit Krautsalat?«, rief uns der Dönermann zu, der bei den Zutaten angekommen war.

H. antwortete: »Ja, mit alles.«

»Mit Tsatsiki?«

»Ja, habe ich doch gesagt.«

»Möchten Sie Zwiebeln?«

Bevor H. antworten konnte, rief ich: »Ja, das wäre nett.«

H. ging etwas verschnupft zum Dönermann. Vor ihm lag der König der Döner. Das Tsatsiki rann seitlich heraus und hatte das Papier schon durchtränkt. In jedem Döner steckte eine Plastikgabel. Als ich H. mit jeweils einem Döner in der Hand sah, schwand meine Hoffnung auf das Prachtexemplar. Der Parkiarm zitterte seinen Parkirhythmus. Die Schulter hochgezogen, den

Blick fest auf den Parkidöner genagelt, zog H. eine Spur der Verwüstung durch den kleinen Gästeraum. Krautsalat mit Tsatsiki. Der Dönermann schaute schweigend.

Der Königsdöner war trotz partieller Verluste noch mächtig, sehr mächtig. H. begann zuerst. Er entschied sich für die Variante linke Hand die Gabel – das war die Parkihand –, rechts den Döner festhalten. Eine schlechte Wahl. Während H. zur Theke zurückging, wo der Dönermann schon mit einem Bündel Servietten wartete, stellte ich mich dem Königsdöner. Mit Gabel ging gar nicht, da mir dann der Halt auf dem Barhocker fehlte. Ich schob den Döner zur Fensterseite, stützte mich rechts mit der Krücke ab und presste dadurch meinen Körper fest gegen die Scheibe. Jetzt musste ich nur noch mit der linken, der schwächeren Hand den Döner …

»Das sieht echt krank aus!«, sagte H., der den Krautsalat auf seiner Seite zusammenwischte.

»Danke!«

Der Döner hatte locker einen Durchmesser von zehn Zentimetern. Keine Chance also, das Ding mit ganzem Durchmesser in den Mund zu bekommen. Wir saßen uns nun gegenüber, jeder hatte seinen Döner in der Hand. Ein Parki und ein MSler. Der Dönermann schaute schweigend. Und dann bissen wir zu. Es war ein Krautsalat-Dönerfleisch-Tsatsiki-Gemetzel. Bevor noch die Verwüstungen auf dem Tisch ihren Lauf nahmen, brach es wieder aus uns heraus, dieses unbändige Lachen. Der Tisch rechts neben uns war leer. Zwei halbe Königsdöner waren zurückgeblieben.

Als wir mit Tränen in den Augen draußen vor dem Auto standen, sah ich den Dönermann sich mit einem Wischer bewaffnen. Er würdigte uns keines Blickes mehr.

Pat und Patachon. Für uns war die Dönerbude ein Ausflug in die Slapstickzeiten von Pat und Patachon. Wir waren satt und zufrieden. Kein Anlass für Schamgefühle. Wir waren die unfreiwilligen Komiker, die Bewunderer und das Publikum gleichermaßen. Das unterschied uns von den Komikern der Stummfilmzeit, die ihr Publikum verzückten, indem sie sich und ihre Unzulänglichkeiten auf den Arm nahmen. Aber ob sie über sich gelacht haben?

Wir waren Publikum und Akteure in einem. Unsere Zuschauer, die eigentlich Weggucker heißen sollten, waren wohl peinlich berührt und halb satt auf dem Weg nach Hause. Wenn man sich schon nicht selbst schämt, müssen das andere übernehmen.

Meine Psychogruppe

An dem Tag, als ich in das Auto einstieg, um zum ersten Termin einer geführten Selbsthilfegruppe zu fahren, ahnte ich noch nicht, was mich erwarten würde. Bei dieser Gruppe handelte es sich um ein sogenanntes Coping-Konzept, das vom MS Förderverein OWL gesponsert und vom Leiter der Neurologie einer Rehaklinik in Bad Salzuflen geführt wurde. Das Ganze diente der Krankheitsbewältigung und sollte den Erfahrungsaustausch zwischen Erkrankten unter fachkundiger Leitung fördern. Coping ist das Schlagwort für einen verarbeitenden Umgang mit Erkrankung und Behinderung. Nach einem Reha-Aufenthalt in der Flachsheide fragte mich der Leiter der Neurologie, ob ich Interesse an einer solchen Gruppe hätte. Eigentlich sollten eher Neuerkrankte angesprochen werden, aber ich würde trotzdem gut dort hineinpassen, versicherte er mir. Es kam mir natürlich der Gedanke, er stelle mich in die Reihe der Verarbeitungsversager. Das machte mir den Weg in die Coping-Gruppe nicht eben leichter.

Nach zwei Vorgesprächen stand fest, ich war dabei. Ein etwas mulmiges Gefühl hinterließ meine zum Rest der Gruppe abweichende körperliche Konstitution. Behinderungstechnisch betrachtet, hatte ich eine herausragende Position in der Gruppe. Ich war mit weitem Abstand am stärksten eingeschränkt. Wozu gibt es denn die ganzen Einteilungen in Sport, Wissen und Bildung oder wie hier in Behindertengrade? Wer schon einmal schnell zum Bus rennen musste, im Sommer gern auch mal ins Freibad geht und bei schönem Wetter am Sonntag eine gepflegte Runde Rad mit dem extra zu diesem Zweck bei Lidl gekauften Aluhollandrad für 89,99 Euro fährt, nimmt dennoch nicht einfach so am Iron Man, dem härtesten Triathlon der Welt, auf Hawaii teil. Oder? Aber, Herr Dr. D. versicherte mir, dass es gar kein Problem sei. »Ich, der Sohn meiner Mutter, einer rheinischen Frohnatur, der immer einen lockeren Spruch mit hohem Unterhaltungswert auf den Lippen hat, kriegt das bestimmt hin«, dachte ich.

Jetzt saß ich also im Auto auf dem Weg zum ersten Date und hatte noch etwa eine halbe Stunde Zeit, mir den Kopf zu zerbrechen, wie es wohl werden würde. Die Situation entsprach im Grunde genau dem, was ich nicht wollte. Meine Krankheitserfahrung mit den unterschiedlichen Stadien des Fortschreitens machte mich eventuell im Vorfeld schon zum Gruppenpapa. Ich war sehr nervös. Im Streben nach dem Besonderen in der Medienwelt, dem Scheinwerferlicht, der Bühne für Kuriositäten, haben wir, die MSies, ja alle unfreiwillig unseren Platz. Bei der geringen Anzahl Betroffener, gemessen an der Gesamtbevölkerung, ist man automatisch außergewöhnlich. Mit ein bisschen Einfallsreichtum für irgendein bescheuertes Thema hätte man doch bei den ganzen Talkshows am Mittag eine 99-Prozent-Chance, eingeladen zu werden.

Für den Kerner muss man allerdings etwas mehr zu bieten haben. Ich hielt es dennoch für durchaus machbar. Die Messlatte liegt nach dem Auftritt des Exweltmeisters im Apnoetauchen in der Show sehr hoch. Apnoetauchen ist diese spaßige Freizeitbeschäftigung, bei der man ohne Sauerstoffflasche so tief wie möglich an einem Seil in die Meerestiefe hinabgelassen wird. Ziel ist es, nicht zu ersaufen oder ins Koma zu fallen. Der Besagte ist wohl etwas übers Ziel hinausgeschossen, was ihm einen Hirninfarkt einbrachte. Für *Kerner* hätte das allein auch nicht gereicht. Der Mann konnte jedoch mit extrem schweren infarktbedingten Behinderungen aufwarten, die lediglich ein Prozent der Betroffenen überleben. Doch es war nicht genug, das zu überleben, nein, er lief jetzt Marathon als Behindisport. Die ersten 20 Kilometer in spastisch verzerrter Pose, aber dann ging die Post ab. Da sehen natürlich neunundneunzig Prozent aller anderen Behinderten absolut blass aus. Es soll uns zeigen, dass es jeder schaffen kann. Man muss sich eben nur anstrengen. Kerner setzte seinen vor Hochachtung entrückten Gesichtsausdruck auf. Erhebt euch aus euren Rollstühlen, schmeißt eure Krücken weg und lauft Marathon oder noch besser Triathlon! Bei Kerner wurde es vorgeführt.

Ich kam mir vor dem Fernseher als alter Durchschnittssportler ziemlich dämlich vor. Während mein sportlicher Ehrgeiz geweckt wurde, stieg meine Wut auf den schwerstbehinderten Marathonläufer beim Zuschauen. Ob der wohl einen Parkschein für Behindertenparkplätze hat? Ärzte hatten ihm ein Gehirn von der Konsistenz eines Schweizer Käses nach dem Unfall attestiert. Ärzte! Als wenn die Ahnung von Leistungssport hätten. Alles eine Frage des Willens.

Na ja, man kann ja auch mit kleineren Kunststücken glänzen und *Vera am Mittag* tut es ja auch. Ich musste da kleine Brötchen backen.

Nach diesem kurzen geistigen Ausflug konzentrierte ich mich wieder – nein, nicht auf die Fahrbahn – auf meinen ersten Kontakt in der Gruppe. Es würde gewiss eine Vorstellung der Gruppenmitglieder geben, bei der man ein Kurzporträt von sich selbst würde zeichnen müssen. Zum Beispiel so: »Hallo, ich bin der Dirk, 42 Jahre alt, bin verheiratet und habe zwei tolle Töchter im Alter von zehn und dreizehn Jahren, meine Diagnose bekam ich 1992. Ich bin noch voll arbeitsfähig ...«, bla, bla. Und dann lege ich los mit meinem Lieblingsthema Arbeit und das Erreichen der normalen Altersrente. Arbeitsfähig. Das wäre doch was für *Kerner*, denn noch spektakulärer geht's nimmer. Allerdings zu spät. Mit 70 habe ich mit an Sicherheit grenzender Wahrscheinlichkeit keine Lust mehr auf Talkshows, und an *Kerner* wird sich niemand mehr erinnern.

Das Standardporträt verwarf ich wieder. Es war sicher besser, nicht sofort sein Pulver zu verschießen, und ich fasste die Entscheidung, das Kurzporträt wirklich kurz und knapp auf meine biografischen Daten zu beschränken, um dann lauschend abzuwarten. Ich war schon auffällig genug. Jetzt galt es, Zurückhaltung zu üben. Nicht gerade meine Stärke.

So rollte ich auf den Parkplatz vor der Klinik. Es war noch eine viertel Stunde Zeit. Ich konnte ganz gemütlich meinen Rolli auspacken und ohne Eile den Raum suchen, in dem die Veranstaltung stattfinden sollte.

Am Empfang angekommen, fragte ich nach dem Weg zum Gruppentreffen und nannte die Raumnummer. Die nette Empfangsdame schaute mich gleich ungläubig an und wühlte in ihren Unterlagen. Dann sagte sie mir, der Raum sei falsch und die Uhrzeit könne auch nicht richtig sein. Der Raum, den sie auf ihrem Zettel habe, wäre noch besetzt, und die Gruppe würde immer frühestens um 19.00 Uhr beginnen. Besonders hohe Souveränität strahlte die Empfangsdame allerdings nicht aus und so bot sie an, bei Herrn D. anzurufen, der jedoch nicht zu erreichen war. Ich hatte Zweifel.

Dennoch setzte ich mich ruhig in die Eingangshalle und hatte noch endlos lange Zeit, über den Erstkontakt mit der neuen Gruppe nachzudenken. Die Worte von Herrn D., ich sei der am stärksten Betroffene und der einzige Mann, kreisten in meinem Kopf. Eines war klar, ich musste mich von meiner besten Seite zeigen. Ich wollte niemanden abschrecken. Der Rollstuhl, die rote Karte im Spiel des Lebens, ist für frisch Betroffene das Schlimmste, was sie sich für eine mögliche schwere Zukunft vorstellen können. Ganz neu ins Spiel gekommen und schon droht die rote Karte. Das schaut man sich nicht wirklich gern an, da übt man Distanz. Was ich nicht weiß, macht mich nicht heiß. Ich wollte meine körperlichen Restfähigkeiten betont locker zu Markte tragen. Der Rollstuhl sollte vor der Tür bleiben, während ich lässig auf einer Stütze den Raum betrete. Ein Blick hinter mich auf meinen Stockhalter am Rolli ließ mein Vorhaben wie eine Seifenblase platzen. Ich hatte meine Stütze im Auto vergessen. Jetzt noch mal zurück war keine gute Idee, denn wer will schon beim ersten Treffen zu spät kommen.

Der Zeiger meiner Uhr kroch unaufhörlich weiter und hatte die sieben Uhr-Marke bereits hinter sich gelassen. Langsam machte ich mir echte Sorgen. Vor allem war außer mir noch kein anderer da. Ich musterte die Leute, die sich in der Halle aufhielten, und fand mit geschultem Blick nur Reha-Teilnehmer. Als würde es etwas ändern, ließ ich die Tür zum Gruppenraum keine Sekunde aus den Augen. Endlich tat sich etwas. Eine Frau ging zielstrebig auf den Raum zu und trat ein. Es war etwa 19.30 Uhr, da fiel mir ein, dass ich den heutigen Termin in meinem Handy gespeichert hatte. Mein Handy zeigte: »Achtzehn Uhr dreißig Coping-Gruppe«. Als weitere Personen, die ich nie und nimmer für Teilnehmer hielt, den Raum betraten, machte ich mich auf um nachzufragen.

Beim Öffnen der Tür kam die nette Frau, die als Erste den Raum betreten hatte, auf mich zu, und ich erklärte ihr, dass man mir gesagt hätte, hier würde heute die Gruppe von Herrn D. ‚tagen'. Mit einem freundlichen Lächeln bedeutete sie mir, dass hier zwar ein Treffen vom MS Förderverein stattfände, aber die Coping-Gruppe sei immer im Raum den Gang weiter runter. Sie begleitete mich noch bis zur Tür und verabschiedete sich mit einem weiteren Lächeln.

Da stand ich nun, eineinviertel Stunde zu spät vor der geschlossenen Tür und hatte vor Aufregung alle Pläne vergessen. Ich öffnete die Tür. Sofort drehten sich alle Köpfe zu mir. Es herrschte eisiges Schweigen. Die Augen waren auf mich gerichtet, und ich kam mir vor wie ein Erdling, der zum ersten Mal mit Außerirdischen in Kontakt trat. Alle Stühle waren besetzt, außer einem. Ich war augenscheinlich der Letzte.

»Das kann auch nur mir passieren.«

Vor versammelter Mannschaft stieg ich aus dem Rolli in den Stuhl um. Es schien eine Ewigkeit zu dauern. Niemand sagte etwas. Alle warteten auf mich. Dementsprechend muss es ausgesehen haben. Unter den bestürzten Blicken der Anwesenden dauerte das Umsetzen und Jacke-Ausziehen ohne Hilfe doppelt so lange. Während der Prozedur erzählte ich mit einem gequälten Lächeln auf den Lippen die Geschichte von der falschen Auskunft am Empfang. Alle schauten ziemlich unlocker auf den Boden. Meine Geschichte war total unglaubwürdig. Die verdammte Jacke. Ich bekam den Arm nicht aus dem Ärmel. Das Platznehmen kam mir endlos vor. Endlich saß ich. Es war Stille im Rund. Herr D. meinte nach einer weiteren Schweigepause, ich könnte gleich mit der Vorstellung meiner Person beginnen. »Also, okay! Mein Name ist Dirk Riepe, ich bin zweiundvierzig Jahre alt, verheiratet und habe zwei Kinder. Ach ja! Und bin seit '92 krank.«

Ein Blick in die Runde zeigte mir, dass das ein bisschen dünn war. Zu dünn. Das Eis war noch nicht gebrochen. Die Sprachlosigkeit der Gruppe hing wie eine schwere Nebelwand im Raum. Dennoch wich ich nicht von meinem Plan ab. Zurückhaltung. Stille ertragen. Andere machen lassen. Herr D. schaute mich sehr intensiv an und fragte: »Das war's?« Hinter der Stirn las ich: »*Sie sind doch sonst so eine Schwatznase! Was ist das denn jetzt für ein Auftritt?*«

Ich fühlte mich aufgefordert, mehr von mir preiszugeben. Die Stille war unerträglich. Also fragte ich wie ein Kellner in einem First-Class-Restaurant in die Runde, ob es etwas mehr sein sollte. Jetzt hatte ich erstmalig eine Reaktion bei den Anwesenden provoziert. Die Frau mir schräg gegenüber hatte sogar ein leichtes Schmunzeln im Gesicht, glaubte ich. Also legte ich los mit der Tatsache, dass ich noch arbeitsfähig sei, dass alles wahrscheinlich schlimmer aussehe, als es sei; ich könne ja noch aufstehen und so weiter. Das Ganze präsentierte ich mit einem ehrlichen Lächeln in Verbindung mit lockeren Sprüchen, die nicht aufgesetzt waren. So entspannte sich die Atmosphäre zusehends. Die Frau, die eben noch schmunzelte, bestätigte mir den vollen Erfolg meiner Präsentation, indem sie mir einen lockeren Umgang, der ihr die Berührungsängste genommen hatte, bescheinigte.

Eh ich mich versah, war die Zeit verstrichen. Immerhin war ich viel zu spät gekommen. Selbst die Frau, die die letzte Gruppe wegen der Anwesenheit von Rollstuhlfahrern verlassen hatte, kam gut mit mir klar. Sie blieb im Raum. Es war ihr unerträglich gewesen, die Rollstuhlfahrer in der anderen Gruppe zu sehen. Die bloße Anwesenheit zog sie herunter. Das muss man sich ja auch nicht antun. Diese Gefahr bestünde bei mir nicht, versicherte ich ihr. Ich wäre ein außergewöhnlich verträglicher Rollifahrer. Alle Blicke gingen wieder auf den Boden. Zum Schluss nannten die anderen noch kurz ihre Namen. Ich schaute interessiert, konnte aber schon Sekunden später keinen Namen mehr zuordnen.

Auf dem Weg zum Auto beschlich mich das Gefühl, ich wäre irgendwie Teil des Gruppenkonzepts geworden, und sah noch keinen konkreten Nutzen für mich bei der ganzen Sache. Na ja, es war das erste Treffen und in meinem Fall auch noch auf eine Viertelstunde beschränkt. Was konnte man da schon erwarten? Jedenfalls fühlte ich mich selbst nach nur einer Viertelstunde so wohl in der Gruppe, dass ich mich schon auf das nächste Treffen freute.

Ich hatte Glück diesen Morgen. Der unerlaubte Belagerungszustand der Sonnenlieger durch das Platzieren von Badetüchern weit vor Sonnenaufgang hatte zwei Liegen und einen Sonnenschirm übrig gelassen. Da wir häufiger das Langschläfer-Frühstück wählten, waren am Pool nur noch Stehplätze frei, gesetzt den Fall, man betrachtete Liegen ohne Menschen, mit Badetüchern belegt, als besetzt.

Das Hotelbett hatte mich in der Nacht gequält. Mein Körper konnte sich schon lange nicht mehr von selbst im Schlaf drehen, um die notwendige Druckverteilung zu schaffen. Den überwiegenden Teil der Nachtruhe hatte ich damit verbracht, die Fangesänge betrunkener Horden aus allen Herren Länder auswendig zu lernen. Die Engländer lagen, dicht gefolgt von den ebenfalls tonal sehr stark ausgebildeten Russen, auf Platz 1. Knapp geschlagen folgten auf den Plätzen die Bulgaren, die Polen und die Deutschen, der ganze Stolz der deutschen Saufliga, die, wie in der Bundesliga, schon lange nicht mehr allererste Qualität hatten. Die Skandinavier konnte ich akustisch nicht auseinanderhalten. Deshalb wäre es unfair gewesen, sie einzusortieren, ohne ihren landesüblichen Sauf- und Sangesgebräuchen gerecht zu werden. Jedenfalls war diese Gruppe sehr stark vertreten. Die hohen Alkoholpreise in den einzelnen skandinavischen Ländern führten wohl dazu, dass aus dieser Gruppe nur Gutturallaute kamen, die bei der Gesangsdiagnostik zu einem hinteren Rang führen musste. Jetzt hätte ich doch fast unsere orangenen Nachbarn vergessen, die mit den lustigen Haaren und der so freundlichen Fankultur. Warum die bei legalisierten Drogen aller Art im eigenen Land zum Saufen eines der ärmsten EU Länder überfielen, war mir nicht klar.

Am Himmel schwebte ein Paraglider.

Nachdem ich den Sonnenschirm Schatten spendend ausgerichtet hatte, wechselte ich tapfer aus dem Rolli auf die deutlich tiefer gelegene Liege. Im Zeitlupentempo bewegte ich mich behände wie ein Faultier in die Liegeposition, die ich, mit einem Buch bewaffnet, beibehielt, bis das Wasserballspiel mit meiner Tochter anstand. Die Sonne der bulgarischen Schwarzmeerküste brannte selbst durch den Sonnenschirm auf der Haut. Es hatte dieses Jahr im Juni/Juli konstant um die 30 Grad. Komischerweise machte mir die Temperatur nichts aus. Vor der Entscheidung, nach Bulgarien in den Urlaub zu fliegen – ich liebe das südliche Klima –, hatte ich im Geiste durchgespielt, wie ich zwei Wochen in dem durch die zentrale Klimaanlage auf 21 Grad gekühlten Hotelzimmer verbringen würde, ohne Meerblick, ohne Balkonfeeling, allein mit meinen Büchern. Hitze konnte mich, wenn es dumm lief, in eine Art Sommerschlaf versetzen.

Ein Land des ehemaligen Ostblocks hatte ich seit der Zeit direkt vor der Grenzöffnung, als wir unsere Freunde in Ostberlin besuchten, nicht mehr betreten. Was hatten wir damals über mögliche Synergieeffekte der beiden Länder diskutiert. Nächtelang saßen wir bei Wessi-Whisky und Ossi-Zigaretten in der 60 Ostmark Miete kostenden Altbauwohnung. Die total vergammelten Treppenhäuser rochen nach DDR. Der Sozialismus hatte seine Duftmarke unauslöschlich in die Gebäude, Straßen und in die Natur diffundiert. Dieser Geruch stieg mir direkt nach der Landung des Fliegers in Burgas in die Nase. Als hätte selbst die Natur die Existenz des Sozialismus für immer aufgesogen. Der Asphalt schwitzte es aus, die Sitze in Bussen und öffentlichen Gebäuden rochen danach. Der Gestank überdauerte diese politische Episode europäischer Geschichte.

Jetzt sind es schon zwei Paraglider, die majestätisch hoch über der Hochhausskyline von ,Sonnenstrand' stehen.

Das Land der Thraker mit einer großen Geschichte wurde nach der Wende statt von Orpheus, Osmanen und danach Russen nun von grölenden All-inclusive-Touristen an den langen Sandstränden belagert. Wir gehörten dazu, das erste Mal. Wir waren ja sehr skeptisch gewesen bezüglich eines Urlaubs in ,Sonnenstrand'. Die Schwarzmeerküste mit seinen wunderschönen Sandstränden war zubetoniert, wo es nur ging.

Eigentlich war ein Pauschalurlaub in ausgewiesenen Zentren für Erhalt und Ausbau der Hautärzteeinkünfte in Deutschland nicht unser Ding. Allerdings mussten wir mit meinem Rolli ein, zwei Kompromisse eingehen, ob wir wollten oder nicht. Was mal die Meteora-Klöster, die wild romantische Landschaft Korsikas, die man am besten erwanderte, oder die wunderschönen kleinen Dörfer der italienischen Levante gewesen waren, war nun flachen Promenaden ohne Bordsteinkante, Hotels mit ebenerdiger Dusche und Fahrstuhl an überfüllten Stränden mit Dauerdisco-Beschallung gewichen. Wenn es ganz genial sein sollte, sprich der Zugang zum Meer durch Plattenwege ermöglicht war, kamen nur Luxusgrills infrage. Natürlich waren da nicht Buchten auf Malle gemeint, in denen man Dieter Bohlen und seine Hupf- und Gesangsdohlen traf. Die waren natürlich nur per Jacht erreichbar.

In den Hotelzimmern hing der Geruch des russischen Kommunismus, von dem die Bulgaren mit distanzierter Hochachtung sprachen; immerhin wurden sie nach 500 Jahren osmanischer Unterdrückung befreit, das erzählte zumindest die Reiseleiterin auf dem Weg nach Varna. Sie wurde nicht müde, diese historische Verklärung bei jeder erdenklichen Gelegenheit zu wiederholen.

Jetzt lag ich hier mit meinem Buch in der Hand bequem im Schatten und dachte über meine neue Geschichte nach. Im Urlaub hatte ich, wie auf meinem Dreirad, Inspirationen für neue Geschichten. Themen, die aus Erlebtem, Erdachtem und Erwünschtem bestanden.

Da startet der nächste Paraglider.

Eine Geschichte wuchs in meinem Kopf. Erst war sie klein und bedeutungslos, nur eine Idee. Dann nahm sie langsam Konturen an. Was ich dem Leser und wie mitteilen wollte, umrundete ich in endlosen Bahnen wie ein Fahrer beim Sechstagerennen. Immer aufmerksam, immer das Gleiche. Es entwickelte sich dann ein Grundgerüst, dem man allerdings noch Impulse geben musste. Das Tippen war nachher nur noch Fleißarbeit.

Seit Tagen beobachtete ich nun die Paraglider am Himmel. Da stellte sich mir die Frage: »Kann ein schwer körperbehinderter Mensch, der beispielsweise auf den Rolli angewiesen ist, mit einem Fallschirm zum Flug über die Küste starten?« Vielleicht eine bescheuerte Idee, aber eine Geschichte wert.

Wer träumt nicht davon, schwerelos am Himmel auf das Treiben in der Touristenmetropole zu schaun? Das Gefühl, wenn es einen beim Start des Motorbootes in den Himmel katapultiert. Total ausgeliefert. Das Gehirn möchte sich beim Start Platz machen und sucht die engen Ausgänge durch das Gehör. Der Schwindel, an den man sich schon gewöhnt hat, explodiert im Kopf. Und dann, nur eine Sekunde später, steht man am Himmel. Kein Luftzug, als stünde man bewegungslos da. Man sitzt in dem Beckengurt, der den Po eng umschließt. Man kann sich eigentlich ruhig zurücklehnen und genießen. Der Reflex und die Ungewissheit lassen jedoch die Hände die Seile fest umschließen, bis sich die Fingerknöchel schneeweiß verfärben. Es ist so ruhig dort oben. Der Flug am Wind ist so unwirklich. Nichts zu spüren von der Schwere der Beine. Lediglich das vor Aufregung pochende Herz gibt einen Hinweis, dass der Körper noch da ist und die Schwere zurückkehren wird. Man lässt nun auch die Seile los und die verkrampften Hände erholen sich langsam.

Da kam auch der nette Schwede, der gar nicht aussah wie ein Schwede, angerollt. »*Typischer Fall von Querschnitt nach Unfall*«, dachte ich. Unsere Blicke begegneten sich und er kam zu mir herüber. Der Mann reiste allein, war in meinem Alter und hätte ein Südländer sein können. Dunkle Haare, dunkler Teint. Wir kamen sofort angeregt ins Gespräch und ich erfuhr, dass er ein russisch-schwedischer Libanese war. Er war nach dem Attentat auf seinen Schulbus in Beirut, bei dem seine Freunde starben und er als Einziger mit einem Rückenschuss überlebte, ausgewandert. Es trieb seine Familie über Russland letztendlich nach Schweden. Also kein Unfall! Damals war er sechzehn Jahre alt. Ich hätte so etwas jedenfalls nicht als Unfall bezeichnet. Ich fragte ihn abschließend, wie er so klarkäme im Rolli, und erhielt eine erstaunliche Antwort:

»I survived, man!«

Der Mann lachte mich aus vollem Herzen an und bewegte sich zu seiner Liege rüber. Er winkte mir kurz zu, und sein Gesicht zeigte immer noch das fröhliche Lachen.

Würde ein Schwerbehinderter überhaupt von den Jungs am Strand in den Himmel gelassen? Diese Frage musste ich in der Geschichte glaubwürdig klären. Es dauerte nicht lange, und ich war wieder in meiner surrealen Welt der Gedanken. Meinem Sechstagerennen. Also! Würden die braun gebrannten Jungs einen Rollifahrer rauflassen? Wir sind hier in Bulgarien, nicht in Deutschland! Zu Hause wusste ich die Antwort. Aber hier? Die nächste Frage, die sich stellte, war: »Wie kommt er denn am Strand durch den Sand bis zum Abflugplatz?« Er oder sie konnte einfach noch ein bisschen laufen. Der russisch-schwedische Libanese konnte auch noch auf den Krücken stehen und ein paar Schritte tun. Und in der Vorfreude, etwas Verrücktes zu tun, wurden ungeahnte Kräfte frei. Das war so.

Wenn man am Wind schwebt, vergeht die Zeit wie im Fluge. Dann kommen das Ende der Küste und die Wende. Das Motorboot fährt eine Schleife und der Schirm sackt durch. Schlagartig verdrängt der Schwindel die Schwerelosigkeit. Gerade hat sich das Gehirn entschieden, nicht durch die Ohren zu flüchten, da geht es leicht gegen den Wind und im Boot gegen die Wellen am straffen Seil blitzartig nach oben. Jetzt sehen selbst die höchsten Gebäude klein aus. Der Wind rauscht in den Ohren und die Fahrt ist unruhig. Die Hände klammern sich krampfhaft an den Seilen fest. Bei jeder Welle, wenn das Boot an Fahrt verliert, sackt der Schirm durch, um sich sofort wieder in höchste Höhen zu schießen. Der Schwindel bestimmt das Geschehen. Man versucht, sich auf die tolle Aussicht zu konzentrieren. Vergebens. Es ist dieser Schwindel, der sich im Kopf abspielt, nicht im Magen. Keine Übelkeit, nur unerträglicher Schwindel. Man hofft jetzt zu überleben. I survived man!

Stellte sich weiterhin die Frage: »Wie kommt man wieder runter?« Klar. Runter kommen sie alle. Den dummen Spruch kennt jeder. Der Instruktor am Strand erklärte ja auch, wie man wann an den Seilen ziehen musste, wenn er in die Trillerpfeife bliese und am Landepunkt mit den Armen ruderte. Aber wie, wenn die

Arme kaum taugten, sich am Kopf zu kratzen? War das realistisch? So ein Behindertenabenteuer musste ja auch realistisch sein. Vielleicht auch nicht, ich wusste es nicht. Okay, Punkt 1: Man musste dem Instruktor nicht sagen, dass sich die Arme nicht einmal zum freien Tragen einer Tasse Kaffee eigneten. Da zählte die Ausstrahlung bei der Vorstellung. Wie beim Bewerbungsgespräch. Eine gute schauspielerische Leistung war gefragt. So ein bulgarischer Instruktor ließe sich überreden, bestimmt.

Und wenn ein Er mit seiner Tochter einen Tandemflug machen wollte? Unrealistisch? Und vor allem: Machte die Tochter das mit? Was war schon Besonderes an einem Flug mit dem Fallschirm? Die Medien zeigen uns Rollifahrer auf dem Himalaja, Kids, die U-Bahnsurfen betreiben. Natürlich flöge ein 14-jähriges Mädchen mit ihrem Papi. Nur der Instruktor!

Dann taucht der rote Instruktor am Strand auf und hält die Arme V-förmig nach oben. Er weist nun mit beiden Armen nach rechts und bläst in die Trillerpfeife. Man hört das Signal, sich in die Seile zu schmeißen. Die Schultern schmerzen von der Kraft, die die schlaffen Arme plötzlich entwickeln. Man hat den Instruktor fest im Blick. Der Schwindel tobt allein vor sich hin. Langsam senkt sich der Schirm. Beim Touchdown hat sich das Bewusstsein samt Gehirn endgültig durch die Gehörgänge verflüchtigt. Man kann schon eine Minute nach Landung nicht mehr sagen, wie man gelandet ist. Hat man gestanden? Haben einen die vier kräftigen Männer am Boden aufgefangen? Wird man über den Strand geschleift?

Mein Protagonist flöge und er würde mit seiner Tochter sicher landen. Das ist aber auch der große Vorteil von Geschichtenerzählern. Sie liegen unter dem Sonnenschirm auf einer bequemen Liege und beobachten ihr virtuelles Sechstagerennen. Es gibt garantiert einen Sieger. Es gibt immer einen Sieger. Die Strategie entscheidet, nicht die pure Muskelkraft. Alles muss passen, um im Ziel die Arme hochreißen zu dürfen.

Sollte eine Geschichte nicht realistisch bleiben? Es waren fast zu viele Faktoren, die eine solche Geschichte unglaubwürdig machten. Gerade die Glaubwürdigkeit lag mir am Herzen. Es gab natürlich eine einfache Lösung. Ich befand mich in Bulgarien, war Rollstuhlfahrer, hatte eine 14-jährige Tochter und eine Frau, die sich am Strand erst mal hätte erkundigen können. Dummerweise hatte ich schon als gesunder Mensch Angst, so etwas zu machen. Aber was würde man für seine Geschichten nicht alles tun! Oder doch besser nicht?

Der Schwindel wird Tage bleiben, aber dieses Erlebnis wird ein Leben lang halten. Und am Strand schaut man anerkennend auf den Mann mit seiner Tochter, der auf seinen Krücken den mühsamen Weg durch den Sand bis zur 20 Meter entfernten Strandpromenade antritt. Von den begeisterten Blicken der Strandbesucher begleitet, bewältigt er auch den Weg zurück zum Rolli. Dann sieht man ihn in seinem Rollstuhl sitzen, total kaputt, mit einem Lächeln im Gesicht.

I survived man!

SIND SIE SELBST BEHINDERT?

Urlaub! Das Wort allein schon. Urlaub! Da atmet man ganz tief durch, füllt den Urlaubsantrag aus und ist, obwohl das Ereignis erst Monate später eintreten wird, in euphorisierter Stimmung. Urlaub kann man riechen, spüren. Alle fünf Sinne sind beteiligt. Der Gedanke an Urlaub überlistet die Sinne und gaukelt dem Gehirn eine vollendete Täuschung vor. Wie oft hat man eigentlich Urlaub im Leben? Ich meine so absolut! Also, von der Geburt bis zum Tod. Wobei ...

Darf man das Wort Urlaub noch gebrauchen, wenn man schon in Rente ist? Urlaub ist doch etwas, das muss man sich verdienen, in der Regel durch Arbeit. Also hat man nur bis 65 Urlaub. Wie das danach heißt, weiß ich nicht. Rente ist doch Urlaub! Dauerurlaub. Trotzdem will sich bei den Rentnern der Nation nicht so richtig Urlaubsstimmung einstellen. Es muss doch einen Unterschied geben. Genau. Im Urlaub fährt man weg. Zu Hause bleiben, das ist doch kein Urlaub! Nach meinen Berechnungen habe ich noch dreizehnmal in meinem Leben Urlaub, wenn ich einmal im Jahr wegfahre. Da lohnt es sich schon, darüber nachzudenken, wie und wo man seinen Urlaub verbringt. Wenn jetzt ein Urlaub den erhofften Ansprüchen nicht genügt, dann ist das eine Lebenskatastrophe. Nicht ein versauter Urlaub, nein, ein Desaster, ein ... Ich finde keine Worte, die ausdrücken, wie deprimierend, wie schockierend die Erkenntnis ist, dreizehnmal noch Urlaub, wenn nichts dazwischenkommt, und dann war es das, fini, basta.

Es war brütend heiß, als wir abends die Koffer ins Auto warfen. Also die anderen warfen, und ich warf scharf musternd Blicke auf das Geschehen. Der letzte Akt der Vorbereitung war vollzogen, der Vorhang fiel wie die Tür des Bullis ins Schloss. Der Wagen hatte so viel Platz, dass man nicht wirklich von Autopacken sprechen konnte.

Das war früher ganz anders, als wir mit unserem Opel Corsa, 45 PS, Campingurlaub machten. Jedes noch so kleine Teil hatte seinen vorbestimmten Platz. Jeder Hohlraum im Corsa war bestimmten Utensilien des Urlaubs im Zelt zugeordnet. Es begann immer mit einer Liste und einem Packbrainstorming zwischen Manu und mir. Am Ende konstatierten wir wie jedes Jahr: »Es ist unmöglich, alles unterzubringen!« »Aber letztes Jahr haben wir doch auch …« »Unmöglich, das kann nicht sein«, unterbrach mich meine Frau. Ich durchwühlte die Schränke und fand schließlich Beweismaterial. Auf den Urlaubsfotos aus Kalabrien konnte man deutlich das Auto und unser Zelt daneben erkennen. Es ging also.

Stolz begann ich mit der Planung, der Autopackplanung. Nichts war es mit Koffer reinwerfen und los. Gewöhnlich begann ich zwei Wochen vor der Urlaubsfahrt mit der Raumaufteilung und der Hohlraumnutzung. Das Ganze kulminierte in mindestens zwei Probepacken, um direkt vor der Abreise keine Überraschung zu erleben. Wenn Manu dann zum Start der

Reise mit der Reiseverpflegung von Schwiegermutter vorm Auto stand, bahnte sich eine erste Urlaubskrise an. Nach dem abendlichen Packen, schweißgebadet, dann Duschen und ins Bett, einer schlaflosen Nacht, klingelte um Punkt zwei nachts der Wecker und es ging los. Und dann Schwiegermutters Carepaket! Schwiegerma hatte die Luftbrücke in Berlin noch mit eigenen Augen gesehen. »Kinder, ihr müsst doch was zu essen haben!« Dieser kurzen Feststellung war nichts entgegenzusetzen. Außer vielleicht, dass man mit den Mengen zur Zeit der Luftbrücke ganz Köpenick für einige Tage am Leben gehalten hätte. Ein Hinweis auf die Menge verbot sich von vornherein. Essen musste sein! Punktum! Wir fanden also noch einen Platz auf der Handbremse und neben Gas- und Bremspedal gab es ja auch noch unnützen Hohlraum. Das war Packen!

»Bist du sicher, dass wir alles haben, Manu?«, fragte ich zweifelnd beim Blick in den fast leeren Innenraum. Ich konnte ja nicht mitpacken, aber kontrollieren und mahnen, das war dann abschließend mein Part. So fuhr ich um den Wagen herum und begutachtete alles mit ernstem Blick. Als könnte ich irgendwas tun! Nach der obligatorischen Frage, ob Öl und Wasser geprüft seien, war auch ich mit den Urlaubsvorbereitungen fertig. »Wir fahren nach Langeoog, Dirk! Das sind keine drei Stunden bis Bensersiel!«, schob Manu nach.

Was früher das Packen war, war später mit Rollstuhl, Krücken, Rollator, Sesselliegedreirad … und, nicht zu vergessen, mir, die Buchung einer Krüppelreise. Wer meint, das sei in der heutigen Zeit mit Internet und Reisebüro kein Problem, den wird es böse überraschen, ganz böse. Wir sind Profis. Wir fliegen überall hin. Wir bekommen am Flughafen Aryl, Aryl in Burkina Faso, garantiert einen Behinditransport ins Luxushotel, 5 Sterne, und Organisation der westafrikanischen Safari mit Rollstuhl. Kein Problem! Aber, wie gesagt, wir sind Profis.

Unser Urlaub damals mit dem niedlichen Opel Corsa in Kalabrien kostete 800 DM, und wir werden uns unser ganzes Leben daran erinnern. Dieser Urlaub ohne deutsche Touris, die gab es damals in Cantanzaro nicht, und mit vierwöchiger italienisch üblicher Zeichensprache, wir konnten kein Italienisch und die Italiener konnten kein Wort Deutsch, war bedeutend und kostete 800 DM! Ich möchte nicht weiter darauf eingehen, was für ein Urlaub für zwei Personen, eine Erwachsene und ein Krüppel, heutzutage mit 800 Euro möglich ist. Wir konnten jedenfalls '86 bis an den südlichsten Zipfel Italiens fahren und den Golf von Catanzaro bewundern. Catanzaro ist die Landeshauptstadt Kalabriens. So sahen wir beim Morgengrauen nach einer abenteuerlichen Fahrt über die Jasmin-Autobahn – wir waren drei Stunden ganz allein, kein Fahrzeug kam uns entgegen, keins hinter uns – das Meer in seiner ganzen azurblauen Schönheit von der Kante des Hochplateaus, das sich zum Hinterland auftürmte. Der Campingplatz, den wir schnell direkt an einem imposanten Strand fanden, lag in einem Pinienwald und war schon fast kitschig schön gelegen. Abends spielte man vor der Kinderanimation das platzeigene Lied »Bella Calabresella!« Dann stürzten sich allabendlich italienische Väter mit Spiegelreflexkameras, die jeden Fotoreporter hätten vor Neid erblassen lassen, auf die zentral gelegene Animationsfläche, während die in Puppenkleidchen gehüllten Kinder noch den letzten Bissen vom Abendessen durch Oma nachgetragen bekamen, und entfachten ein Blitzlichtgewitter, das Mutter Natur auch nicht besser hinbekommen hätte. Das war freilich nichts gegen das Hupkonzert auf dem Platz vor der einzigen Bank von Catanzaro Lido. Die Fernstraße vor dem Platz war ganztägig verstopft, Signalzeichen oder Kreisverkehr zur Verkehrsregelung waren wohl zu unitalienisch. Ich hatte den Eindruck, man traf sich zu einem geselligen Hupkonzert und genoss den Klang der unterschiedlichen Hörner. Als Deutscher war man hoffnungslos von allen guten Verkehrsgeistern verlassen. Wir standen dann in einer unüberschaubaren Menge PS-trächtigen Metalls, die wie die Wellen am Strand hin und her wogte, ohne eine ersichtliche Ordnung. Als wir uns das erste Mal nichtsahnend zur Bank aufmachten, war es die Hölle, die uns verschluckt hatte und uns ewig gefangen halten wollte. Mitten in dem Getümmel lachte ein schwarzhaariger Mann, dessen blendend weiße Zähne den ohnehin dunklen Teint noch markanter wirken ließ, herüber und forderte uns in gebrochenem Deutsch auf zu fahren und zu hupen; vor allem zu hupen. Es dauerte, bis ich die deutsche Verkehrskultur überwand und teilnahm. Irgendwo, kurz bevor wir die rettende Fernstraße erreichten, trafen wir unseren

Retter wieder, der uns bewundernd zulächelte. Und das bei 40 Grad im Schatten. Ohne Klimaanlage. Die Schalteröffnungszeiten morgens von 9.52 – 10.08 Uhr hatten wir um eine Minute verpasst. Aber wir hatten viel gelernt. Wie gesagt: ein unvergesslicher Urlaub!

Bevor die Fahrt ins Ostfriesische losgehen konnte, musste ich zuerst meinen Platz mit Rollstuhl hinter dem Lenkrad einnehmen. Dann konnte Manu die restlichen Koffer hinter der Bedientafel des Hublifts verstauen. Ich brauchte noch gute fünf Minuten, um den Rollisitz in die bestmögliche Position zu bringen. Rückenlehne zurück, Sitzkantelung etwas nach vorn, Sitz herunterfahren. Beinstützen an den Sitz fahren, Fußstützen einklappen und ein wenig hochstellen. Sitzkantelung wieder etwas zurück. Armlehnen hochfahren. Manu schaute zu mir herüber wie der Kopilot vor dem Jungfernflug über den Atlantik mit einem jungen Kollegen. Die Sonnenbrille aufgesetzt und beherzt das Lenkrad in der Hand.

»Und? Geht's jetzt los?«, fragte mich Manu.

»Moment, ich muss noch …«. Also Rückenlehne wieder ein Stück …

Wir kamen dann doch irgendwann los. Kurz vor der Autobahn, nach etwa sieben Minuten, fiel mir ein, dass ich, um zur Toilette zu kommen, Manu bitten musste, die Koffer herauszunehmen, um dann mit der Hebebühne aus dem Fahrzeug zu kommen. Ich rechnete alles durch und kam zu dem Schluss, dass Harndrang unweigerlich in die Hose gehen musste. An entspanntes Fahren war nicht mehr zu denken. Jede noch so geringe Verkehrsstockung trieb mir die Schweißperlen auf die Stirn.

»Was ist los? Wir haben Urlaub!«

»Alles roger!«, antwortete ich mit verkniffener Miene. Wie hat mich das früher genervt! Schon nach zwei Stunden auf der Bahn in Richtung Süden mussten wir anhalten, weil Madame zur Toilette wollte. Das versaute regelmäßig den errechneten Schnitt. Immerhin ging es nach Griechenland auf die Halbinsel Chalkidike oder Südfrankreich oder Catanzaro oder ... Unter 2.500 Kilometern war kein richtiger Urlaub. Je weiter, desto besser, war die Devise. Da konnte einem jede Pinkelpause die gut durchgeplante Anreise verhageln. Am Kamener Kreuz aufs Klo bedeutete den Stau in Bologna. Aber das kapieren Frauen ja nicht!

Vielleicht hatte ich bis zur Abfahrt von der A 1 auf die Landstraße die meiste Flüssigkeit ausgeschwitzt! Es fiel mir mit jedem Kilometer schwerer, ein fröhliches Gesicht zu machen. Ich konnte mich noch gut an die Zeiten erinnern, als ich einen Aufstand wegen Pinkelpause veranstaltete. Meine Befürchtungen preisgeben, kam auf keinen Fall infrage. Ich schwieg, lächelte und versuchte, so schnell wie möglich und so unauffällig es irgend ging, durch den Verkehr zu rasen.

Zwei Stunden und fünfundvierzig Minuten. Dann hatte ich es geschafft. Hafen Bensersiel! Der Motor war noch nicht aus, da bat ich Manu dezent: »Kannst du bitte die Koffer herausnehmen?«

»Mach doch nicht so eine Panik! Wir stehen noch nicht einmal richtig.«

Es war nun keine Zeit mehr für Floskeln. »Ich muss auf's Klo!« Meine Mimik ließ nun keinen Zweifel mehr an der Unaufschiebbarkeit.

Während ich auf der großzügigen Behindertentoilette saß – und wie ich es nicht anders erwartet hatte, keinen Tropfen von mir geben konnte –, hämmerte unaufhörlich jemand von außen gegen die Tür. Immer wieder wurde die Türklinke wild rauf und runter bewegt, wobei der vermeintliche Eindringling vehement gegen die Tür drückte. In diesen Augenblicken ist die Zeit gnadenlos zäh und entfaltet ihre ganze Paradoxie zwischen gemessener, immer gleicher Zeiteinheit und emotional empfundener Dehnung ins Unendliche beim Sitzen auf einer belagerten Toilette mit einer Blasenstörung, die einen eben noch mit Überlauf genarrt hat und nun trotzig den Hahn abdreht. Als auch diese Urlaubshürde genommen war, verließ ich die Toilette. Draußen stand ein Mann mit Stock, der mir entrüstet mit seinem Behindertenausweis vor der Nase herumwedelte. Es dauerte ein Weilchen, bis er registrierte, dass ich im Rollstuhl an ihm vorbeizog. Als wäre mein Rolli leicht zu übersehen! Es gibt wenig Modelle, die zum Fahren eines Fahrzeugs zugelassen sind. Eines haben sie alle gemeinsam. Sie sind auffällig!

Zurück am Parkplatz hatte Manu schon alles raus aus dem Auto. Aktivrolli, Sesselliegedreirad, Stützen und Koffer. Wir standen sehr günstig direkt neben den Gepäckwagen, die erst in die Fähre gebracht und später an den kleinen Zug auf der Insel gehängt wurden. »Können Sie einen Moment auf unser Gepäck achtgeben?«, fragte Manu einen der fraglos zum Personal gehörenden Männer mit landestypischer Mütze und gestreiftem Fischerhemd.

»Kann er nich aufpassen?«, antwortete der Ostmensch in friesischem Akzent und wies auf mich.

»Nein, ER muss fahren!«, antwortete Manu ungehalten und öffnete die Fahrertür.

»Au Mensch, Sie haben ja gar keinen Fahrersitz. Das is ja man 'nen Ding! Wie funktioniert 'n das? Is das erlaubt? Was hatter denn?«, sprudelte es geradezu vor Begeisterung aus dem Ostfriesen, als er einen Blick ins Fahrzeug warf.

Wir beeilten uns, um unseren Wagen schnell auf dem Platz für Dauerparker abzustellen. Der Gepäckmann war uns nicht ganz koscher. An der Schranke zum Parkplatz angekommen, winkte ich einem Parkplatzwächter zu. Ich fuhr das Fenster herunter und der Wärter inspizierte interessiert das Fahrzeuginnere.

»Ich brauche einen Behindertenparkplatz, damit ich mit dem Hebelift rauskomme. Sie wissen ja, man wird oft eingeparkt!«, sagte ich verkniffen lächelnd.

Es dauerte eine gefühlte Ewigkeit, bis der Mann antwortete. Hinter seiner Stirn spielten sich vermutlich Zwiegespräche ab, deren Inhalt uns glücklicherweise verborgen blieb.

»Sind Sie selbst behindert?«, fragte er schließlich.

Ich schaute zu Manu rüber. Sie zog den Mund runter und die Augenbrauen hoch. Ausdruck von Ratlosigkeit, dem ich nichts hinzufügen konnte. Dann schaute ich wieder zum Parkwächter, wusste aber beim besten Willen nicht, was ich sagen sollte. Er kratzte sich am Kopf, nahm seine Mütze – Modell Helmut Schmidt – ab und widmete sich ganz seinem internen Zwiegespräch. Wir wagten es nicht, ihn zu unterbrechen. Irgendwann befreite ich mich aus der Schockstarre und sagte: »Wie sehe ich denn aus?«

Außer dass er nun wieder etwas näher kam und mit prüfendem Blick ins Innere schaute, regte sich hinter der Stirn nichts. Ob da etwas war? Und wenn ja, was? Dass auf sehr kleinen Inseln vor der Küste Ostfrieslands alle den gleichen Namen haben, hatte ich schon gehört, aber …

Es kündigte sich eine Entscheidung hinter der hohen Stirn mit den leeren Augen an. »Na, denn komm Sie ma mit!« Er brachte uns direkt hinter der Schranke auf ein durch eine Kette abgetrenntes Stück.

»Ob man uns hier nicht doch irgendwann einparkt?«, fragte ich mich.

Der Nachdenkliche ging weiter zwischen Autoreihen in einen anderen Abschnitt, die Mütze in der einen Hand und die andere immer wieder in Richtung Kopf bewegend, als würde das etwas nützen. An der Kasse angekommen, fragte ich: »Gibt es einen Behindertenrabatt?«

Der Mann in der Kasse fing an zu lachen und kriegte sich nicht mehr ein. »45 Euro für 10 Tage!«, sagte er und verschluckte sich fast, als er das Wort Behindertenrabatt wiederholte.

Unser Gepäck war noch da. Als Manu mit dem Beladen der Waggons begann, sah ich die Geste des Gepäckmannes neben ihr, die bedeutete, er könne nicht beim Beladen helfen. Das wäre nicht sein Job. Dann gab es offensichtlich auch noch mit meinem Dreirad Probleme. Näher am Geschehen, hörte ich den Mann sagen:»Da brauchen Sie aber 'nen Gepäckschein für das Dreirad!«

Es standen noch eine paar Menschen zwischen mir und Manu, die dabei war, ihren Standpunkt klarzumachen. Wir hatten alles vorab angemeldet und man hatte uns schriftlich mitgeteilt, dass Behindertenfahrräder keine Gepäckbanderole brauchen. Manu gab auf und war schon auf dem Weg hin zum Schalter, um ein Behindertendreirad für 15 Euro nachzulösen, als mich der Gepäckmann musterte.

»Is das Ihr Dreirad?«

»Ja!«

»Dann ist das ja ein Behindertendreirad! Da brauchen Sie nich bezahlen, nä.«

Mittlerweile schwer genervt, kam Manu mit der Gepäckbanderole zurück.

»Warum haben Sie denn nich gesagt, dass das ein Behindertendreirad is!« Zu allem Übel hängte er ein »Junge Frau« hinten dran. »Und da hat Ihnen mein Kollege für ein Behindertendreirad Geld abgenommen? Na, da komm Se ma mit, ich mache das schon! Das kriegen wir schon!«

Manu bekam das Geld wieder und es fand sich ein Urlauber, der das schwere Rad in den Waggon hievte. Der Gepäckmann stand daneben und schüttelte den Kopf über das Fehlverhalten seines Kollegen am Schalter. Als wir endlich auf die Fähre gingen, sah ich von Ferne den grübelnden Parkplatzwärter.

Der *Schmetterlingseffekt*. Ob ich ihn auslösen kann? Der Schlag eines Schmetterlingsflügels in Ostwestfalen kann laut Chaostheorie einen Hurrikan im Süden Amerikas auslösen. Der Himmel über mir zog sich unmerklich zu. Wolkenberge türmten sich auf während der Fährfahrt, die keine dreißig Minuten dauerte. Es war wieder passiert! Der *Schmetterlingseffekt*. Wir hatten von zehn Tagen vier stürmischen Regen, zwei Tage wechselten Schauer mit Schauern ab und der Rest war bedeckt ohne Regen bei 14 – 18 Grad, und das Ende Juli. Von Herford bis Bensersiel war es nicht weit! Was zum Teufel hatte ich falsch gemacht? Als ich kam, verdunkelte sich der Himmel im Norden.

Burkina Faso, La Palma, Catanzaro, Golf von Propriano, Chalkidike ...

Als wir zurückkehrten, war unser Auto so zugeparkt, dass nicht einmal die Beifahrertür aufging. Vom Parkwächter war weit und breit nichts zu sehen.

Vom Fliegen

Links und rechts raste die Landschaft an mir vorbei. Viel zu schnell, als dass ich ihr wahres Gesicht hätte erkennen können. Belanglos, eins mit dem grau verhangenen Himmel. In seiner Lethargie verströmenden Stimmung hatte die Eintönigkeit einen ganz besonderen Reiz. Diese Landschaft forderte nichts, nicht einmal Aufmerksamkeit. Ich bemühte mich herauszufinden, welche Landschaft es sein könnte. Unbenommen war es eine Landschaft, glaubte ich zumindest. Aber was sollte es sonst gewesen sein, wenn man in einem Zug Richtung Cornwall sitzt?

Was könnte außer einer Landschaft an einem vorbeiziehen? Klar, man sagt so: Das ganze Leben ist an einem vorbeigezogen, wenn man dem Tod ins Auge geblickt hat. Aber damit ist doch nicht wirklich ein ganzes Leben gemeint! Was für eine gähnende Langeweile auch noch im Angesicht des Todes! Das wage ich mir gar nicht vorzustellen. Es kann also nicht ein ganzes Leben sein, es können nur die Momente sein, die das Leben als prägnante Spuren im Gedächtnis hinterlassen hat. Eine Auslese von Momentaufnahmen, die ein Leben ausmachen. Und es gilt zu hoffen, dass die vielzitierte Ausschüttung von Glücklichmachern stimmt. Dann erlebt man nur die schönen Dinge des Lebens im Zeitraffer. Aber ein ganzes Leben? Nein! Wie viele Momente hat ein Leben, die eines Todesaugenblicks würdig wären? Kann man sich da vorher vielleicht eine Liste machen? Ich gehe doch auch nicht einfach ins Kino, ohne zu wissen, was da gespielt wird. Ein Kinobesuch ist etwas Besonderes, jedenfalls für mich. Ich spiele den Besuch doch nicht tausendmal in Gedanken durch, plane alles, versuche, alle Unwägbarkeiten auszuschließen, indem ich rechtzeitig losfahre, damit das Licht auf jeden Fall noch an ist, weil ich sonst nicht mehr auf meinen Platz komme, und dann läuft ‚Ben Hur‘, und der einzige beschissene Behindertenparkplatz vorm Kino ist nicht frei. Für welchen Film reibt man sich schon im Vorfeld im logistischen Planungswahn auf? Und wenn ich dann drin bin und sitze und das Licht geht aus und die Bilder explodieren in meinem Gehirn und die Kamera stellt den Versuch an, mich ins Koma zu schwenken, und der ohrenbetäubende Lärm der THX-Soundanlage verursacht mir Herzrhythmusstörungen und meine Blase zeigt Bereitschaft, wo ich es am wenigsten gebrauchen kann, und wenn der Film dann zu Ende ist und ich kann mich schon nach fünf Minuten weder an die Namen der Protagonisten noch an die Namen der Darsteller erinnern und wenn dann der Film auch schon langsam verblasst, dann nehme ich mir vor, nie wieder ins Kino zu gehen, während die Blase schon lange ihren Tribut gefordert hat. Und beim nächsten Mal gehe ich doch wieder ins Kino. Was für einen Sinn haben eigentlich Momentaufnahmen? Ist der Todesaugenblick verlockend?

Hoffentlich ist der Tunnel ins Licht wenigstens so lang, dass mein Gehirn mich mit den Highlights meines

Lebens versorgen kann. Habt ihr schon einmal drüber nachgedacht, was das sein könnte? Ich glaube, es ist besser, sich überraschen zu lassen. Aber ... ‚Ben Hur‘. Andererseits, wer liebt schon Überraschungen im Angesicht des Todes? Und was ist, wenn der Tunnel gar nicht so schön hell ist, wie immer behauptet wird? Egal. Wenn genügend Zeit auf dem Weg ins Licht wäre, wäre sicher Platz für ein ganz neues Leben, kurz, aber oho! Denn das Ablaufende hat einfach zu viel Zeit in Anspruch genommen. Es ist überfrachtet mit Unnützem, mit Warten, mit immer gleichen Fahrten zur Arbeit, mit Stumpfsinn und Agonie. Das Leben im Tunnel ist da ganz anders, das ist kraftvoll, *live fast die hard*. Der helle Tunnel mit seinem auf das Wesentlichste komprimierten Sinn passt auch viel besser in unsere schnelllebige Zeit.

Wenn ich doch etwas hätte erkennen können in der vorbeirasenden Landschaft! Früher als Kind versuchte ich, die Landschaft im fahrenden Zug festzuhalten, indem ich, soweit es ging, vorausblickte. Die Wange war an die kalte Fensterscheibe gepresst, und in einigen engeren Radien konnte ich so den Zug bis zum Triebwagen sehen. Wenn das angepeilte Ziel auf mich zukam, versuchte ich, es so lange es irgend möglich war festzuhalten. Als würden die anvisierten Bäume immer schneller und schneller, schossen sie mit Höchstgeschwindigkeit an mir vorbei und verschwanden für immer. Nicht müde werdend, wiederholte ich das hoffnungslose Unterfangen, bis der Zug endlich zum Stehen kam. Außer einem steifen Nacken gab es nichts Bleibendes.

Jetzt war nicht einmal ein Baum da, an dem ich mich hätte orientieren können. Keine Farbe, keine Konturen, nichts. Nur unendliche Eintönigkeit. Ich schaute aus dem Fenster und wartete geduldig auf etwas Abwechslung. Vielleicht fuhr ich ja durch eine Ödnis! Aber auch eine Ödnis hört irgendwann auf. Alles hört irgendwann auf, selbst eine Ödnis.

Endlich Farbe!

Über mir ein tiefes Hellblau. Es vermittelte mir den Eindruck, als gelänge es, durch die Atmosphäre an den Rand zu blicken. Welche Tiefe! Es hatte alles, was es braucht um mich herum. Töne, Farben, Geruch, Anfassbares.

Die Wiese war trocken und dennoch saftig. Das Gras fühlte sich wunderbar an. Es war der perfekte Kontrast zum Blau des Himmels. Nichts zu spüren von den tauben Händen. Lassen sich Hände, die nichts fühlen, eigentlich spüren? Ich konnte es nicht sein lassen, einen Schmetterling in die Wiese zu malen, der vergänglicher war, als ein in Schnee gezeichneter. Für einen kurzen Augenblick nur erscheint der Schmetterling im Gras, dann sind die gesunden Halme wieder in ihrer Position gen Himmel orientiert. Der laue Wind trieb angenehm salzige Luft in die Lungen. Es war der Duft des Meeres. Unverkennbar. Nichts kommt diesem Geruch gleich. In den Geruch mischte sich das donnernde Geräusch des Meeres. Es war überall um mich herum. Es schien selbst unter mir seine Wellen in den Fels auszubreiten. Die Sinneseindrücke waren so enervierend, dass einem schwindelig werden konnte. Die Zugfahrt war vergessen, als habe sie nie existiert. Der Himmel ohne eine Wolke, der Duft des Meeres ohne einen Makel, das Gras so sanft auf der Haut, dass man nie wieder aufstehen mochte. Wenn eine leichte Bö mit dem Rhythmus der Brandung zusammenfiel, war die Luft mit Feuchtigkeit durchsetzt und hinterließ einen salzigen Geschmack auf den Lippen.

Das Hochplateau befand sich wohl 100 Meter über dem tosenden Meer. Ich war noch etwa 100 Kilometer vom südlichsten Zipfel Großbritanniens entfernt. Um mich herum gab es keine Grenze, keinen Zaun, keine dieser niedlichen Mauern, wie sie auf der Insel die kurvigen Straßen zu einer Fahrt ins Ungewisse machten. Das Ende des Plateaus musste irgendwo vor mir liegen. Natürlich gab es eine Grenze. Es musste ja eine geben. Alles besteht aus Grenzen. Nichts ist grenzenlos. Die Frage ist doch nur, wann und wo man die Grenze überschreitet oder ob man in der Lage ist, es zu tun.

Ich robbte langsam auf die vermeintliche Grenze zu. Meine fehlende Rumpfstabilität machte das Ganze nicht gerade einfacher. So kam ich dem Abgrund nur langsam, sehr langsam näher. Schon nach wenigen Metern musste ich eine Pause einlegen. Das Gras verhinderte schlimmere Abschürfungen an den Ellenbogen. Die Ruhepausen nutzte ich, obwohl eine Drehung des Körpers unendlich mühsam war, um mich auf den Rücken zu wälzen und den Himmel zu betrachten, als wäre es das letzte Mal, dass er sich so offenbaren würde. Die letzten Meter forderten Mut von mir. Das Plateau fiel nun etwas ab, als wolle es den finalen Sturz ins Meer schon mal vorbereiten. Eigentlich konnte mir ja nichts passieren. Das Gras hielt mich ganz fest.

Die Kante war nun nur noch Zentimeter entfernt, ich sah jedoch noch nichts, da ich meinen Kopf nicht mehr hochhalten konnte. Ich musste ganz nah heran. Dann sah ich den Übergang von Himmel und Meer. So aufgewühlt, abwechslungsreich die Brandung in viele Meter hoch spritzende Gischt mündete, so wenig konturenreich war der Horizont. Endlich hing mein Kopf über der Kante und ich konnte das, was mir die anderen Sinne schon verheißungsvoll angekündigt hatten, sehen. Sofort verstärkte sich das Tosen der Brandung zu einem Orkan in meinen Ohren. Die Küste war mit Felsen übersät, deren Höhe unmöglich zu ahnen war. Das anpeitschende Meer umschloss sie und gab sie mit jedem Rückzug wieder preis. Ich hatte das Gefühl, ich könnte dem Spiel des Meeres ewig zuschauen.

Trotz meiner hervorragenden Position konnte ich den unter mir liegenden Strand in der Tiefenausdehnung nicht überblicken. Ich musste noch weiter vorkrabbeln. Aber wie? Ich konnte ja meine Ellenbogen nicht mehr weiter vorn aufsetzen. Mit Schlangenbewegungen versuchte ich mein Glück, immer wieder unterbrochen von notwendigen Pausen, die ich nun nicht mehr mit dem Blick in den Himmel ausfüllen konnte. Je weiter mein Körper über den Rand des Abgrunds gelangte, umso größer die Gewissheit, dass die Steilküste durch das Jahrtausende während Anstürmen des Meeres ausgehöhlt war und ich mich auf dem Überhang befand. Trotz dieser Gewissheit wollte ich den unteren Anfang der Felswand sehen. Unbedingt. Mittlerweile hing ich mit der Hälfte meines Brustkorbs frei über der Kante. Keine Chance. Ich konnte das verdammte Ende nicht sehen. Es fehlte nicht mehr viel, dann hätte ich es von Nahem in Augenschein nehmen können. Es war mir aber trotz der Schlangentechnik nicht möglich weiterzukommen. Verdammt, so konnte man sich nicht einmal umbringen. Selbst diese Grenzüberschreitung war nicht drin. Dass meine Energie nicht mehr reichen würde zurückzurobben, machte mir kein Kopfzerbrechen. Ich genoss den ohrenbetäubenden Lärm der Gischt, die in ihren größten Momenten scheinbar mühelos die hundert Meter zu überwinden schien. Wie wunderbar der Gedanke, von ihr umhüllt aufgesogen zu werden.

Ob mein Rollstuhl in diesem Gras überhaupt vorankommt? Rollstühle sind schon prinzipbedingt nicht für den Einsatz im saftigen Gras in Südengland geeignet. Beim Elektrorollstuhl drehen die Räder durch, und der Aktivrollstuhl ist nur auf zwei Rädern fahrtauglich. Aber das war nicht das Entscheidende. Wie lange dauert ein Sturz bis zum Aufprall aus dieser Höhe? Ich fand den Anlass unpassend, über meine Mathekenntnisse zu philosophieren. Es würde nur den Augenblick versauen. Was konnte es Schöneres geben, als mit dem Rolli über die Klippen zu fahren und den Flug zu genießen. Über den Aufprall war ich mir im Unklaren. Obwohl es auch hier keinen Zweifel gab, dass das Ereignis jeden erdenklichen Schmerz um ein Vielfaches überhöhen würde. Eigentlich könnte es auch gar keinen Schmerz geben. Bei der Wucht des Aufpralls, einen soliden Kopfsprung vorausgesetzt, war das Gehirn nicht in der Lage, eine Schmerzinformation rechtzeitig zu verarbeiten. Bis dahin war das Gehirn schon lange mit der schier endlosen Menge Wassers auf dem Weg ins Nirgendwo. Was jedoch viel mehr Kopfzerbrechen machen musste, war die Gefahr der Ohnmacht beim Sturz. Und kann man die Augen offen lassen, um auch ja nichts zu verpassen?

Wie passt da denn noch der beleuchtete Tunnel rein? Oder soll der erst nach dem Aufprall aufgehen? Fragen über Fragen, die mich, wieder im Rollstuhl sitzend, wenige Meter vom Abgrund entfernt quälten. Und das so unnütz. Ein Leben ist schon mit so viel unnützem Zeug gefüllt, sollte das nun auch noch für die letzten vielleicht wichtigsten Minuten im Leben so sein? Das ist doch eines Lebens unwürdig. Aber was heißt schon lebenswürdig? Es ging hier um den Tod, den wir auch nur in Kategorien von Leben erfassen können.

Es war garantiert keine Zeit für einen hellen Tunnel. Auch fürs Abholen der Seele würde es unten sehr knapp, wenn ich an die tosende Flut zurückdachte. Aber was soll's.

Ein übermächtiges Gefühl nahm Besitz von mir. Es überstrahlte alles, alles, was jemals wichtig war oder sein würde. Wenn doch sowieso am Schluss eines Lebens nichts als eine Momentaufnahme übrigbliebe, dann konnte man wenigstens alles in den letzten Augenblick werfen.

Ich blickte in den Himmel, der nun nicht mehr so unergründlich blau war. Er hatte ein abwechslungsreiches, mit Wölkchen überzogenes Antlitz. Und über mir kreisten Möwen. Sie standen teilweise im Wind, ohne Anstrengung, ohne Bewegungsaufwand, einfach so. Der Wind spielte mit ihren Flügeln. Eine minimale Korrektur des Anstellwinkels und die Möwe schoss hinunter gen Wasseroberfläche. Einige Möwen tanzten direkt über meinem Kopf.

Ich zog mühsam meine Rollihandschuhe an. Es sollte genügend Grip vorhanden sein. Wie peinlich, wenn ich beim Losdüsen auf zwei Rädern aus dem Rolli geflogen wäre. Das Donnern des Meeres schien noch einmal anzuschwellen. Die Möwen über mir kreischten, als wollten sie mir Beifall zollen. Ein letzter Blick nach oben.

Viel zu spät sah ich sie kommen. Mit voller Wucht traf sie mich am Kopf, eine Möwengranate. Alles versaut durch einen Möwenschiss.

Das kleine Mädchen, mir gegenüberstehend, hatte zu weinen begonnen. Sie stand da, und die Angst in ihren Augen, allein gelassen worden zu sein, war greifbar. Für solche Fälle habe ich immer mein Rolli-Kinderprogramm auf Lager. Ich begann mit Blinker links, Blinker rechts. Keine Reaktion. Warnblinklicht! Keine Reaktion. Jetzt aber mein letzter Trumpf, die Hupe, ein extra Gimmick. Nicht einfach eine Hupe, nein, ein Mehrklanghorn. Ich ließ es richtig tönen, was die Dame nebenan jedoch mit einer entsetzten Miene quittierte.

Das junge Mädchen lächelte schluchzend. Einen Moment später saß es auf meinem Schoß und spielte auf der Rollstuhltastatur. Besonders das Mehrtonhorn wurde nachhaltig in Betrieb gesetzt. Die Nachbarin, die wenig Verständnis für unsere Spielereien aufbrachte, hatte sich verzogen. Das waren die Momente losgelöst aus Zeit und Raum, die eine eigene Dynamik haben. Das Mädchen hatte ihren Kummer, ihre Mutter, ihr ganzes Leben vergessen beim Spiel auf dem Rollstuhl. Die Landschaft zog langweilig an uns vorbei.

Und ich?

Ich wusste, dass ich damals in Südengland die absolute Freiheit erzielt hatte. Herr über mich selbst, ohne Wenn und Aber. Verantwortlich für meine Existenz mit allen Konsequenzen, kann ich es mir immer wieder vor Augen führen. Die letzte Möglichkeit. Den Entschluss gefasst zu haben. Vereitelt durch eine Möwengranate. Ohne Angst. Bis zum Schluss.

»Hallo! Sind Sie gestern nach zwei Lumumba gut wieder zurückgekommen von der Ginsburg?«, sprach mich ein Mann vor dem Fahrstuhl an. Auf den ersten Blick konnte ich ihn mit der Trage und dem Outfit eines Rettungsassistenten nicht einordnen. Was hatte ich mit dem Rettungswagenteam der neurologischen Klinik zu tun? Und verdammt nochmal, woher wusste der Typ etwas von dem Trip zur Ginsburg? Er lächelte mir mit bewundernden Blicken zu. Dann erkannte ich ihn wieder, es war der Besitzer des Lokals an der Ginsburg.

Es war einer dieser Tage. Einer dieser unscheinbaren Tage, an denen du morgens aufwachst, feststellst: Es ist Wochenende im Spätherbst, der Wind pfeift draußen eisig ums Haus, und du drehst dich im Bett noch einmal um.

Gerade solche Tage nehmen dann in seltenen Fällen eine unverhoffte Wende und entwickeln sich beiläufig zu Tagen, an die man sich noch Jahre später erinnert.

Missmutig saß ich beim Frühstück, las die Sonntagszeitung und trank nur schwarzen Kaffee. Mein Magen war genauso zerknirscht wie der Rest von mir. Als ich in meinem Rolli an der Fensterfront im Speisesaal der Rehaklinik saß und die kahlen Bäume, die wie tote Gerippe dastanden, beobachtete und der graue Himmel schwer auf mein Gemüt drückte, sprach mich K. von der Seite an. K. konnte der trübe Himmel nichts anhaben. Obwohl nicht mehr damit zu rechnen war, dass es noch richtig hell würde, vertrieb sie schlagartig die schlechte Stimmung.

»Wir wollen nachher zur Ginsburg, es ist Kulturzeit!«, sagte sie lächelnd, während sie sich tief zu mir herunterbeugte.

»Wer ist wir?«, fragte ich, ohne dass es mich sonderlich interessierte. Von einer Ginsburg hatte ich noch nie etwas gehört.

»W., C., ich und du. Du fährst!«

»O. k. Und wo muss ich hinfahren?«

»Keine Ahnung, das muss ganz in der Nähe sein.«

›Eine brillante Beschreibung‹, dachte ich.

Wir trafen uns also um 14.00 Uhr an meinem Bulli. Der Wind hatte an Intensität zugelegt, das Tageslicht glänzte durch weitestgehende Abwesenheit.

Zuerst mussten wir C. ins Auto liften. Mein Elektrorollstuhl, gleichzeitig Fahrersitz in meinem Auto, stand schon drin. Man kann ja mal was wagen, hieß mein Motto in dem Moment. So ging ich von meinem Patientenzimmer mit Rollator nach unten. Immer wieder gern demonstrierte ich die Vorteile, ein Leistungsträger der Gesellschaft zu sein. Wer arbeitet, darf auch mobil sein. So war ich stolzer Besitzer eines von der Rentenversicherung gesponserten Dienstwagens, der in puncto behindertengerechter Ausstattung keine Wünsche offen ließ. Als ich um die Ecke bog, standen die drei schon abfahrbereit da. Spielerisch zog ich den Multifunktions-Auto-Öffner-Lift-Tür-Bediener aus der Tasche. Man war vom elektrischen Öffnen der Seitenschiebetür wie von Geisterhand schwer beeindruckt, dabei war das erst der Anfang. Ruck zuck war C. in den Wagen gehoben, wo er sich durch Armkraft auf die Rücksitzbank umsetzte. W. saß vorn, K. hinten. Mein Rollator fand im Kofferraum Platz und ich hangelte mich mit Stock an der Fahrerseite zur Tür vor. Locker schwang ich mich rein, fuhr meinen E-Rolli-Fahrersitz in die Verriegelung vorm Lenkrad und schnallte mich an.

»Und wo fahre ich jetzt hin?«, fragte ich mit Blick in den Rückspiegel. Allgemeines Schulterzucken. Es geht doch nichts über eine gute Planung. Aber wozu haben Tunnelblickautofahrer ihr Navisystem?

»In 50 Metern biegen Sie links ab!«

»Willst du deine Tür nicht zumachen?«, fragte W. mich.

Mist. Ich hatte vergessen, dass ich die Tür nicht zubekomme, wenn ich drin sitze. Normalerweise fahre ich ja über den Lift ins Auto. W. sprang schnell aus dem Wagen auf sein lahmes rechtes Bein und drohte, in den Blumenkübel an der Beifahrerseite zu stürzen. Er hatte gerade einen Schlaganfall hinter sich und war mit dem partiellen Verlust seines Beins noch nicht so gut vertraut. Hinten hatte man die Köpfe nach hinten geneigt, die Ohrhörer auf und die Augen zum Chillen geschlossen. C.'s linkes Bein hämmerte in gleichmäßigem Stakkato den Rhythmus des spastischen Tremors in den Innenraum. C. war sehr experimentierfreudig. Er hatte ausgerechnet heute versucht, seine durch Rückenmarksschäden verloren gegangene Sexualfunktion mit Viagra anzuregen. Nun sprang ständig sein linkes Bein auf und ab. Oder es stampfte die ganze Zeit. Es kam so viel Leben in sein Bein, dass er problemlos in den Stand kam. Der Rest blieb schlaff und unbrauchbar. Trotzdem eine interessante Nebenwirkung, über die wir uns köstlich amüsierten.

Es war tatsächlich nicht weit zur Ginsburg. Die Schwester auf unserer Station hatte uns dieses kulturelle Schmankerl für den Sonntag empfohlen. Man sollte einfach bis zur Burg durchfahren können, was ein daneben stehender Pfleger skeptisch mit »Bist du sicher?« kommentierte.

Nun saßen wir – ein MSler, ein Querschnitt, eine Halbseitenlähmung und eine Mslerin – im bestumgebauten Behindibus zwischen Siegen und Dortmund. W. sah schon früh den Turm der Burgruine in den Wäldern auf dem Berggipfel auftauchen. Ich kämpfte derweil mit dem Erkennen von Straßenschildern. Hinten war man eingeschlafen. Nur ein Bein klopfte leise vor sich hin.

Die Stimme im Navi geleitete uns direkt auf einen Parkplatz. Hier war von einer Burgruine nichts zu sehen. Ein verwittertes Holzschild wies den Weg – ein Forstweg.

800 m bis zur Ginsburg

Spontan kam mir der Gedanke, ich könnte ja versuchen, mit meinem Rollator bis zur Burg zu gehen, was nicht ganz freiwillig geschah, denn mein E-Rolli hatte kaum noch Akkuleistung. Als ich abmarschbereit zu den anderen ging, die schon am Weg standen, schauten sie mich entgeistert an und begannen eine Grundsatzdiskussion über idiotische Entscheidungen, Über-forderungen und grandiose Selbstüberschätzung. Nur C. hielt sich aus den Vorhaltungen heraus, während sein gepimptes Bein wieder richtig loslegte. Zwei Wan-derer, gekleidet als hätten sie Großes vorgehabt, bes-tätigten die Harmlosigkeit des Weges. Ihre Kleidung, die problemlos Ausflügen zum Klondyke gewachsen war, hätte mich stutzig machen sollen. Angeblich wäre das erste Stück am steilsten und danach ginge es ganz locker.

800 m waren nicht nur 800 m. Diese 800 m waren im Wald verteilt auf einen Weg mit etlichen Höhen-metern und steinigem Untergrund. In der Klinik hatte ich mithilfe des Physiotherapeuten einmal 100 m an Walkingstöcken geschafft. Der Physio lief – meines Er-achtens völlig unbegründet – klitschnass geschwitzt vor Angst, immer bereit, mich aufzufangen, hinter mir her. Nach der Gehübung brauchte er eine Pause der Besinnung. Ich fiel in tiefen Schlaf.

»Du willst doch nicht wirklich …?« Ich marschierte nun einfach los. Auf den ersten 100 Metern erinnerte ich mich noch an das letzte Mal, als ich mich nach der Beschaffenheit eines Wegs erkundigte. Es ging darum, ob der Zugang zu einem Restaurant, in das ich mit meiner Frau wollte, rollstuhlgerecht sei. »Kein Prob-lem!«, beteuerte man mir. Vor der Eingangstür befan-den sich zwei Stufen, und die Toilette war nur über eine steile Stiege in den Keller erreichbar. Als wir wie-der aus dem Restaurant kamen, hatte meine Inkonti-nenzvorlage Schlimmeres verhindert und mein E-Rolli, den ich vor der Tür stehen lassen musste, war vom einsetzenden Regen pitschnass geworden. Nur zwei Stufen.

Tatsächlich wurde der Weg irgendwann etwas flacher, für etwa 50 m. C's Bein fühlte sich durch die steinige Piste animiert, den Tremortakt noch zu erhöhen. Die metallverstärkten Fußstützen waren jetzt Gold wert. W. wackelte neben mir her und ließ mich keine Sekunde aus den Augen. K's Beine stemmten sich mit aller Macht gegen das Gefälle, während C's Rolli mit festgehaltenen Greifreifen gen Tal rutschte und K. verzweifelt die Schiebegriffe umklammerte. Es blies hier oben ganz gewaltig. Die Kälte kroch langsam in meine Glieder, was das Gehen nicht gerade vereinfachte. Jeder schaute den anderen musternd an. Ich hatte Angst, dass es W. mit der gelähmten Seite die Böschung hinunterschmeiße, W. konnte kaum zusehen, wie ich mit jedem Schritt das Gleichgewicht zu verlieren drohte auf dem steinigen Untergrund. Wir beide erwarteten sekündlich den Absturz von C. im Rolli und K. an den Haltegriffen talwärts. Irgendwie erreichten wir sturzfrei den tiefsten Punkt des Weges. W. fiel etwas zurück. Er konnte der wackeligen Karawane nicht mehr zuschauen, wohl wissend, keine Hilfe leisten zu können.

Jetzt begann die Steigung. Man konnte die Burg nun durch die Bäume sehen. Keine Ahnung wie viele Höhenmeter wir noch überwinden mussten, wir sahen nur den Weg und den Wald vor uns. Zu viert standen wir in der Senke und starrten wild lachend auf die Steigung. Die entgegenkommenden Ausflügler machten einen großen Bogen um uns. C. und K. begannen zuerst mit dem Aufstieg. Ja, man konnte mit Fug und Recht von Aufstieg sprechen. Mein Rollator holperte über den nun noch unwegsameren Trampelpfad. C. holte alles aus seinen gut trainierten Armen. K. schob gicksend mit Volldampf den Rolli so weit, bis sie nicht mehr konnte. Das dauerte nicht lange. Ich schaute nur noch auf meine Füße und wollte W. beruhigen, indem ich ihm erzählte, dass ich bergauf viel besser laufen könne als bergab. Der bekam davon nichts mit. Er war schon zu weit hinter mir zurück in seinem eigenen Kampf mit dem Weg, mit Gleichgewicht, lahmer Körperhälfte und dem inneren Schweinehund.

»Das ist aber mutig!«, sagte ein entgegenkommender älterer Herr, der mit seiner Frau lockeren Fußes auf dem Sonntagsspaziergang war, an Krücken. Ich blieb am steilsten Stück stehen. Der nette Mann hielt mir nun einen Vortrag über den Vorteil von Krücken gegenüber einem Rollator, wenn der Weg so steinig und so steil ist. Seine Frau bestätigte das. Ich konnte nicht mehr stehen und verzichtete auf die angeregte Hilfsmitteldiskussion.

Endlich war das Ende in Sicht. Die Ginsburg. Links an einen Baum genagelt, hing ein unscheinbares Schild aus verwittertem Holz.

»Bei
Claudia 25 Euro«
Darunter eine Telefonnummer.

W. und ich schauten uns an und verfielen wieder in hysterisches Lachen. C.s Beine hatten die Kraft der Überdosis Viagra abgeschüttelt. Es herrschte gespenstische Ruhe. Die Ginsburg beziehungsweise der Rest der Ginsburg, das Ziel der Begierde, war ein schmuckloser runder Turm, der in einem hässlichen Braunton gestrichen war. Ich schenkte mir die restlichen Meter und steuerte stattdessen direkt die neben der Ruine liegende Taverne an. C. gesellte sich, von K. hereingeschoben, neben mich an den rustikalen Holztisch vor einem offenen Kamin. K. bestellte uns zwei Lumumba und machte mit W. noch ein paar Fotos an der Ruine.

»Du bist nicht ganz dicht! Prost!«, sagte C.

»Dito!«, gab ich zurück.

Der erste Lumumba landete zum größten Teil auf meinem Pullover. Hände und Arme waren komplett taub. Als wisse der Wirt um meine Defizite, brachte er mir lächelnd einen Strohhalm. Bei der Gelegenheit bestellte ich gleich noch zwei Lumumba.

»Ich bringe euch nachher besser zurück«, sagte der Wirt.

Wir schwiegen und erwärmten uns am Heißgetränk. W. und K. kamen ein paar Minuten später auch zu uns. Irgendwann ließ das Interesse der anderen Gäste an uns nach.

»Geschafft habe ich die Tour, wenn man es genau nimmt ... eigentlich ... also ohne Rückweg ...«

Alle schauten mich mit diesen Augen an. Augen, die diesen Blick haben, dem man nicht standhalten kann. Bei dem man besser schweigt.

Wieder hatte eine Nacht ein jähes Ende gefunden. Draußen war es stockfinster. Der Lichtschalter. Ich konnte den Lichtschalter nicht finden. Mit schläfrigen Augen schaute ich auf meine unbeleuchtete Armbanduhr. Ich musste die Uhrzeit herausfinden. Endlich. Der Lichtschalter. Mit einem Auge schaute ich durch das gleißende Licht der Neonlampe auf meine Uhr. 5:30 Uhr.

5:30 Uhr bedeutete, dass Schlafen nach dem Toilettengang keinen Sinn mehr machte. Mit voller Konzentration auf Gelerntes aus der Beckenbodengymnastik wollte ich dem Unvermeidlichen trotzen. Gegenüber ging erst das Licht an, dann öffnete sich die Schiebetür zur kleinen Terrasse des Zimmers. Gicksende Frauenstimmen unterhielten sich lautstark. Es wurde viel gelacht. Meiner Konzentration war das abträglich. Eine halbe Stunde wollte ich noch liegen bleiben. Die nächste Lachsalve trieb mich aus dem Bett auf die Toilette. Beine raus, mit Elan vors Bett geschwungen und *Moshé Feldenkrais* lässt grüßen, in einer fließenden Bewegung mit Schwung und Gewicht des Oberkörpers in den Stand. Heute Morgen hätte selbst *Turnvater Jahn* seine Freude an mir gehabt. Füße parallel. Hand am verchromten Handlauf des Bettgestells.

Der erste Schritt nach vorn und meine überforderten Nervenzellen zwangen den Körper gestreckt auf die Zehenspitzen. Es war eine Mischung aus Schmerz und Wohlbefinden. Muskeln fühlen: gut. Muskeln loslassen: Fehlanzeige. Dann Schmerz. So stand ich neben dem Bett wie der Turner neben dem Pauschenpferd, dessen Versuch, mit der Übung zu beginnen, erfolgreich durch Atomkleber unterbunden wurde. Für ein rotes Gesicht und eine mäßig laute Flatulenz gibt es beim Leistungsturnen keine Punkte. Ich erhielt quasi null Punkte. Dann stieg mir auch noch der Rauch der lärmenden Frauen in die Nase. Morgens um kurz nach halb fünf.

Wie immer, als hätten sich meine Beine nur einen Scherz mit mir erlaubt, liefen wir, ich und meine Beine, endlich los. Es war allerhöchste Zeit. Gegenüber wurde die zweite Zigarette angesteckt. Die Gluten tanzten in irrem Takt durch den dunklen Morgen. Man hatte erkannt, erkannt zu werden. Das Zimmerlicht gegenüber war gelöscht, als ich nur in Unterhose aus dem Bad stapfte. Es war jetzt ganz leise dort drüben. Nur die Zigarettenglut verriet sie. Das Licht in meinem Zimmer musste für die Zaungäste reichen. Ich überlegte, ob ich mich wieder ins Bett legen sollte. Nein. Drüben ging das Licht wieder an. Nun wurde es im Flur laut. Über mir donnerten schwere Schritte aus dem Westflügel auf mich zu. Türenklopfen. Der Fahrstuhl signalisierte den Start in den Tag. Die Plastiksohlen offenen Schuhwerks klatschten in schnellem Rhythmus durch das Treppenhaus, Rollwagen mit medizinischen Accessoires rumpelten durch die Gänge. Die Schwesternarmada schwärmte aus. Ausgangspunkt war das unscheinbare Zimmer gegenüber.

Und dann hörte ich sie. Schwester Kamilla. Oberschwester Kamilla. Die Stimme ging durch Mark und Bein. Mit Blick zur Tür saß ich auf dem kargen Sitzinterieur und verfolgte die Stimme im Geist durchs Haus. Station ganz unten. Nein. Station direkt unter mir. Ja. Es kommt die Treppe herauf. Das Quietschen von teuren Gesundheitsschuhen auf meinem Gang wird zunehmend lauter. Die erste Tür. Vorbei. Die zweite ...

Es klopfte und Kamilla riss die Tür auf. Unerbittlich schleuderte sie mir 95 stattliche Dezibel, zwei Oktaven zu tief, mit der Schärfe einer Rasierklinge entgegen.

»Guten Morgen! Sitzen Sie schon da?«, *blöde Frage.* »Wollen wir heute Morgen duschen?« Ohne eine Antwort abzuwarten, hilft sie mir hoch. Ihre kräftige Hand umschließt meinen lediglich aus nutzlosen Fettzellen bestehenden Oberarm. Mittlerweile habe ich Gewebeschwäche. Wenn ich das Wort schon höre. Bei Gewebeschwäche fallen mir pomadige Damen ein, die in Nobelcafés beim Stemmen schwerer französischer Tassen mit *Café au lait* ihr Trainingsprogramm absolvieren.

Ich werde einen blauen Fleck zurückbehalten. Boah, tut das weh. Ja nicht das Gesicht verziehen.

Keine Schwäche zeigen.

»Haben Sie gut geschlafen?« Zum Glück brüllt sie mir in mein etwas schwächeres rechtes Ohr, im linken hätten sich die Haare im Innenohr aus Protest allesamt zur Ruhe gelegt. Ein Besuch in der Disco ist nichts dagegen.

Ruck zuck und ich saß unter der Dusche. Die Wassertemperatur war an der modernen Armatur voreingestellt. Kamilla hatte jedoch eine falsche Vorstellung über die Möglichkeiten der Armatur, an der man die eingestellte Gradzahl direkt ablesen konnte. 40° müssen 40° sein. Dachte sie. Und schon schoss eiskaltes Wasser über meinen Rücken.

»Ist es zu heiß, Herr Riepe?«

Kamilla war, wie gesagt, Oberschwester, was sie von den niederen Diensten am Kunden eigentlich ausschloss. Es gab aber Krankheitsfälle, in denen sie einspringen musste.

»Nein, o. k.«, antwortete ich. Es musste ja bald warmes Wasser kommen, nachdem sich der kalte Schwung aus der Leitung über mich ergossen hatte. Schnell griff ich mir einen Waschlappen und begann, mir die empfindlichsten Regionen selbst zu waschen.

Wenn die so wäscht, wie sie spricht, dachte ich. Eine Stimme wie eine Kreissäge.

Überall auf den Stationen, wo die »Kaputten«, wie ich die stark betroffenen Patienten, die auf pflegende Hilfe angewiesen sind, nenne, lagen, herrschte hektisches Treiben. Kamilla trug gleich zwei Pieper am Kittel. Beide piepten ständig. Kamilla kommentierte das Signal aus den jeweiligen Zimmern mit der entsprechenden Gesichtsmimik. Es war die Zeit angebrochen, in der sich die »Kaputten« in der ausgelassenen Bedienung des Hilfeknopfes gegenseitig überboten. Jeder wollte der Erste sein. Jeder drückte, als ginge es nicht

ums Waschen, sondern darum, den Defibrillator ran-
zukarren.

Ab und an kommentierte Kamilla mit »Ja! Ich komm
ja gleich«, schaltete den Pieper aus und machte weiter.
Kamilla war etwa Mitte dreißig. Blonde lange Haare –
naturblond –, die zu einem Zopf geflochten waren,
fielen in Wellen tief den Rücken herunter. Die hellen
Augenbrauen standen bedrohlich nah zusammen. Darunter zwei blaue Augen, die es kaum zuließen, sie anzuschauen. Wie die schönsten Murmeln in meiner
Kindheit, die wir zum Spiel nur im äußersten Notfall an
den Start brachten. Ergatterten wir eine dieser seltenen Murmeln vom Gegner, nahmen wir sie abends mit
unter die Bettdecke und schauten gebannt mit der
Taschenlampe in der Hand in ihr Blau, wie hypnotisiert.
Solche Augen hatte Kamilla. Selbst unter dem flattern-
den Kittel konnte man eine wohlproportionierte Figur
erkennen.

Der Pieper ging. Kamilla schaute darauf und brauste
mich derweil gekonnt weiter ab. Ich fummelte mir den
restlichen Schaum aus dem Ohr, als wir beide einen
Ruf vom Zimmer gegenüber hörten. Der Blick ging
nochmal zum Pieper. Dann schob mich Kamilla unver-
hofft mit dem Duschrollstuhl aus der Dusche ins Zimmer ans Bett. In der Hektik vergaß sie, mir ein Handtuch zu bringen. So saß ich tropfend und frierend da,
als Kamilla mit quietschenden Gesundheitslatschen aus
dem Zimmer stürmte. So saß ich da. Der Duschrolli war
in desolatem Zustand. Das linke Rad platt und das
rechte total platt. Dieser Duschrolli verdiente die Be-

zeichnung Rolli nicht. Derweil wurde die Pfütze um mich herum größer. Ich schaute mich suchend um, wie auf einem sinkenden Schiff im weiten Ozean, als könnte sich irgendwie doch noch ein Eiland auftun. Mein Eiland wäre ein rutschfreier Boden gewesen, der mich stehenden Fußes aus meiner misslichen Lage befreit hätte. Vergeblich. Die Gefahr auszurutschen, war zu groß.

Endlich öffnete sich die Zimmertür. Ich wollte gerade die Schwester um ein Handtuch bitten, da sah ich die Person genauer, die, ohne mich wahrzunehmen, eintrat, den Bademantel, den sie trug, ablegte, diesen fein säuberlich an meiner Garderobe rechts neben der Tür an den zweiten Haken hängte und nun in Badeanzug, Badelatschen und Badekappe mit dem Rücken zu mir stand. Ich saß sprachlos in meiner Pfütze und bibberte vor mich hin. Die Frau war für ihr fortgeschrittenes Alter gut in Schuss. Durchtrainierte Beine. Schmale Hüften. Das Alter hatte ihrer Hülle lediglich die Elastizität genommen, was ich erkennen konnte, als sie die Arme hochnahm, um die Badekappe abzulegen. Ich schätzte sie auf Ende sechzig. Sicher kam sie vom Frühschwimmen. Die Frage, warum diese Frau im Badeanzug vor mir stand, während ich nackt im Rollstuhl auf die Rückkehr von Schwester Kamilla wartete, stellte ich mir komischerweise nicht. Zu absurd war die Situation. Als sie schließlich an die Träger ihres Badeanzugs griff, räusperte ich mich dann doch, um dem Treiben ein Ende zu setzen.

»Was machen Sie in meinem Zimmer?«, echauffierte sich die betagte Badenixe.

»Wieso Ihr Zimmer?«

»Na hören Sie mal, das ist mein Zimmer!«

Darüber, dass ich nackt dasaß, sprachen wir nicht. Es erschien der Frau offensichtlich nicht ungewöhnlich. Mir schon. Sogar sehr!

»Hören Sie mal, gute Frau, ich sitze hier nackt in einem Duschstuhl ...«

»Genau«, unterbrach sie mich, »was machen Sie hier und wie sind Sie ...«

»Gute Frau, das ist das Zimmer 748. Also meins. 748.«

»Ah jo! Sehen Sie, da haben wir es. Das ist Zimmer 848! Frieren Sie nicht, so nass wie Sie sind?«

»Bitte verlassen Sie jetzt mein Zimmer, Frau äh...«

»Brüderlein! Ich heiße Brüderlein. Zimmer 848.«

»Riepe! Zimmer 748. In diesem befinden Sie sich jetzt. Schaun Sie auf die ...«

Endlich kam Schwester Kamilla wieder.

»Was machen Sie denn bei Herrn Riepe, Frau Brüderlein?«

»Können Sie mir bitte ein Handtuch ...«

»Sie sind eine Etage zu tief, Frau Brüderlein.«

Frau Brüderlein ließ sich endlich überzeugen. Sie schaute mit Schwester Kamilla auf das Türschild der nun weit aufgerissenen Zimmertür. Jetzt war ich fast trocken. 7:30 Uhr. Frühstückszeit. Draußen gingen die Ersten zum Essen. Einige grüßten mich wortlos. 7:33 Uhr. Ich war trocken. Frau Brüderlein war weg. Schwester Kamilla half mir in die Hose. Wir sprachen nicht über den Vorfall. Es war wohl nicht der Rede wert.

Ich nehme Sie nun mit in einen, eigentlich zwei, Urlaube auf Mallorca, die mich nachhaltig geprägt haben.

Wie fast alle Inseln – ich erinnere an die abenteuerliche Fährfahrt nach Langeoog – ist Mallorca nur per Schiff oder per Flugzeug erreichbar. Für Rollstuhlfahrer ist Fliegen aus meiner Erfahrung eine sehr entspannte Art des Reisens. Wer überhaupt nicht laufen kann, wird kurzer Hand auf den Flugzeugsitz getragen.

Auf Mallorca hatten wir schon vier Jahre zuvor gute Erfahrungen mit einem Urlaubsort, der sehr behindertenfreundlich war und von Menschen mit Handicap gern besucht wurde, gemacht. Wir wollten in das gleiche Hotel wie vor vier Jahren.

Cala Millor ist ein reiner Touristenort ohne historische Wurzeln. Ein Hotel reiht sich an das nächste. Cala heißt so viel wie Bucht und die ist hier ein paar Kilometer lang. Es ist topfeben. Ausgezeichnet für Fahrten im Rolli an der Strandpromenade. Im Gegensatz zu *Es Arenal* war es hier geradezu beschaulich.

Für meinen Mobilitätsgrad war das Hotelzimmer gerade gut genug eingerichtet. Für Menschen, die nicht mehr aufstehen konnten, kam es allerdings nicht infrage. Mit einem einfachen Holzbrett über der Duschwanne konnte ich im Sitzen duschen und Griffe für den richtigen Halt waren auch vorhanden.

Dieses Mal nahm ich mein Dreirad, meinen Aktivrolli – ohne Antrieb – und Stützen mit. Man kann sich ja ungefähr vorstellen, welche Ausmaße unser Gesamt-gepäck hatte.

Es war alles für den Flug angemeldet. Und für das Taxi vom Flughafen zum Hotel.

Als wir nun mit einer Spezialtasche, in der das Drei-rad verstaut war, zwei großen Koffern, zwei kleineren Rucksäcken und einem Rollstuhl am TUI-Schalter im Flughafenterminal von Palma ankamen, schaute uns ein braun gebrannter zierlicher Mallorquiner skeptisch an. Er war unser vermeintlicher Taxifahrer.

Er schaute, taxierte und unterhielt sich mit den drei Frauen, die wie die *Drei Damen vom Grill* innerhalb des Infoterminals standen. Wir waren die Letzten, die aus dem Flieger Hannover – Palma de Mallorca ausstiegen und dann mit einem Spezialfahrzeug quer über den Flughafen zur Gepäckannahme gebracht wurden. Bis-lang war es für uns nur ein Mimenspiel mit akustischer Untermalung. Wir verstanden ja kaum ein Wort Spa-nisch.

Für das Problem, das den Taxifahrer plagte, brauch-te es aber keine Worte.

»Gibt es ein Problem?«, fragte ich.

»Er weiß nicht, ob er Ihr Gepäck in sein Taxi be-kommt!«, sagte die perfekt Deutsch sprechende Dame hinter dem Schalter mit den blonden langen Haaren, die zu einem Pferdeschwanz zusammengebunden wa-ren.

Ich überlegte angestrengt, ob die Frau Spanierin be-ziehungsweise Mallorquinerin war oder Deutsche. Das mit dem Gepäck interessierte mich nur beiläufig. Sollten sie doch ein anderes Taxi schicken.

Jetzt nahm das Ganze aber eine Wendung, die uns erstaunt dreinblicken ließ. Manu hob irritiert die linke Augenbraue und schaute mich verdutzt an.

»Sie haben nur ein Taxi mit einem ganz niedrigen Einstieg gebucht. Von so großem Gepäck war nicht die Rede.«

Ich konnte auf Manus Gesicht ihre Gedanken ablesen, denn sie hatte den Schein für das zusätzliche Behindertengepäck samt Gewichts- und Größenangaben ausgefüllt.

1 Dreirad 60 x 80 x 60, 25 kg

1 Rollstuhl aktiv 10 kg

2 Krücken 2 kg

1 Rollator 7 kg (den hatten wir zu Hause gelassen)

2 Antriebsräder Rollstuhl aktiv 24 kg (hatten wir zum Glück auch zu Hause gelassen)

2 normale Koffer 20 kg (unsere hatten 26 kg) zum Rollen

Es mag sein, dass die mallorquinische Betrachtungsweise eher südländisch lax ist, aber hier konnte man sich über die bestehenden Ausmaße unseres Gepäcks nicht geirrt haben.

Bevor wir noch loslegen konnten, unserem Befremden Ausdruck zu verleihen, schnappte sich unser Taxifahrer den zum Bersten vollen Gepäckwagen und schob ab.

»Er versucht!«, rief uns die dunkelhaarige, zweite TUI-Frau zu.

Bei der Beschreibung »niedriger Einstieg« dachte ich an so eine Art Sportcoupé. Früher hätte ich jetzt schon komplett am Rad gedreht. Mein Adrenalinpegel wäre ruck zuck am Anschlag gewesen. Hilflos fuhr ich im Rolli ganz ruhig hinter dem kleinen Mallorquiner her und versuchte dabei, einen der zwei weiteren Gepäckwagen vor mir herzuschieben. Ein bisschen rechts den Rolli antreiben und dann mit dem nötigen Schwung links gegen den Gepäckwagen drücken. So ging es bis zum Flughafenausgang.

Der Taxifahrer war mit einem Lada-Combi gekommen. Was man ihm lassen musste: Er wusste, wie groß sein Taxi war. Das verlangte mir höchsten Respekt ab, als ich tatsächlich vorn auf dem Beifahrerplatz saß und Manu hinten eingeklemmt zwischen meinem Faltrollstuhl und einer Tasche den Bewegungsradius einer Ölsardine in einer Dose hatte.

Der Taxifahrer grinste breit und wir fuhren los.

Das Einleben musste dieses Mal schnell vonstatten gehen, da wir nur 15 Tage zur Verfügung hatten. Ein Klimawechsel setzte mich häufig ein paar Tage schachmatt. Unser Hotelzimmer war prima. Vom Balkon aus hatten wir einen tollen Blick über die Bucht.

Wie vor vier Jahren durfte ich mein Dreirad unten an der Rezeption direkt neben der Eingangstür abstellen. So befand es sich den ganzen Tag unter Beobachtung. Mein treues melonengelbes Sesselliegedreirad, das ich im ersten Mallorca-Urlaub dabei gehabt hatte, konnte ich leider aus Kraftmangel nicht mehr fahren und es wurde durch ein neues ersetzt. Es war auch unmöglich gewesen, an mein Lieblingshilfsmittel einen Antrieb nachzurüsten. Die *Techniker Krankenkasse* hatte vor acht Jahren einen Großteil der Kosten für das Therapiedreirad übernommen. Acht lange Jahre hatte ich mich auf dem Rad zu Hause, in Italien, in Spanien, in Bulgarien und so weiter trainierend durch die Gegend geschlagen. Zu Hause im hügeligen Ostwestfalen hatte ich irgendwann keine Chance mehr, die Steigungen zu bewältigen.

Nach der ersten Ablehnung mit der einfallslosen Standardbegründung »Ein Sesselliegedreirad ist ein Gebrauchsgegenstand des alltäglichen Lebens und kann deshalb von uns nicht übernommen werden«, entschloss ich mich, ein neues, exakt auf mich angepasstes Sesselliegedreirad, mit elektrischer Unterstützung, anzuschaffen. Wenn die *Techniker* Ernst machen würde, stünde mir ein langer Weg durch die Instanzen bevor. Denn eines war für mich klar, gekniffen wird nicht. Ich ziehe das durch, egal, wie lange es dauert. Dass ich überhaupt noch aufrecht ein paar Meter schaffte, hing maßgeblich mit meinem Training auf dem Sesselliegedreirad zusammen. Mein Arzt und meine Therapeuten waren jedenfalls der festen Überzeugung.

Vor vier Jahren waren unsere Ausflugspläne auf der Insel gründlich ins Wasser gefallen. Da war die Tour mit dem Schiff nach *Cala Ratjada*, einem kleinen Städtchen etwa 25 Kilometer entfernt, und mit dem Linienbus wieder zurück, eine Katastrophe biblischen Ausmaßes. Die Bootstour war sehr schön, wenn man davon absieht, dass wir uns versehentlich für die falsche Fähre angestellt hatten. Das fanden die Mitarbeiter der Fährgesellschaft gar nicht witzig, denn sie mussten mich erst rauf und dann gleich wieder runter wuchten.

Nur kurze Zeit später kam die richtige Fähre und zwei andere braun gebrannte Männer schickten sich an, mich mit den monsterschweren Antriebsrädern auf die Fähre zu bugsieren. Manchmal sind die Zeichen des Unvermeidlichen, einer bevorstehenden Katastrophe, deutlich, werden aber von dem, den sie ereilen wird, nicht wahrgenommen. So war es auch damals auf dem Weg nach *Cala Ratjada*.

Der kleine Küstenort war für Rollifahrer eine Katastrophe, Bordsteinkanten von 20 Zentimetern Höhe, Kopfsteinpflaster und extreme Steigungen machten den Ausflug zu einem Hindernislauf. Nachdem wir viel zu spät ankamen, war der auf Plakaten angepriesene Markt geschlossen, es regnete und statt im Bistro saß ich auf der Straße und schlürfte einen Espresso.

Zurück wollten wir uns das Geschaukel auf der Fähre nicht noch einmal antun und gingen zur Bushaltestelle, wo der normale Linienbus nach *Cala Millor* abfahren sollte. Eine riesige Menschentraube hatte sich schon versammelt. Auf dem Busplan waren gleich drei Busse im Abstand von 10 Minuten ausgewiesen und so blieben wir ganz gelassen. Um dem Chaos, das entsteht, wenn Touris, die im Urlaub auf etwas warten müssen, einen Bus erstürmen, zu entgehen, stellten wir uns gleich an der Stelle an, wo der zweite Bus halten sollte.

Als der erste Bus ankam, stellten wir fest, dass der Busfahrer keine Anstalten machte, da zu halten, wo sich die Menschentraube befand. Er dirigierte den riesigen Bus direkt zu uns. Es dauerte nur einen Wimpernschlag und die Menschentraube setzte sich wie eine Turbodampfwalze in unsere Richtung in Bewegung. Ängstlich schaute ich in Richtung Armada und zupfte nervös an meiner Frau herum, die gerade versuchte, dem Busfahrer klarzumachen, dass wir für den Rolli das Gepäckfach benötigten. Langsam öffneten sich die Ladeluken am hinteren Teil des Busses.

Auf Mallorca werden Reisebusse eingesetzt, die keine Stehplätze haben. Die Gepäckluken sind mit Türen versehen, die sich elektrohydraulisch von der Öffnung um ein paar Zentimeter abheben, um dann nach oben zu fahren. Bei dem Prinzip kann sich niemand den Schädel einschlagen, wenn Klappen mal einfach unmotiviert zuschlagen.

Diese Gepäckklappen wurden durch den Busfahrer von innen per Knopfdruck geöffnet. Der mallorquinische Fahrer machte allerdings keinerlei Anstalten, uns draußen beim Einladen des Rollis zu helfen.

Ich war gerade aus dem Stuhl aufgestanden, da rollte die Touri-Stampede auf uns zu, nein, nicht auf uns zu, sondern über uns drüber. Ein Hauen und Stechen begann. Jeder wollte als Erster im Bus sein. Manu bewegt sich einen Meter auf mich zu und schon war die Lücke geschlossen. Als würde es sich um Treibsand handeln, floss die Menschenmenge in den entstandenen Zwischenraum und füllte ihn vollständig aus. Der

Busfahrer war im riesigen Spiegel zu sehen. Er würdigte uns keines Blickes. Ich musste mich erst mal wieder hinsetzen. Noch glaubten wir an das Wunder, dass der Mensch von seinem Sitz aufstünde und meiner Frau mit dem Rolli helfe. Ich saß etwas lethargisch da, als sich die Tür vorn schloss und ein unüberhörbares Summen das Schließen der Gepäckraumtüren ankündigte. Ein ganz hartnäckiger Touri hing vorn halb im Bus, halb draußen.

Die Klappe senkte sich auf mich nieder und ich hatte keine Zeit mehr, die Akkus zu aktivieren und wegzufahren. Die Klappe passte genau zwischen Sitzfläche und Antriebsrad, zog mich mit unbändiger Kraft gegen den Bus und hob mich ein wenig an. So klemmte ich jetzt mit dem Rollstuhl in der Gepäckklappe fest. Im Laufe der Jahre wird man gelassener, was unvorhersehbare Situationen mit Rolli angeht. Diese hier wurde allerdings zunehmend kritischer. Während ein kleiner Junge im Bus von mir ein lustiges Urlaubsfoto schoss, rollte der Bus an. Ein Mann, der den Kampf um den Einstieg verloren hatte, sah mich und schrie: »Anhalten!« Neben mir tauchte eine Frau mit einem Ganzkörper-Sonnenbrand auf. Im Vorbeifliegen musste ich meinen Blick auf sie richten. Leider vergaß ich, sie zu warnen. Zu sehr war ich von der Farbe des Körpers fasziniert, der aussah wie ein frisch in den heißen Topf geworfener Hummer. So knallte ich, am Bus hängend, gegen die übelste Stelle, die ein Sonnenbrand für sich einnehmen kann, die Kniekehle. Einen kurzen Moment schrie sie auf, doch als sie sah, dass ich am Bus hing, erstarb der Schmerzensschrei und lediglich die aufgerissenen Augen verfolgten mich noch für ein paar Meter.

Blitzschnell rannte der Mann, mein Retter, am Bus entlang und trommelte mit den Fäusten gegen die Fenster. Innen schaute man ängstlich den verzweifelt hämmernden Mann an, wohl glaubend, den mit letzter Kraft erkämpften Platz verlieren zu können. Endlich, nach circa 30 Metern, blieb der Busfahrer stehen. Die Gepäckklappe öffnete sich und ich hatte endlich wieder festen Boden unter den Rädern. Manu stand wie paralysiert ein ganzes Stück entfernt.

Nun öffnete sich hinten die zweite Eingangstür, die eben noch fest verriegelt blieb, wahrscheinlich um Schwarzfahrern keine Chance zu geben. Wer denkt, der Busfahrer wäre nun ausgestiegen, den muss ich enttäuschen. Außer, dass er uns noch einmal ein paar Sekunden zum Einladen gab und barsch eine junge Frau auf Spanisch aufforderte, den Platz für mich freizumachen, tat er nichts. Zusätzlich zu meinem Rollstuhl stellte unser Retter noch den Kinderwagen der Familie in den Gepäckraum und schickte sich an, mit Frau und zwei Kindern nach vorn zum Bus zu marschieren, um zu bezahlen. Meine Frau half mir hinten hinein.

Der Mann schaffte es jedoch nicht in den Bus, bevor der grenzdebile Busfahrer die Türen wieder geschlossen hatte. Mit aufgerissenen Augen schaute er zu, wie der Bus, diesmal ohne mich in der Gepäckklappe, wieder losfuhr.

Zum Glück konnte ich von meinem Fensterplatz aus die Gesten des bedauernswerten Mannes richtig interpretieren, nämlich dass die Familie in einem Hotel ganz in der Nähe von unserem Domizil untergebracht war. So brachten wir nach dieser unvergesslichen Busfahrt der Familie den Kinderwagen zum Hotel. Mein Retter bedankte sich erleichtert. Worte fand er nicht mehr für diese Bus-Aktion.

Vier Jahre später wollten wir Problemen mit dem spanischen öffentlichen Nahverkehr aus dem Weg gehen und die von TUI angebotenen Ausflüge nutzen. Linien-Bus-Fahren kam für mich definitiv nicht mehr infrage.

Da gab es einen Ganztagesausflug nach Palma, beginnend durch die Bergwelt des *Tramontana* Gebirges nach *Valdemossa*. Das fand immer dienstags statt. Donnerstags gab es *Die Große Inselrundfahrt* mit Bus, Bahn und Schiff. Also genau das Richtige für einen Rollifahrer.

»Sind Sie sicher, dass Sie das alles schaffen?«, fragte mich die TUI-Frau im Rezeptionsbereich des Hotels, als wir unsere Reisen buchen wollten. »Ich bin da ganz ehrlich. Es gibt folgendes Problem: Die Stufe in die mallorquinische Schmalspureisenbahn ist sehr hoch.« Sie zeigte eine Höhe, ich zeigte eine Höhe. Wir schüttelten die Köpfe, zeigten wieder neu die virtuelle Stufenhöhe und ich beendete das Ganze mit: »Klappt schon.«

Manu verdrehte die Augen.

»Das Schiff!«, sagte sie seufzend, noch unseren Ausflug in Bulgarien im Kopf, als mich mein Schwindel auf dem leicht plätschernden Wasser, welches ich für stürmische See hielt, apathisch im Rolli hängen ließ.

»Was ist mit dem Schiff?«, fragte ich erstaunt.

»Das Problem könnte die Gangway auf das Schiff sein. Sie können da nicht mit dem Rollstuhl drüberfahren. Sie ist zu schmal. Sie müssen es auf den Beinen drüber schaffen«, sagte die Frau von TUI.

»Kein Problem! War's das?«, sagte ich schnell, um weiteren Diskussionen vorzubeugen.

Manus Gesicht hatte derweil eine bedrohliche Farbe angenommen. Ich glaubte, sie atmete nicht mehr.

Jetzt wollte ich aber auch etwas fragen, was ich für schwierig hielt. »Sagen Sie mal, wie kommen wir denn in Palma vom Jachthafen in die Kathedrale? Auf den Bildern sieht das aus, als seien da Treppen.«

Die TUI-Frau holte einen Lageplan von dem betreffenden Bereich heraus und zeichnete den Weg ein, den der Reiseführer nehmen würde. Dann zeigte sie uns den Weg für die Rollifahrer. Er war etwa dreimal so lang und ging um das gesamte Kathedralen-Viertel herum.

»Der Reiseführer geht extra langsam mit der Gruppe.«

Das beruhigte mich.

Während ich zufrieden dreinschaute und mich im Rollstuhl zurücklehnte, war Manus Gesicht zwar wieder mit Sauerstoff geflutet, aber von mächtigen Sorgenfalten durchzogen.

»O. k. Machen wir beides«, sagte ich schnell.

Manu gab den Widerstand auf und die TUI-Frau wünschte uns noch viel Spaß. Den sollten wir haben.

Nachdem die Tour nach Palma zwei Tage vorher bestens geklappt hatte, stand nun *Die große Insel-Rundfahrt* an. Der gleiche Reiseführer empfing uns am Bus und schaute mäßig skeptisch auf mich herab, sagte aber nichts. Als es losging, hörten wir die gleichen Geschichten über Mallorca wie bei der letzten Tour. Dadurch, dass dieses Mal zu englischen Touristen auch französische an Bord waren, genossen wir den Vortrag in drei Sprachen.

Auf dem Weg ins *Tramontana Gebirge* machten sich die Überbleibsel meines Drehschwindels wieder unangenehm bemerkbar. In jeder Kurve hatte ich das Gefühl, mein Gehirn würde durch die Gehörgänge aus dem Kopf fallen. Und Kurven hatten wir zur Genüge vor uns. Die Landschaft war fantastisch und ließen mich den Schwindel besser ertragen. Wir überquerten den höchsten befahrbaren Punkt des Gebirgsmassivs und passierten die berühmte *Krawattenkurve,* in der der vordere Teil des Busses über dem Abgrund hing, und folgten der Straße nach *Sa Calobra,* wo wir auf das kleine Schiff umsteigen sollten.

Jetzt kam die erste Hürde. Oder besser, ich erwartete einen schwankenden Gang über einen schmalen Ausleger auf das Schiff als krönende Herausforderung. Als wir den Bus verließen, stürmte die Gruppe die steile Treppe hinunter zum Anlegeplatz. Jeder wollte den besten Platz ergattern.

Wir suchten den Weg ohne Treppen und wurden ein ganzes Stück weiter am Berg entlang fündig. Die ersten 100 Meter waren relativ angenehm. Meine Rolli-Fahrkünste waren von herausragender Qualität für einen MSler, so stürzte ich mich mit der Gewissheit, ich könnte dem Gefälle locker trotzen, in die letzte steile Rampe hinunter zum Anlegeplatz. Gefälle jenseits der 25 % machen auch Meistern wie mir gehörig Arbeit. Der Schwindel war vergessen und ich zögerte noch einen kurzen Augenblick, als ich auf meine Reifen schaute. Das Kassenmodell strotzt nicht gerade vor Grip und die Reifen hatten auch schon paar Jahre auf dem Buckel. Eigentlich wollte ich sie vor dem Urlaub gegen richtig gute getauscht haben, die natürlich von der Krankenkasse nicht übernommen wurden.

Die ersten Meter verhießen nichts Gutes. Serpentinenartig wollte ich hinunterfahren. Der Weg war breit genug, also nutzte ich die ganze Fläche aus und verringerte das Gefälle, indem ich mich mit meinem ganzen Körpergewicht gegen den Berg lehnte, wenn ich von der einen zur anderen Seite Schlangenlinie fuhr und dabei effektiv nur wenige Meter bergab überwand.

Schon die zweite Kehre geriet etwas zu optimistisch und beschleunigte mich auf eine unschöne Geschwindigkeit. Jetzt musste ich mich noch weiter gegen den Berg aus dem Rollstuhl lehnen, was mit fehlender Rumpfstabilität nur möglich war, wenn der Körper auf Panik und Todesangst schaltete. Meiner tat das sofort, als ich auf die entgegengesetzte Seite zuschoss und meine schlappen Hände den Rollstuhl nicht mehr bremsen konnten. Ein kleines Mäuerchen begrenzte das auf mich zuschießende seitliche Ende der Fahrbahn. Und dann! Dann flog ich, nicht unerwartet, in hohem Bogen aus dem Rollstuhl und rutschte auf dem unangenehm rauen Belag talwärts. Sofort kamen drei Franzosen, die ich nur mit einem halben Auge erkennen konnte, auf mich zu, um mir zu helfen.

»Lasst mich liegen!«, rief ich noch, »lasst mich liegen!« Mir schwante Böses, als die aufgeregten Franzosen meinem Flehen kein Gehör schenkten. Manu redete auf sie ein, ich verstand nichts. Ich war seitlich aus dem Rollstuhl geflogen und war auf Schulter, Ellenbogen und Hüfte unsanft gelandet. Mein kaum vorhandenes Schmerzempfinden kam mir sehr zugute.

Gerade noch dachte ich darüber nach, wieso ich Idiot, die Reifen nicht vorher getauscht hatte, als ich schon merkte, wie man mich hochzerrte. Alles natürlich lieb gemeint. Die Männer bekamen mich tatsächlich in Windeseile in den Rollstuhl zurückbugsiert.

Dann passierte das Unvermeidliche, das, was jedem neurologisch so gestörten Menschen widerfährt. Das eigentliche Grauen nahm seinen Lauf. Mein Gehirn war so verlangsamt, dass es noch mit den Auswirkungen des Sturzes beschäftigt war. Es muss sich in solchen Momenten ein wahrer Impulssturm im gestörten MS-Gehirn abspielen. Nichts funktioniert mehr, alle Synapsen funken durcheinander, auf Teufel komm raus. Die Muskulatur quittierte die zusätzliche Lageänderung mit wilden Zuckungen, in einem Feuerwerk entluden sich die Signale in Muskelkontraktionen, deren Ziel auch Minuten später noch die Vermeidung des Sturzes war. Mit einem entspannten Liegezustand auf den Betonplatten eines Wegs am Hafen von Sa Calobra hätten sie noch umgehen können, mit dem Lagewechsel jedoch hatte komplette Verwirrung im Gehirn Einzug gehalten, wie immer, wenn Hilfe naht.

Ich wurde sofort eine Masse zappelnden Fleischs, dessen optischen Eindruck ich zum Glück noch nie gesehen hatte, aber erahnen konnte. Die Hände schlossen sich wie die Auster, die ihre Perle schützen will, der Rumpf zitterte und prüfte die Seitenstabilität des Rollstuhls aufs Heftigste, während der Kopf wild in die andere Richtung wackelte.

Was wohl die Franzosen damals dachten! Ich ruhte in mir, obwohl außen das Muskelspiel tobte, als mich die drei langsam das Gefälle hinunterließen. Zu allem Überfluss bremste mich vorn ein Franzose, indem er gegen meine Knie drückte. Das löste einen weiteren fatalen Mechanismus in den Beinen aus, der aus dem hypertonen Verhalten der Beinmuskulatur eine Streckspastik provozierte. Man hatte sehr viel Mühe mit mir. Mein Gewicht zog unwiderstehlich bergab, was den Franzosen Höchstleistungen abverlangte. Hinten hatte man, als ich unten ankam, einen Schiebegriff abgerissen.

Und dann! Ruhe! Manu bedankte sich höflich in fließendem Französisch. Ich schaute zurück zum Busplatz. Verdammt steil war's, verdammt steil.

Meine Blessuren waren unübersehbar. Über dem Ellenbogen wuchs ein eigroßes Hämatom. Nun war der Anleger zum Schiff für mich nur noch eine Fingerübung. Der Kapitän empfing mich und fragte in gebrochenem Deutsch, ob ich einen Eisbeutel bräuchte. Manu sagte: »Ja!« Statt Schmerzen, war Ruhe eingekehrt. Ich spürte kaum etwas von den Wunden. Ich muss ziemlich angegriffen ausgesehen haben, jedenfalls bekam ich vom Kapitän den besten Platz auf dem Schiff.

Langsam zog die Bucht von *Sa Calobra* an uns vorbei.

In *Soller* angekommen, ging es in den *Roten Blitz*, eine niedliche alte Eisenbahn, die gemütlich von hier nach Palma zuckelte. Als der Zug einfuhr, standen wir dummerweise auf der falschen Seite des kleinen Bahnsteigs, wodurch sich sofort Hektik breitmachte. Schnell schob mich Manu auf die andere Seite. Alle waren schon hineingestürmt, und das gebuchte Zugabteil war voll. Es waren natürlich noch andere Gruppen dort und so mischten wir uns unter eine englische Reisegruppe.

Vor uns standen zwei britische Damen mittleren Alters, die beide unglaubliche körperliche Ausmaße hatten. Sie kicherten und scherzten in ihren riesigen geblümten Kleidern. Sofort war mir klar: »Die kommen nie in den Zug hinein.« Die Temperaturen gingen an diesem Tag ein ganzes Stück über die 30-Grad-Marke. Wie beschwerlich musste es sein, mit einem solchen Übergewicht einen anstrengenden Ausflug zu bestreiten? Es schien mir damals übermenschlich, was die beiden leisteten. Während ich Blicke des Bedauerns erntete, gab es für die beiden nur Hohn und Spott.

Langsam bewegte sich die schwerere von beiden auf den Einstieg zu. Als sie angekommen war, setzte sie mühsam einen Fuß auf den viel zu hoch angebrachten Tritt am Zug. Und nun beschleunigte die andere auf Hochtouren und warf sich mit dem gesamten Gewicht gegen ihre Freundin. Sie drehte kurz vorm Aufprall die Schulter ein und klatschte gegen den Rücken. Dieser Impuls reichte aus, um der schwereren den nötigen Kick zu verpassen. Sie zog im Moment des Aufpralls an den Haltegriffen und schaffte es beim ersten Mal in den Zug. Die Anschubserin konnte noch aus eigener Kraft ihr Gewicht in den Zug wuchten.

Die beiden waren das lebende Beispiel dafür, alles im Leben zu schaffen, sogar den *Roten Blitz* auf Malle zu erstürmen. Beflügelt durch das gerade gesehene Schauspiel, bekam ich mein Bein höher als je zuvor und betrat eigenständig, ohne Hilfe, den Zug. Es waren nur noch zwei Plätze frei, direkt gegenüber den zwei britischen Damen. Der Rolli blieb zusammengeklappt vor dem Abteil stehen. Vor uns saßen sie und lächelten uns an. Wie mögen sie wohl nebeneinander auf die Bank am kleinen Holztischchen gekommen sein? Bilder vom Trailer der Simpsons, wenn die Familie wie aus einer imaginären Tube auf das Simpsonsofa gepresst wird, spulten sich in meinem Kopf ab. Nach der Vorstellung beim Einstieg der beiden Britinnen schien mir nichts mehr unmöglich. Beim Ausstieg waren wir zuerst dran und so blieb es uns verwehrt herauszufinden, wie die beiden das Unmögliche, zwischen Bank und Tisch wieder herauszukommen, bewältigten.

Es bestand kein Zweifel, sie würden es können. Diese beiden konnten alles.

Einen Behindertenstatus hatten sie sicher nicht, vielleicht wussten sie nicht einmal, wie behindert sie wirklich waren. Oder ist man etwa immer so behindert, wie man sich fühlt? Die Gelassenheit und Wärme der beiden werde ich nie vergessen. Brutaler kann der Gegensatz von Innen und Außen nicht sein, von Helfer-Denken und Opfer-Fühlen, von Anmut und Unbeholfenheit, von Schein und Sein.